신경증적 갈등에 대한

카렌 호나이의 정신분석

Our Inner Conflicts

by Karen Horney, M. D.

신경증적 갈등에 대한

카렌 호나이의 정신분석

Karen Horney 저

이희경 · 윤 인 · 이해리 · 조한익 공역

역자 서문

카렌 호나이(Karen Horney)는 독일 함부르크에서 태어나 베를린 대학에서 의학박사 학위를 취득한 후 전통주의적인 프로이트학파의 정신분석 훈련을 받았다. 그러나 프로이트의 이론에 의문을 품고 나름의 독창적인 정신분석 이론을 제창하여 신프로이트학파의 중요한 학자로 분류되고 있다. 그녀는 베를린의 정신분석 기관에서 일하다가 1932년 미국으로 건너와 시카고와 뉴욕에서 정신분석가로 활발한 활동을 하였다.

호나이는 독일의 신경증 환자들과 미국의 신경증 환자들이 많은 부분에서 서로 다르다는 점에 주목하고, 사회문화적인 힘과 성 역할(sex role)에 대한 태도가 심리적 발달이나 장애에 미치는 영향을 고려한 정신분석 이론을 발표하였다. 또한 인간이 건강하게 성장하기 위해서는 필수적으로 어린 시절 안전에 대한 욕구(safety need)가 만족되어야 한다고 주장한다. 즉, 부모의 진정한 사랑을 아이가 느끼게 되면 안전에 대한 욕구가 만족되고, 반대로 부모의 사랑을 느끼지 못한 아이는 안전감을 위협받고 부모에 대한 분노가 생긴다는 것이다. 부모가 형제 중에 한 아이를 편애한다든지, 아이를 무시하고 모욕한다든지 혹은 아이와의 약속을 지키지 않거나 아이에게 가혹한 처벌을 가하는 등의 행동은 아이에게 부모의 사랑을 느끼지 못하게 하여 안전감의 결핍을 가져온다. 안전감이 만족되지 않으면 근본적인 불안(basic anxiety)이 생기게 되는데, 호나이는 이 근본적 불안을 사랑이 없고, 공격적이며, 두려운 세상에 홀로 버려진, 외롭고 무력하고 지극히 작은 존재로 느끼는 것이라고 표현한다. 이러한 근본적인 불안에서 자신을 보호하기 위한 행동들을 호나이는 세 가지 신경증적 경향성(neurotic trends)으로 설명한다. 첫째는 사람들을 향해 나아가기(move toward people), 둘째는 사람들과 부딪히고 대항하기(move against people), 셋째는 사람들을 회피하고 거리를 유지하기(move away from people)다.

먼저, 사람들에게 접근하고 나아가는 경향을 보이는 사람들은 순종적인 성격(compliant personality)을 가진 사람들이며, 타인에게 인정받고 보호받고 싶은 강한 욕구에 의해 움직이는 사람들이다. 이들은 자신은 무력하고 열등하지만 타인은 강하고 우월하다고 판단하여 타인에게 의존하고 다른 모든 사람에게서 끊임없는 인정과 관심을 받으려고 한다. 이런 유형의 사람들은 타인에게 거부당하는 것이 너무나 두려운 일이기에 타인의 호감을 유지하려고 애쓴다.

사람들에게 대항하는 사람들은 공격적인 성격(aggressive personality)을 가진 사람들이며, 타인을 지배하고 타인에 대한 우월감을 느끼려는 욕구가 강한 사람들이다. 이런 유형의 사람들은 순종적인 성격의 사람과는 달리 자신의 이익을 위하여 타인을 공격하고 비난하는 일을 서슴지 않는다. 이런 사람들은 타인과 경쟁하여 이기는 성공적인 삶을 살고자 최선을 다하지만, 순종적인 성격을 지닌 사람들과 마찬가지로 마음속 깊은 곳에 있는 불안정감, 불안, 분노 등의 영향력에서 자유롭지 못한 삶을 산다.

마지막으로 사람에게서 멀어지려고 하는 사람들은 고립적인 성격(detached personality)을 가진 사람들이며, 타인과 친밀한 관계를 불편해하고 자급자족(self-sufficient)하며, 자기만의 세계를 구축하고 혼자 시간을 보내려는 은둔적인 사람들이다. 이런 유형의 사람들은 타인을 좋아하거나 미워하는 모든 감정을 부정하고, 감정 표현을 억누르며, 논리나 이성적 사고를 매우 중요시한다.

호나이에 의하면 심리적으로 건강한 사람들도 이러한 세 가지 경향성을 모두 가지고 있으며, 이를 상황에 맞는 방식으로 융통성 있게 표현한다고 한다. 즉, 때로는 순종적이지만 자신의 권리가 침해당할 때는 공격적이 될 수 있으며, 때로는 사람들과 떨어져 혼자만의 시간을 가지려고 할 수도 있다. 그러나 신경증적인 사람들은 이러한 세 가지 경향성 중 어느 하나에 집착하게 되고,

모든 상황에서 강박적으로 하나의 우세한 경향성을 추구하게 된다고 한다. 즉, 신경증적인 사람들에게 이러한 세 가지 경향성은 상호 배타적이고, 서로 양립할 수 없기에 갈등이 생기게 되는 것이다. 어느 하나의 우세한 경향성은 다른 두 가지 경향성의 표현을 억압하게 되는데, 예를 들어 순종적인 신경증적 사람들은 모든 상황에서 공격적이거나 은둔적인 행동의 표현이 억압되며, 타인에게 인정을 받으려는 행동과 태도를 언제나 강박적으로 추구하게 된다.

호나이에 의하면 건강한 사람은 자신의 능력, 잠재력, 목표, 약점 그리고 대인관계들을 정확하게 평가하여 현실적이고 이상화된 자기상(realistic idealized self-image)을 갖게 되는 데 반해 신경증적인 사람들은 지나치게 높고, 달성이 불가능하며 절대적 완벽성을 추구하는 비현실적인 자기상을 추구하게 된다는 것이다. 도달할 수 없는 이상을 추구하기 위하여 신경증적인 사람들은 끊임없이 자신에게 완벽한 학생, 배우자, 부모 혹은 자녀, 친구, 직장인이 되어야만 한다고 스스로를 다그치는데, 이런 현상을 '해야만 한다는 것의 압제(tyranny of the shoulds)' 라고 부른다. 이렇듯 호나이는 신경증적인 사람들이 자신의 실제 모습을 부정하고 환상적이고 이상화된 자기상(illusory idealized self-image)에 집착하는 것은 진정한 자아(true self)의 발달과 잠재력 계발에 커다란 장애가 된다고 주장한다.

호나이의 이론은 미국의 다른 학자들에게 영향을 미쳤는데, 근본적인 불안은 에릭슨(Erikson)의 '기본적인 불신(basic mistrust)' 의 개념에 영향을 주었고, 참자아의 개념과 자기실현은 매슬로(Maslow)의 사상에 영향을 미쳤다. 또한 성역할과 여성의 성에 대한 그녀의 저서들은 정신분석이 남성 학자들의 독무대라는 선입관을 깨고, 1960년대부터 시작된 여성주의운동에 힘입어 많은 독자들의 사랑을 받고 있다.

호나이의 책은 국내에 그리 많이 소개되어 있지 않다. 이런 의미에서 역자들은 우리의 작업을 무척 기쁘게 생각한다. 이 책이 독자 여러분의 성장과 행복에 조금이라도 도움이 되었으면 하는 바람이다.

역자를 대표하여
조 한 익

머리말

이 책이 정신분석의 발전에 기여하기를 바란다.

이 책은 내 자신과 나에게 심리치료를 받은 환자들을 정신분석하는 과정에서 나왔다. 이 책에서 제시된 이론들은 몇 년을 거쳐 형성된 것이며, 이 책을 출판하게 된 계기는 미국 정신분석협회의 후원하에 정신분석에 대한 일련의 강의를 준비하면서다. 나는 강의에서 '정신분석 기법의 문제점', '정신분석 치료에서 성격의 통합', '탈애착(detachment)의 심리', '가학적 경향성(sadistic trends)의 의미' 등의 주제를 다루었다.

또한 이 책이 심리치료 이론과 치료기법의 향상을 열망하는 정신분석가들에게 도움이 되었으면 한다. 그들이 환자들을 치료하는 데 도움이 될 뿐만 아니라 자기 자신을 올바로 이해하는 데 도움이 되었으면 한다. 정신분석학의 발전은 우리 자신과 우리 자신의 문제를 포함하여 어렵게 이루어진다. 우리의 이론이 정체되어 있는 상태에서 변화에 저항하게 되면 그것은 생명력을 상실한 하나의 독단주의가 된다. 나는 유익한 책들이 추상적인 심리학 이론을 다루거나 단순히 심리치료의 기술적인 문제를 다루는 범위를 뛰어넘어야 하며, 자신을 보다 깊이 이해하려 하고 성장을 위하여 고군분투하는 노력을 포기하지 않는 이들에게 도움이 되어야 한다고 생각한다. 대부분의 사람은 복잡한 문명사회에 살면서 심리적 갈등에 사로잡혀 있다. 심각한 신경증적인 문제는 전문가의 치료를 받아야 하지만 우리가 자신을 이해하려는 노력을 게을리하지 않는다면 갈등의 실마리를 스스로 풀어 나갈 수 있다고 믿는다.

나에게 심리치료를 받은 환자들에게 무척 감사하다. 나는 그들을 상담하고 치료하면서 신경증에 대하여 보다 정확히 이해하게 되었다. 또한 내 생각에 관심을 표현해 주고 격려해 준 동료들에게도 감사한다. 고전적인 프로이트 이론만이 정신분석이라고 공인되던 시절에 나의 이론을 사회 연구를 위한 새로운 학교(New School for Social Research)에서 발표할 기회를 준 Dr. Alvin Johnson과 Clara Mayer 학장에게 감사드리며, 이 책을 출판해 준 W. W. Norton에게도 감사드린다. 그들의 유익한 조언은 이 책의 많은 부분을 향상되게 만들었다. 마지막으로 자료들을 정리해 주고 내 생각을 좀 더 정교하게 다듬을 수 있게 해 준 Minette Kuhn에게도 감사한다.

카렌 호나이

서문

출발점이 어디든 그리고 그 길이 아무리 복잡하더라도 결국 우리는 인간의 정신적 고통의 원인은 성격장애라는 결론에 도달하게 된다. 많은 심리학자가 같은 결론을 내렸으며, 시인과 철학자들도 정신적으로 균형 잡힌 인간보다는 마음속의 내적 갈등(inner conflicts)에 시달리는 사람이 정신적 장애의 희생자가 된다는 사실을 알고 있었다. 현대에도 모든 신경증은, 그 증상이 어떠하든지 간에 성격적 신경증(character neurosis)이다. 따라서 심리치료 이론과 행위는 신경증적 성격의 구조를 좀 더 깊이 이해하는 데 집중되어야 할 것이다. 프로이트 이론은 이러한 관점의 선두주자였고, 프랭크 알렉산더(Frank Alexander)와 오토 랭크(Otto Rank) 등과 같은 학자들도 이 개념을 좀 더 명확하게 정의하려고 하였다. 그러나 학자들은 신경증적 성격 구조의 정확한 본질과 역동성에 대하여 일치된 견해에 도달하지는 못하였다.

프로이트가 언급한 여성주의 심리학은 나로 하여금 문화적 요인의 역할에 대해 생각하게 만들었다. 무엇이 남성적인가 혹은 여성적인가를 규정하는 데 있어서 문화적 요인의 영향은 절대적이다. 따라서 문화적 요인을 중요시하지 않은 프로이트의 생각에 오류가 있다는 것은 명백하다. 문화적 요인에 대한 나의 생각은 15년간 발전되어 왔고, 사회학과 정신분석에 심오한 지식을 가진 에리히 프롬(Erich Fromm)과 교류하면서 사회적 요인의 중요성에 대하여 다시 한 번 깊이 생각하게 되었다. 나의 이런 생각은 내가 1932년에 미국을 방문하면서 재확인되었다. 즉, 신경증을 가진 미국인들의 태도는 신경증을 가진 유럽인들과 많은 점에서 다르다는 것을 발견한 것이다. 이런 나의 관점은 『우리 시대의 신경증적 성격(The Neurotic Personality of Our Time)』이란 책에서 구체적으로 표현된다. 이 책의 주요 내용은 신경증은 문화적인 요인, 좀 더 구체적으로 말하면 인간관계의 장애에 의하여 발생한다는 것이다.

* * *

이 책을 쓰기 몇 년 전부터 나는 신경증의 동기적인 힘(driving forces)이 무엇인가에 대하여 생각해 왔다. 이에 대하여 프로이트는 강박적인 동기를 언급하였는데, 이는 본질적으로 본능적이고 만족을 추구하며, 좌절을 견디지 못하는 것이라고 주장하였다. 또한 이런 사실은 어느 문화권에서도 일반적으로 나타난다고 하였다. 그러나 내가 도달한 결론은 프로이트와 조금 다르다. 즉, 강박적인 동기는 신경증적이지만 그것은 소외감, 무기력, 두려움과 공격적인 감정에서 생기며, 이러한 감정에도 불구하고 세상에 나름대로 대처하려는 방식을 나타내게 된다. 신경즉적 동기는 만족을 추구하기보다는 안전을 추구하며, 신경증적 동기의 강박적인 특성은 잠재하는 불안에 근거한다. 신경증적 동기의 대표적인 것은 애정과 권력에 대한 갈망이며, 나는 『우리 시대의 신경증적 성격』이란 책에서 이에 대하여 구체적으로 논의하였다.

나의 정신분석 이론은 프로이트와 공통점이 있지만 다른 점도 있다. 나는 프로이트가 본능적이라고 생각한 많은 요인이 문화적으로 결정된 것이며, 타인과 안전한 관계를 유지하려고 하는 애정에 대한 신경증적 욕구라고 생각한다. 어린 시절의 경험은 중요하나 우리의 삶에 미치는 어린 시절의 영향은 나의 이론에서 새롭게 해석된다. 나의 이론과 프로이트 이론의 비교는 『정신분석의 새로운 길(New Ways in Psychoanalysis)』이라는 책에서 자세히 소개하였다.

앞에서 언급하였듯이 신경증은 강박적인 동기를 지니고 있으며, 신경증의 핵심을 이루는 신경증적 성격 구조를 이해하는 것은 매우 중요하다. 만일 정신분석이 현재 문제의 원인을 과거의 경험에서만 찾으려 하지 않고, 성격의 다양한 특성이 상호작용하는 역동성을 이해하는 데 더 중요성을 둔다면 전문가의 도움 없이도 스스로를 인정하고 변화시키는 것이 가능할 것이다. 정신치료에 대한 많은 요구에도 불구하고 적절한 정신치료 서비스의 제공이 부족한 이때에 자기분석(self-analysis)은 새로운 가능성을 제기한다. 이 책의 많은 부분에서는 자기 스스로 자신을 분석하는 자기분석의 방법과 가능성 그리고 한계점에 대하여 논의하였다.

신경증적 특성들은 서로 연결되어 있다. 따라서 신경증적 특성을 개별적으로 묘사하기보다는 서로 관련지어 생각하는 것이 필요하다. 예를 들어, 애정에 대한 신경증적 욕구와 강박적인 겸손 그리고 항시 함께 하는 사람을 원하는 욕구는 서로 연결된다. 이러한 신경증적 특성은 통합되어 자신과 타인에 대한 기본적인 태도와 독특한 삶의 철학을 형성하게 되는데, 구체적으로 앞에서 언급한 세 가지 욕구는 사람들을 향해서 나아가는(moving toward people) 태도를 나타낸다. 또한 나는 권력과 힘 그리고 명예에 대한 강박적인 갈망과 신경증적 야심도 공통점이 있으며, 이러한 특성은 사람들에 대항하는(moving against people) 태도를 형성하게 된다고 생각한다. 높은 평가를 받고 싶어 하는 욕구(need for admiration)와 완벽을 추구하는 동기는 모든 신경증적 경향성에서 나타나는 특징이다.

나는 신경증에 있어서 갈등(conflicts)의 역할에 대하여 흥미를 가지고 주목해 왔다. 『신경증적 성격(Neurotic Personality)』이란 책에서 언급하였듯이 신경증은 다양한 신경증적 경향성의 충돌과 갈등에서 온다. 신경증적 경향성들은 서로가 서로의 특성을 강화시키기도 하지만 갈등을 유발하기도 한다. 프로이트도 내적 갈등(inner conflicts)의 중요성에 대하여 잘 알고 있었다. 그러나 프로이트가 생각하는 갈등은 성격 안에서 억압하는(repressing) 힘과 억압당하는(repressed) 힘의 전투를 의미한다. 그러나 내가 생각하는 갈등은 신경증적 경향성의 모순되는(contradictory) 특성에서 유발하는 것으로 좀 더 다른 시각에서 접근한 것이다. 즉, 타인과 자신에 대한 모순되는 태도 그리고 서로 모순되는 가치관을 통하여 생기는 갈등을 말한다. 환자에 대한 심리치료를 통하여 나는 이러한 갈등의 중요성에 대하여 점점 더 강하게 인식하게 되었는데, 내가 놀란 것은 환자 자신이 자기 안에 존재하는 이러한 모순에 대하여 전혀 인식하지 못한다는 것이다. 치료자로서 내가 그 모순을 지적하면 환자들은 이해하기 힘들어 했고, 특별한 관심을 보이지도 않았다. 환자들이 이해하기 힘들어하는 것은 자기의 모순에 직면하고 해결하는 것을 매우 싫어한다는 것을 나타낸다. 자신들의 모순과 갈등을 갑자기 인식하면 환자들은 매우 당황하고 놀라며 자기 안의 모순과 갈등의 존재를 인정하기를 두려워한다. 따라서 그들은 갈등의 존재를 부정하고, 표면적이고 형식적인 조화를 만들어내는 데 엄청난 심리적 에너지를 사용한다.

일반적으로 사람들은 다음과 같은 네 가지 방식으로 갈등을 해결하려고 한다. 첫째는 갈등의 힘을 약하게 하려는 것이고, 둘째는 사람들을 회피하려는 것이다. 타인을 회피하려는 태도는 그 자체가 타인에 대한 갈등적인 태도를 지니는 것이지만, 또 다른 의미에서는 갈등을 해결하려는 태도이기도 하다. 즉, 자신과 타인의 정서적 거리를 유지함으로써 갈등이 드러나는 것을 방지하려고 하는 것이다. 셋째는 매우 독특한 것으로 타인을 회피하는 것이 아니라 자기 자신에게서 신경증적인 도피를 보이는 것이다. 이들은 자신의 진정한 모습은 무시하고 이상화된 자기상을 형성하여 갈등을 위장하며, 더 이상 갈등으로 보이지 않게 한다. 나의 이러한 관점은 지금까지 이해하고 치료하기 힘들었던 많은 신경증적 문제들의 특성을 명료화하는 데 도움이 된다. 앞에서 언급한 모든 신경증의 경향성에 공통적으로 나타나는 완벽을 추구하려는 동기와 높은 평가를 받으려는 동기는 이상화된 자기상과 관련지어 생각해 볼 수 있다. 완벽을 추구하고, 높은 평가를 원하는 것은 이상화된 자기상을 지지할 외적인 확신(outside affirmation)을 필요로 하는 데서 생긴다. 이상화된 자기 이미지가 현실에서 유리된 정도가 클수록 이러한 욕구는 더욱 실현 불가능한 욕망으로 작용하며, 내적 갈등을 해결하려는 신경증적 시도 중에서 이상화된 자기 이미지는 성격에 가장 광범위하게 영향력을 미치게 된다. 넷째로 갈등을 해결하는 방식은 외현화(externalization)다. 이는 자신의 내적인 과정을 자기가 아닌 자기 밖의 것으로 경험하는 것이다. 이상화된 자기상이 실제적 자기에게서 회피하는 것이라면 외현화는 자신에게서 회피하는 정도가 더욱 심한 것이다.

***

이들 네 가지 신경증적 갈등 해결방식은 모든 신경증에서 정도의 차이는 있지만 일관되게 나타나며 성격의 변화를 가져온다. 해결되지 못한 갈등의 결과는 심리적 에너지의 낭비, 도덕성과 인격의 결함 그리고 다양한 불안과 두려움, 뿌리 깊은 절망(hopelessness)으로 나타난다. 나는 신경증적 절망의 중요성을 깨닫고 나서 가학적 경향성(sadistic trends)의 의미를 깨닫게 되었는데, 이것은 자신에 대하여 낙담하고 절망함으로써 악에 대하여 복수하고 정의의 승리를 얻으려고 하는 욕구를 만족시키는 것이다. 이를 통하여 자신을 원상회복하려는 것이기도 하다. 나의 신경증에 대한 이론은 타인을 향하여 나아가는 태도, 타인에 대항하는 태도 그리고 타인을 회피하는 태도 사이에서 존재하는 근본적인 갈등에 대한 것이다. 사람들은 자신이 분열될 것을 두려워하면서도, 다른 한편으로는 하나의 통합체로서 기능해야 하는 필요에 의하여 갈등에 대한 해결책을 절실하게 찾게 된다. 이에 따라 인위적인 균형을 창조하여 갈등을 해결한 듯 보이지만 결국 또 다른 갈등이 생겨나게 되며, 갈등을 없애려는 미봉책을 계속 사용하게 된다. 이런 과정이 지속되면 신경증적인 사람들은 더욱 공격적이 되고 무기력하게 되며, 더욱 두려워하게 되어 자신을 타인에게서 소외시키게 된다. 결국 미해결된 갈등의 부정적 결과는 점점 뚜렷해지고 갈등에 대한 진정한 해결 가능성은 멀어지게 된다.

신경증에 대하여 쉽게 치료할 수 있다고 믿는 것은 비현실적인 낙관주의이지만 그렇다고 해서 불필요한 비관주의에 빠질 필요도 없다. 신경증을 가진 이들을 치료할 때 무엇보다도 그들이 가지고 있는 신경증적 절망(neurotic hopelessness)을 해결해야 한다. 이를 위해서는 신경증적 성격의 기본 구조에 있는 내적 갈등을 차분하고 냉정하게 이해하고, 이것을 실제적으로 해소하여 진정한 성격 통합을 이루어야 한다. 신경증적 갈등은 합리적인 판단과 결정에 의해서 해결되는 것이 아니다. 갈등을 해소하려는 신경증적 시도들은 효과적이지 못할 뿐만 아니라 해롭기까지 하다. 이러한 갈등은 갈등을 유발하는 성격의 조건들을 변화시킬 때 해결이 가능하다. 신경증적 성격의 조건들을 변화시키는 정신분석적 작업들을 통하여 사람들은 조금 덜 절망적이 되고, 조금 덜 두려워하게 되며, 조금 덜 공격적이 되고, 자신과 타인에게서 조금 덜 소외되게(alienated) 된다.

프로이트의 신경증과 그 치료에 대한 비관주의적 시각은 인간의 성장 가능성과 선한 본성에 대한 그의 뿌리 깊은 불신에서 비롯한다. 프로이트에 의하면 인간은 고통을 당하거나 파괴될 비극적 운명을 지닌 존재다. 프로이트의 이러한 생각에 의하면 인간은 움직이는 본능이 통제되기 힘들며 기껏해야 승화될 뿐이다. 그러나 이러한 나의 신념은 인간은 자신의 잠재력을 계발할 능력과 욕구를 지녔으며, 훌륭하고 존경할 만한 존재가 될 수 있다는 것이다. 그러나 이러한 인간의 잠재력은 자신과 타인의 관계에 지속적인 장애가 발생할 경우 약화된다. 인간은 변할 수 있고, 살아가면서 지속적으로 변해 갈 것이다. 이런 나의 믿음은 인간에 대하여 보다 깊이 이해하면서 성장해 온 것이다.

차례

제1부
신경증적 갈등과 분석의 시도

신경증적 갈등의 해악 1

'갈등을 가지고 있다는 것이 곧 신경증적인 것은 아니다.' 라는 말부터 시작하자. 어느 때건 바람이나 관심, 확신 들은 우리 주변의 타인의 바람이나 관심, 확신 들과 부딪힐 수밖에 없다. 그리고 우리 자신과 환경 간의 그러한 충돌이 흔히 있을 수 있는 일인 것처럼 우리 안의 갈등들도 인간의 삶에 있어서 하나의 본질적인 부분이다.

동물들의 행동은 대체로 본능에 의해 결정된다. 짝짓기나 새끼 보살피기, 먹이찾기, 위험에 방어하기 등은 어느 정도 미리 결정된 것이지 개체에 의해 결정되는 것은 아니다. 이와는 대조적으로 인간은 스스로 선택할 수 있고 결정할 수 있으며, 이러한 행위들은 하나의 부담이자 특권이다. 때로 우리는 정반대되는 욕구들 사이에서 결정을 해야 할 때도 있다. 예를 들면, 혼자 있고 싶어 하면서도 동시에 친구와 함께 있고 싶을 수도 있다. 의학을 공부하고 싶어 하면서 동시에 음악을 공부하고 싶어 할 수도 있다. 혹은 소망들과 의무들 간에 갈등이 있을 수도 있다. 누군가가 곤란한 상황에 처해 돌봄을 필요로 하지만 우리는 애인과 함께 있기를 원할 수도 있다는 것이다. 우리는 다른 이들과 조화를 이루고 싶다는 욕구와 그들에게 적대적인 의견을 표현할 수밖에 없는 신념 사이에서 마음이 나뉘기도 한다. 마침내는 전시(戰時)에 위험한 임무를 떠맡으면서 동시에 가족에 대한 의무 또한 소중히 여기듯이 두 개의 가치관 사이에서 갈등을 할 수도 있다.

이러한 갈등들의 종류와 범위, 강도는 우리가 살고 있는 문화권에 의해 대부분 결정된다. 문화권이 안정되고 전통지향적이라면 선택의 다양성은 제한되고, 개인적 갈등의 범위는 협소하게 될 것이다. 이럴 때라 할지라도 갈등이 없지는 않다. 어떤 것에 충성스러우면 이는 다른 것과 충돌할 것이며, 개인적 욕구들은 집단적 의무와 충돌할 것이다. 반대로 문화권이 급속한 과도기에 있어서 고도로 모순된 가치들과 다양한 삶의 양식들이 동시에 존재하게 되면, 개인이 해야 하는 선택들은 복잡해지고 어렵게 될 것이다. 공동체의 기대에 동조하거나 혹은 반대하는 개인주의자가 될 수도 있으며, 어울려 지내기를 좋아하거나 혹은 은둔자처럼 살 수 있으며, 성공을 우상시하거나 경멸할 수도 있다. 또한 엄격한 자녀양육법을 신봉하거나 자녀가 별로 간섭받지 않고 자라도록 허용할 수 있고, 남녀에 대해 다른 도덕적 기준을 적용해야 한다고 주장하거나 동일한 기준을 적용해야 한다고 주장할 수도 있다. 또한 성관계를 인간적인 친밀함의 표현으로 여기거나 그것을 애정과 분리된 별개의 표현으로 여길 수도 있으며, 인종차별을 조장하는 입장을 취하거나 인간의 가치가 피부 색깔이나 코의 생김새와는 별개의 것이라는 입장을 취할 수도 있다. 이 외에도 무수히 많은 갈등의 예들이 있을 수 있다.

우리가 생활하는 문화권 속에서는 의심할 여지없이 종종 이러한 선택을 해야 한다. 따라서 이러한 갈등의 상황은 상당히 흔한 것이라고 예상할 수 있을 것이다. 그러나 놀라운 사실은 대부분의 사람들이 이를 의식하지 못하고 있다는 것이다. 따라서 어떤 분명한 결정을 통해 이들 갈등을 해결하려고 하지 않는다. 그들은 종종 방황하며 자신이 우연의 지배를 받도록 방관한다. 그들은 자신이 어디에 있는지 알지 못하고, 타협한다는 의식도 없이 타협을 하며, 깨닫지도 못한 채 모순 속에 빠지게 된다. 나는 여기서 정상적인 사람들, 곧 평균적이거나 이상적인 사람이 아닌, 단지 신경증적이지 않은 사람들에 대해 언급하고 있는 것이다.

그렇다면 모순된 쟁점들을 인식하고 그 인식 위에서 결정을 내리기 위한 선결 조건들이 있어야 할 것이다. 이들 조건들은 4중적이다. 우리가 무엇을 원하는지를 인식해야 하고, 더욱이 우리의 감정들이 어떠한지를 인식해야만 한다. 어떤 사람을 정말로 좋아하는가 아니면 그를 좋아해야 하기 때문에 좋아한다고 생각하는 것인가? 부모가 죽으면 정말로 슬픈가 아니면 슬픈 척하는 것인가? 변호사나 의사가 되기를 정말로 바라는가 아니면 존경받고 유망한 직업이라는 것 때문에 매력을 느끼는 것인가? 자녀들이 행복하고 독립적이 되기를 정말로 원하는가 아니면 말로만 그러는 것인가? 대부분의 사람은 이런 단순한 질문들에 대답하기가 어려울 것이다. 다시 말하면 우리는 우리가 진정으로 느끼는 것 혹은 원하는 것을 알지 못한다는 것이다.

갈등들은 종종 확신이나 신념 혹은 도덕적 가치들과 연관되어 있다. 그렇기 때문에 이들을 인식한다는 것은 우리가 자신의 가치관을 발달시켜 왔다는 것을 전제로 하고 있다. 단순히 물려받아서 우리 자신의 일부가 되지 못한 신념들은 갈등을 일으키거나 혹은 결정을 내리는 주요한 원칙이 될 만큼 충분한 힘이 없다. 따라서 새로운 세력들에 부딪히게 되면 쉽사리 포기하게 된다. 만일, 우리가 우리의 환경 속에서 소중히 여기는 가치들을 받아들였을 뿐이라면 우리가 관심을 가지는 바, 일어나야 할 갈등들은 일어나지 않을 것이다. 예컨대, 한 아들이 편협한 아버지의 지혜를 의심해 본 적이 없다면, 자신이 원하는 직업보다 아비지가 원하는 직업을 선택할 때에도 갈등이 거의 일어나지 않을 것이다. 다른 여성과 사랑에 빠진 유부남의 경우는 실제로 갈등 상황에 들어간 셈이라고 할 수 있다. 그러나 그가 결혼의 의미에 대해 확신이 서 있지 않다면 그 갈등에 직면해서 어느 쪽으로든 결단을 내리는 대신에 최소한의 저항을 야기하는 길을 좇을 것이다.

설령 우리가 그런 갈등을 인식한다고 해도 우리는 그 두 상반된 쟁점들 중 하나를 기꺼이 포기하고자 하고, 또 그럴 수 있어야 한다. 그러나 사람들 대부분은 감정이나 신념이 모호하고, 최종의 순간에 무엇이든 포기할 만큼 강인하고, 행복하지 않기 때문에 분명하고 의식적으로 포기하는 능력이란 참으로 찾아보기 어렵다.

결국, 결정을 내린다는 것은 그에 대한 책임을 기꺼이 받아들이고, 또 책임질 수 있는 능력을 전제로 한다. 여기에는 잘못된 결정을 내릴 위험과 다른 이들을 비난하지 않고서도 그 결과를 감당하고자 하는 것들이 포함된다. '이것은 내가 선택한 거야, 내가 한 거야.' 라는 감정이 포함되며, 대부분의 사람이 가진 힘보다 더욱 큰 내적 힘과 독립성을 전제로 한다.

우리 중 많은 이들이 인식하지도 못하는 갈등 때문에 억눌림을 당하면서, 이러한 동요 없이 평탄한 생을 보내는 듯 보이는 사람들을 부러움과 경탄의 눈으로 바라보는 경향이 있다. 그리고 이 경탄은 옳을 수도 있다. 이런 사람들은 자기 가치관의 위계를 확립한 강인한 사람들이거나 세월이 흘러가면서 갈등과 결정의 욕구가 그 역동적인 힘을 잃어버려서 평정의 수단을 터득한 사람들이다. 그러나 겉으로 드러나는 모습은 기만적일 수도 있다. 종종 무감동함이나 동조 혹은 편의주의로 인해, 우리가 부러워하는 이 사람들은 진정으로 갈등을 직면하지 못하거나 진정으로 자신의 확신에 따라 해결하려고 노력하지 않는다. 결과적으로 단지 방황하거나 그때 그때 유리한 대로 움직여 왔을 뿐이다.

갈등을 의식적으로 경험한다는 것은 비록 괴롭긴 하지만 무한한 가치가 있다. 우리가 자신의 갈등을 더 많이 직면하고 스스로 해결을 시도할수록 내적인 자유로움과 힘을 얻을 수 있을 것이다. 우리가 정면으로 갈등에 직면하려고 할 때만이 스스로 자기 배의 선장이 되는 이상(理想)에 가까워질 수 있다. 내적 둔감함에 뿌리를 둔 가짜 평온은 결코 부러워할 만한 것이 아니다. 그것은 결국 우리를 약하게 만들고, 어떠한 세력에도 쉽게 희생되고 말게 할 것이다.

갈등들이 생의 주요한 문제에 관한 것일 때에는 이들에 직면하여 해결하기가 더욱 어려워진다. 그러나 우리가 충분히 살아 있는 한, 원칙적으로 우리가 그렇게 직면해서는 안 될 이유란 없다. 교육은 우리가 자신에 대해 더 많이 인식하면서 살아가며, 스스로 확신을 개발할 수 있도록 많은 도움을 줄 수 있다. 또한 선택에 관련된 요인의 중요성을 깨닫는 것은 우리에게 추구할 만한 이상들을 찾게 해 주고, 생(生)의 방향들도 찾게 해 준다.[1)]

* * *

신경증적인 사람은 갈등의 인지와 해결에 내재된 어려움이 엄청나게 증대한다. 신경증은 당연히 정도의 문제며, '신경증 환자' 라고 말할 때는 항상 '신경증적이 될 정도의 사람' 을 의미한다. 이런 사람에게 감정과 욕구를 지각하는 것이란 쉽지 않다. 그에게 흔히 의식적이고 명료하게 경험되는 유일한 감정이란, 취약한 부분에 가해진 타격에 대한 두려움과 분노라는 반응들이다. 그리고 이런 감정들조차도 억압될 수 있다. 어쩌다 존재하는, 정말 공상적인 것들조차도 강박적인 규범들로 꽉 차서 방향을 이끌어 줄 만한 힘이 결핍되어 있다. 이러한 강박적 경향이 지배하면 포기하는 능력은 무력해지고, 자신을 책임지는 능력도 거의 상실하게 된다.[2)]

신경증적 갈등은 정상인도 당황할 수 있는 일반적인 문제와 관련된 것일 수도 있다. 그러나 신경증적 갈등은 성질상 아주 달라서 양자에 동일한 용어를 적용할 수 있을지 의문이 제기될 정도다. 나로선 그렇다고 믿지만 그 차이점은 인식하고 있어야 한다.

---

1) 환경적 압력으로 둔감해진 정상인들의 경우에 그렇다.
2) 제10장 '성격피폐' 를 참조하기 바란다.

그렇다면 신경증적 갈등은 어떤 특징을 가지고 있는가?

설명을 위해서 다소 단순화된 예를 들어 보자. 기계연구소에서 타인과 함께 일하는 어느 엔지니어는 자주 피로를 느끼고 짜증이 나는 고통을 겪었다. 특정한 기술적 문제를 논의하는 자리에서 그의 의견은 동료의 의견에 비해 잘 받아들여지지 않았다. 이후 그의 부재중에 어떤 결정이 내려졌고, 이에 대해 자신의 의견을 제시할 기회가 그에게 주어지지 않았다. 이러한 여건하에서 그는 이러한 절차가 부당하다고 간주하고 대항할 수도 있었고, 다수의 결정을 너그럽게 받아들일 수도 있었다. 그가 어떠한 대응을 취하든지 문제가 되지 않을 것이었다. 그러나 그는 어떤 대응도 하지 못했으며, 심히 무시당한다는 기분을 느꼈을지라도 싸우지 않았다. 의식적으로 화가 난다는 것을 인식할 뿐이었다. 그의 안에 있는 살인적인 분노는 그의 꿈에서만 나타났다. 그의 억압된 분노—다른 이들을 향한 격노와 그 자신의 미약함에 대한 분노의 혼합—는 그의 피로감의 주된 원인이 되었다.

그가 일관되게 반응하지 못하는 것은 여러 가지 요인에 기인한다. 그는 자신에 대한 과대한 이미지를 구축해 왔고, 이를 지지하기 위해 타인의 존경을 필요로 했다. 이것은 당시에는 무의식적이었다. 그는 그 분야에서는 자기만큼 똑똑하고 유능한 사람이 없다는 전제 위에서 행동했다. 그러므로 어떠한 모욕이든 그 전제를 위태롭게할 경우 그는 분노하였다. 더욱이 그는 타인을 혼내고 모욕을 주려는 무의식적인 가학적 충동을 가지고 있었다. 그러나 그는 이런 태도를 아주 싫어해서 과잉 호의로 위장하였으며, 여기에 사람들을 착취하려는 무의식적 욕구가 더해져 사람들의 호감을 사려고 계속해서 애쓰지 않으면 안 되었다. 타인에 대한 의존은 인정과 애정의 강박적 욕구로 인해 악화되었으며, 대개가 그렇듯이 순종과 유화적 태도, 대항의 회피 등과 결합하였다. 따라서 한편으로는 파괴적인 공격성—반응적 분노와 가학적 충동들—과 다른 한편으로는 자신의 눈에 공정하고 합리적으로 보이고 싶은 욕구를 가진, 애정과 인정의 욕구 간의 갈등이 있었다. 그 결과로 외적 표현으로서 피로감이 모든 행동을 마비시켜 버린 반면, 내적 격변은 눈에 띄지 않게 진행되었다.

이 갈등과 연관된 요인을 들여다보면, 첫째 우리는 그의 절대적인 모순에 충격을 받게 된다. 존경을 받고자 하는 거만한 요구와 환심을 사려는 굴종적인 태도보다 더 극단적으로 반대되는 것을 상상하기란 정말 어려울 것이다. 둘째, 갈등 전체가 의식되지 못한 채로 있다는 것이다. 갈등 속에서 작용하는 정반대되는 경향들이 인지되지 못하고 깊이 억압되어 있으며, 오직 그의 내부에서 들끓고 있는 전투의 거품들만이 조금 표면 위로 떠오를 뿐이다. 정서적 요인은 '이것은 공정하지 못해.', '이것은 무시야.', '내 생각이 더 나아.' 하는 식으로 합리화된다. 셋째, 양 방향의 경향들은 강박적이라는 것이다. 그가 자신의 과도한 요구에 대해 혹은 자신의 의존성과 그 성질에 대해 지적으로 지각하고 있었다 할지라도, 그는 이러한 요인을 자발적으로 변화시킬 수는 없었을 것이다. 이것을 변화시키기 위해서는 상당한 분석적 작업이 필요하기 때문이다. 그는 자신이 통제할 수 없는, 저항하기 어려운 힘에 의해 양 갈래로 끌려가서, 강력한 내적 필요에 의해 획득된 어떤 욕구도 포기할 수 없었다. 그러나 그것들 중 어떤 것도 그가 진정

원하거나 추구하는 것을 드러내 주지는 못했다. 그는 착취하는 것도, 굴종적으로 되는 것도 원치 않았으며, 사실은 이러한 경향들을 경멸하였다. 이것들은 신경증적 갈등을 이해하는 데에 있어 중대한 의미를 가지고 있다. 즉, 어떠한 결정도 가능하지 않다는 것이다.

다음의 예는 유사한 상태를 보여 준다. 어느 프리랜서 디자이너가 친한 친구의 돈을 조금 훔쳤다. 이 도둑질은 외적인 상황으로 정당화될 수 없었다. 그는 돈이 필요하긴 했지만, 그의 친구는 과거에도 때때로 그랬던 것처럼 그가 원하기만 하면 기꺼이 그 돈을 그에게 줄 것이었기 때문이다. 그가 친구의 돈을 훔친 것은, 특히 그가 우정을 매우 중시하는 기품 있는 사람이었다는 점에서 매우 놀라운 것이었다.

그에게는 다음과 같은 갈등이 밑바닥에 있었다. 그는 애정에 대한 현저한 신경증적 욕구가 있었는데, 특별히 모든 실제적인 일에서 돌봄을 받고자 하는 바람이 있었다. 여기에 타인을 착취하고자 하는 무의식적 욕구가 섞여서, 기술적으로 애정을 얻어 내며 동시에 위협을 가할 수 있었다. 이러한 경향 자체는 그가 도움과 지지를 받게 만들었을 것이다. 그러나 동시에 그는 극단적인 무의식적 거만함도 발달시켰고, 이에 상응하는 취약한 자존감도 가지고 있었다. 타인은 그를 돌보는 것을 영광스럽게 여겨야만 했고, 그가 도와 달라고 부탁하는 것은 모욕적이 되는 것이었다. 요청을 해야 하는 것에 대한 혐오는 자신이 무언가 필요하다는 것을 인정하는 것 혹은 자신을 의무 아래 두는 것을 참지 못하도록 만든, 독립과 자립에 대한 강한 갈망 때문에 더욱 강화되었다. 그리하여 그는 원하는 것을 취하였지만 받지는 않았던 것이다.

이러한 갈등의 내용은 첫 번째 예의 갈등과는 다르지만 본질적 특징은 동일하다. 그리고 신경증적 갈등의 예들은 모두 갈등이 드러날 수 있는 욕구들의 대립과 무의식적이고 강박적인 성질을 비슷하게 보여 준다. 결과적으로 언제나 연관되어 있고 서로 모순되는 쟁점들 사이에서 결정을 내리지 못한다는 것이다.

정상과 신경증적 갈등 간의 차이는 그 구분이 불분명하다. 하지만 갈등이 드러날 수 있는 문제들 간의 불균형이 정상인에게 있어서는 신경증적인 사람보다 훨씬 더 적은 것이 사실이다. 정상인이 해야 할 선택은 행동의 두 가지 양식 사이에서 이루어지는 것이며, 어느 것을 선택하든 상당히 통합된 인격의 틀 안에서 실현이 가능한 것이다. 그림으로 설명하자면, 갈등의 방향이 단지 90도 정도로만 벌어지는데 반해 신경증의 경우에는 이와 대조적으로 180도까지 벗어날 수 있다는 말이다.

자각(自覺)에 있어서도 정도의 차이가 있다. 키에르케고르가 지적하였듯이, "실제의 삶이란 너무 다양해서 완전히 무의식적인 절망이나 완전히 의식적인 절망과 같이 추상적인 대비를 제시하는 것만으로는 결코 묘사될 수 없다."[3] 그러나 이렇게는 말할 수 있다. 정상적인 갈등은 완전히 의식할 수 있는 반면, 신경증적인 갈등은 그 본질적인 요소가 항상 무의식적이라는 것이다. 정상인은 자신의 갈등을 자각하지 못할 수 있지만 비교적 적은 도움만 받아도 그것을 인식할 수 있는 반면, 신경증적 갈등을 만들어 내는 본

3) Soren Kierkegaard, *The Sicknes unto Death*(Princeton University Press, 1941).

질적인 경향들은 깊이 억압되어, 커다란 저항에 부딪힌 다음에야 드러나게 된다.

정상적인 갈등은 두 가지 가능성 사이에서 실제적인 선택에 관련되어 그 둘 모두 매우 매력적으로 보이거나, 두 가지 신념 사이에서 둘 다 가치 있게 여겨지는 것이다. 따라서 두 가지 중 선택을 하는 것이 어렵고, 무엇이든 한 가지를 포기할 필요가 있지만, 그럼에도 불구하고 실현 가능한 결정에 도달할 수 있다. 신경증적인 사람은 갈등에 휩쓸리면 자유롭게 선택할 수 없다. 그는 정반대 방향을 가진 똑같이 강한 힘들에 이끌려서 어느 것도 좇아가길 원치 않는다. 따라서 일상적 의미의 결정이란 불가능하게 되고 출구가 없는 방황을 하게 된다. 이런 갈등은 신경증적 경향을 다룸으로써, 타인과 그 자신의 관계를 변화시킴으로써, 신경증적 경향 없이도 지낼 수 있도록 해 줌으로써만이 해결될 수 있다.

이러한 특징으로 신경증적 갈등의 해악을 설명할 수 있다. 이들은 인식되기도 어렵고 사람을 무력하게 만든다. 또한 두려워할 만하게 만드는 파괴적 힘을 가지고 있다. 우리가 이러한 특징을 알고 있고 기억하지 않는다면, 신경증적인 사람들이 갈등의 해소를 위해 의지하는, 그러므로 신경증의 대부분을 구성하는 절망적인 시도들을 이해할 수 없을 것이다.[4)]

4) 이 책의 전반에 걸쳐서 갈등을 없애려는 신경증적 시도들과 관련하여 '해소(solve)' 라는 용어를 사용할 것이다. 신경증적인 사람은 갈등의 존재를 무의식적으로 부정하기 때문에 엄격히 말하면 그 갈등을 '해결(resolve)' 하려고 노력하지 않는다. 그의 무의식적인 노력은 그의 문제를 '해소(solve)' 하는 데 향해 있다.

근본적인 갈등 …… 2

신경증에 있어서 갈등은 흔히 생각하는 것보다 훨씬 더 큰 역할을 한다. 그러나 이것을 파악하는 것은 결코 쉬운 일이 아니다—그 갈등들이 무의식적이기 때문에 그렇기도 하지만 신경증적인 사람이 강하게 갈등의 존재를 부정하기 때문에 더욱 그렇다. 그렇다면 우리가 기저의 갈등들을 의심하도록 하는 징후들로는 어떤 것들이 있는가? 앞 장에서 든 예들에서 갈등의 존재는 두 가지 요인에 의해 암시되어 있다. 하나는 결과적인 증상으로, 첫 번째 예에서는 피로감으로, 두 번째 예에서는 절도로 분명하게 나타나고 있다. 모든 신경증적 증상들은 기저의 갈등을 알려 준다. 즉, 모든 증상이란 다소간에 갈등의 직접적인 파생물인 것이다. 해결되지 못한 갈등이 사람들에게 어떤 영향을 미치는지, 어떻게 불안과 우울, 우유부단, 무력증, 고립 등을 야기하는지 점차 보게 될 것이다. 여기서 인과적 관계를 이해하는 것이 우리의 주의를 겉으로 드러나는 장애에서 그 근원으로 향하게끔 도와줄 것이다—비록 그 근원의 정확한 본질은 밝혀지지 않는다 하더라도 말이다.

갈등이 작용한다는 것을 암시하는 또 다른 징후는 모순이다. 첫 번째 예에서 그 사람은 절차가 잘못되었고, 자신에게 불공정했다고 확신하면서도 항의하는 조처를 취하지 못하였으며, 두 번째 예에서는 우정을 중시하는 사람이 친구의 돈을 훔치게 되었다. 때로는 이러한 모순을 자각할 수도 있지만, 종종 훈련받지 않은 관찰자에게도 명백하게 보이는 이런 모순을 본인은 알아차리지 못한다.

모순은 신체질환이 있으면 체온이 올라가는 것만큼이나 분명하게 갈등의 존재를 암시한다. 몇 가지 흔한 예들을 인용하면, 어떤 여자는 무엇보다도 결혼하기를 원하지만 어떤 남자에게도 다가가는 것을 꺼린다. 아이들에 대해 과잉 염려하는 어머니가 자주 그들의 생일을 잊어버린다. 타인에게는 언제나 관대한 사람이 자기 자신을 위해서는 사소한 지출에도 인색하다. 고독을 갈망하는 사람이 절대로 혼자 있지를 못한다. 대부분의 사람에게 너그럽고 참을성 있는 사람이 자신에게는 엄격하고 까다롭다.

증상들과는 달리 모순은 기저에 있는 갈등의 본질에 대한 잠정적인 가정을 가능하게 한다. 예를 들면, 급성우울증은 그 사람이 딜레마에 빠졌다는 사실만을 밝혀 준다. 그러나 만일 분명히 자신의 아이들을 위해 헌신한 어머니가 자기 아이들의 생일을 잊었다면, 그 어머니는 아이들보다는 '좋은 어머니가 되겠다.'는 자신의 이상에 더 헌신하였다고 생각할 수 있다. 또한 그녀의 이상이 아이들을 좌절시키고 싶은 무의식적인 가학적 경향과 상충되고 있을 가능성을 시인할 수도 있다.

때로는 갈등이 표면 위로 드러나서 의식적으로 경험할 수도 있다. 이는 신경증적 갈등들이 무의식적이라고 한 나의 주장과 상반되게 보일 수 있다. 그러나 실제로 드러나는 것은 왜곡된 것이거나 진짜 갈등을 변형시킨 것들이다. 따라서 회피하려는 여러 가지 수단에도 불구하고 자신이 중대한 결정을 해야 할 필요에 직면한 것을 깨달았을 때에는—그렇지 않았으면 잘 기능하고 있을 터인데—의식적인 갈등으로 인하여 번민할 수도 있다. 그는 이 여자와 결혼을 해야 할지 저 여자와 해야 할지, 혹은 과연 결혼을 해야 할지 말아야 할지 결정하지 못하며, 이 직업을 택할지 저 직업을 택할지, 혹은 동업을 계속해야 할지 말아야 할지를 결정할 수 없게 된다. 그리고 심한 번민에 빠져서 이쪽 끝에서 저쪽 끝으로 동요하며 어떠한 결정에도 도달하지 못하게 된다. 그는 고통 속에서 관련된 문젯거리들을 밝혀 주리라 기대하고 분석가에게 도움을 요청한다. 그러고 나서는 필연적으로 실망하게 된다. 이는 현재의 갈등이란 단지 내적 알력이라는 다이너마이트가 마침내 폭발한 지점에 불과하기 때문이다. 그를 괴롭히는 문제는 이제 그 아래 숨겨진 갈등들을 인식하는 길고 고통스러운 길을 따라가지 않고서는 해결할 수 없다.

다른 예에서 내적 갈등은 외현화되어 자신과 환경 간의 부조화처럼 의식적인 마음으로 떠오를 수도 있다. 혹은 겉으로 드러나지 않은 두려움이나 억제가 자신의 소망을 차단하는 것을 발견하고, 자기 내부의 역류가 더욱 깊은 근원에서 발원한다는 것을 깨달을 수도 있다.

한 사람에 대하여 더 많이 알수록 증상들과 모순들 그리고 표면적 갈등을 밝혀 주는 갈등의 요소를 더 잘 인식할 수 있게 된다—그리고 덧붙이자면, 더 많은 다양한 모순들로 인하여 윤곽이 더욱 혼란스러워져, 결국에는 다음과 같은 질문을 하게 된다.

바로 이 모든 갈등 아래, 이 모든 것을 설명해 줄 수 있는 근본적인 갈등이란 게 있는 것인가? 외견상으로는 관계가 없을 듯이 보이는 친구들과 아이들, 재정, 식사 시간, 고용원들에 대한 끝없이 다양한 분쟁과 소동들, 관계 그 자체에 있어 어떤 근본적인 불협화음을 지적해 주는, 말하자면 '어울릴 수 없는 결혼' 이라는 관점에서 갈등의 구조를 파악하게 할 것인가?

* * *

인격 내의 근본적인 갈등에 대한 신념은 오래된 것이며, 이것은 여러 종교와 철학에서도 중요한 역할을 해 왔다. 빛과 어두움의 힘, 신과 악마의 힘, 선과 악의 힘은 이러한 신념이 표현된 방식들이다. 현대 심리학에서 프로이트는 많은 다른 이들과 마찬가지로 이 점에 관해서 선구적인 연구를 하였다. 프로이트의 첫 번째 가정은 근본적인 갈등이 맹목적으로 충족되고자 하는 우리의 본능적 욕구와 가족이나 사회 등 이를 금기시 하는 환경 간의 갈등이다. 그에 의하면 환경의 억압은 어린 시기에 내면화되며, 그 후에는 금지적인 초자아로 나타난다.

여기에서 프로이트의 갈등 개념을 그 중요성만큼이나 심각하게 다루는 것은 별로 적절하지 않다. 그 이유는 리비도 이론에 관해 제기된 그 모든 논쟁을 다시 개괄해야 하기 때문이다. 여기에서는 프로이트의 이론적 전제는 제쳐 두고, 그 개념적 의미 자체만을 이해하도록 하자. 그렇게 하면 원시적인 자기중심적 욕구들과 우리의 금지적인 양심 간의 대립이 우리 내부의 여러 갈등의 근원이 된다는 주장이 남게 된다. 나중에 보겠지만, 나는 이 대립—혹은 이것에 견줄 만한 어떤 것—이 신경증적 구조에서 중요한 위치를 갖는다고 본다. 여기서 반박하고자 하는 것은 그 근본적인 성질에 대한 것이다. 비록 그 대립이 주요한 갈등이라 할지라도 신경증의 발병과정에 있어서 이것은 이차적이며 필요에 따라 생성되는 것이다.

이러한 반론의 근거는 나중에 더욱 분명하게 될 것이다. 여기서는 다만 한 가지 논점만 짚고 넘어가자. 나는 욕구와 두려움 간의 어떠한 갈등도 신경증적인 사람이 자기 안에서 분열될 정도로, 또는 사람의 삶을 황폐하게 만들 정도로 파괴적이라고는 생각하지 않는다. 프로이트가 상정한 정신적 상황이란 신경증적인 사람이 무엇인가를 온 마음으로 갈망하는 능력이 있다는 것, 이러한 갈망이 두려움 때문에 차단되어 좌절되었을 뿐이라는 것이다. 그러나 이것은 신경증 환자의 갈망이 분열됨으로 인하여 반대 방향으로 향하기 때문에[1] 그가 무엇인가를 온 마음으로 갈망하는 능력이 손상된 데에 갈등의 근원이 있다는 것이다. 이는 프로이트가 상상한 것보다도 훨씬 더 심각한 상황을 야기한다.

1) Franz Alexander, The Structural and Instinctual Conflicts, *Psychoanalytic Quarterly, Vol. XI, No.2*(April, 1933).

근본적인 갈등은 프로이트가 생각한 것보다 더 파괴적이라고 간주되지만 궁극적인 해결 가능성에 대한 나의 견해는 프로이트보다 더 긍정적이다. 프로이트에 의하면 근본적인 갈등은 보편적이며 원칙적으로 해결될 수 없는 것이다. 할 수 있는 것이라곤 더 나은 타협에 도달하거나 더 잘 통제하는 것뿐이다. 나의 견해로는 근본적인 신경증적 갈등은 필연적인 것이 아니며, 이것이 생겼을 때 해결할 가능성도 있다. 즉, 고통받는 사람이 상당한 노력과 고난을 감수하고자 한다면 가능하다는 것이다. 이러한 차이는 낙관주의냐, 비관주의냐의 문제가 아니라 전제가 다른 데서 불가피하게 초래되는 것이다.

근본적 갈등이라는 문제에 대해 프로이트가 후기에 한 대답은 철학적으로 상당히 설득력이 있다. 프로이트의 다양한 사상적 함축을 다시 제쳐 둔다면, '삶'과 '죽음'의 본능에 대한 그의 이론은 인간 존재의 건설적인 힘과 파괴적 힘 간의 갈등으로 요약할 수 있다. 프로이트 자신은 이 개념으로 갈등을 설명하기보다 두 세력이 작용하는 방식에 더 관심을 가졌다. 예컨대, 그는 가학적·피학적인 욕구들에 대해 성적·공격적 본능의 융합으로 설명할 수 있는 가능성이 있다고 보았다.

갈등을 연구하기 위해 이 개념을 적용하는 데에는 도덕적 가치를 도입하는 것이 필요했을지도 모르겠다. 그러나 프로이트에게 있어 도덕적 가치란 과학의 영역에 불법적으로 침입한 자들이었다. 그는 자신의 신념에 따라 도덕적 가치를 배제한 심리학을 만들려고 애썼다. 그러나 나는 자연과학이라는 의미에서 '과학적'이 되고자 한 이러한 시도가 바로 프로이트의 이론들과 이에 근거한 치료가 너무 협소한 틀에 제한되어 버린 이유라고 생각한다. 좀 더 구체적으로 말하면, 바로 이러한 점이 프로이트로 하여금 이 분야에서 방대한 연구를 했음에도 불구하고 신경증에 있어서의 갈등의 역할을 인식하지 못하게 만들었다는 것이다.

융(Jung) 역시 인간 존재의 반대되는 경향을 상당히 강조하였는데, 그는 개인의 내부에서 작용하는 상반되는 힘들을 통감하여, 어떤 요소의 존재도 반드시 그 반대되는 요소의 존재를 암시한다는 일반적인 법칙에 이르게 되었다. 즉, 외견상 여성성은 내적인 남성성을 함축하고 있다. 외적으로 외향성은 숨겨진 내향성을 의미한다. 사고와 추론이 강한 경향은 안으로는 감정의 우세를 함축하고 있다는 등등이다. 여기까지 보면 융이 갈등을 신경증의 본질적인 특징이라고 간주한 것처럼 보인다. 그러나 그는 계속해서 이러한 상반성이 갈등을 일으키는 것이 아니라 보완적인 것이라고 말하였으며, 양자를 다 수용하여 통합성이라는 이상에 근접하는 것을 목표로 삼았다.

융에게 있어 신경증은 한쪽 방향으로만 발달하여 문제가 된 경우다. 그는 이러한 개념을 소위 보완의 법칙으로 서술하였고, 나 역시 상반되는 경향이 통합적인 인격에서 없어서는 안 되는 상호 보완적인 요소를 내포하고 있다는 것을 인식하고 있다. 그러나 나의 견해로는 이들이 이미 신경증적 갈등의 파생물로서 인격에 집요하게 유착되어 있는 것으로 본다. 이는 이들이 해결하려는 시도를 나타내고 있기 때문이다. 예컨대, 만일 내성적(內省的)이고 위축되어 있는 경향이, 진실로는 타인보다 자기 자신의 감정과 사고 혹은 상상에 더 많은 관심을 갖고 있음을 의미한다고 간주한다면—즉, 기질적으로 그렇게 태어나서 경험을 통해 강화되었다면—융의 추론이 옳을 것이다. 효과적인 치료적 절차란, 그 개인에게 감추어진 '외향적' 경향들을 보여 주고 어느 쪽으로든 일방적인 경향의 위험을 지적해 주며, 그로 하여금 양방향의 경향들을 수용하고 살아가도록 격려하는 것이다. 그러나 만일 우리가 내향성(혹은 나로서는 이를 신경증적 고립이라고 더 부르고 싶지만)을 타인과의 밀접한 접촉에서 생길 수 있는 갈등의 회피 수단으로 본다면 치료적 과제는 더 외향적이 되도록 격려하는 것이 아니라 기저의 갈등들을 분석하는 일이 된다. 통합성이라는 목표는 이러한 갈등이 해결된 후라야 접근할 수 있는 것이다.

* * *

내 입장을 더 전개하기 위해 나는 신경증 환자의 근본적인 갈등이 타인을 향해 갖게 된, 근본적으로 상반된 태도라고 본다. 자세히 들어가기 전에 지킬 박사와 하이드 이야기에서처럼 극화(劇化)된 모순에 관심을 돌려 보자. 우리는 한편으로 그를 섬세하고 감각적이고 동정적이며 유익한 사람으로 보는 반면, 다른 한편으로는 잔인하고 둔감하고 이기적인 사람으로 본다. 물론 이러한 예를 든 것은 신경증적인 분열이 항상 정확히 이런 식으로 진행된다고 말하려는 것이 아니라 타인과의 관계에서 상반된 태도를 생생하게 보여 준다는 것을 지적하기 위해서다.

발생론적으로 이 문제에 접근하기 위해서 내가 근본적 불안[2]이

2) Karen Honey, *The Neurotic Personality of Our Time*(W. W. Norton, 1937).

라고 명한 주제로 돌아가 보자. 나는 잠재적으로 적대적인 세상에서 아동이 갖는 소외되고 무력한 느낌을 나타내기 위해 이 용어를 사용하였다. 환경 내의 광범위한 역조건들은 아동에게 이러한 불안감을 조성할 수 있다. 직접적 혹은 간접적인 지배, 무관심, 변덕스러운 행동, 아동의 개인적 욕구에 대한 존중의 결핍, 진정한 돌봄의 결여, 폄하하는 태도, 너무 많이 칭찬하거나 혹은 전혀 칭찬하지 않는 태도, 신뢰할 만한 따스함이 결핍된 것, 부부간 불화에서 편을 들어야 하는 것, 책임감이 너무 많거나 너무 적은 것, 과잉 보호, 다른 아동들과의 관계에서 고립 · 불공정 · 차별 · 약속을 지키지 않는 것, 적대적인 분위기 등등의 여건들이 그것이다.

이러한 맥락에서 내가 특별히 주목하고자 하는 한 가지 요인은 환경 안의 은밀한 위선에 대한 아동의 느낌이다. 부모의 사랑, 기독교적 박애, 정직, 관대함 등이 겉치레뿐이라고 느낄 수 있다는 것이다. 이 점에서 아동이 느끼는 것들 중 일부는 실제로 위선일 수 있다. 그러나 그중 일부는 단순히 부모의 행동에서 느끼는 모순에 대한 반응일 수도 있다. 대개는 이러한 요인이 결합된다. 이들은 공공연히 드러나거나 혹은 상당히 감추어져 있으며, 분석과정에서 아동 발달에 미친 영향이 서서히 인식된다.

이런 혼란한 상황으로 인해 괴로움을 당하면서, 아동은 이를 버틸 방법들, 즉 위협적인 세상을 다룰 방법들을 모색한다. 자신의 연약함과 두려움에도 불구하고, 그는 무의식적으로 환경 속에서 작용하고 있는 문제들의 힘에 대응하기 위해 나름대로 전략을 형성한다. 그렇게 함으로써 그는 사후 전략들을 개발할 뿐만 아니라 그의 인격의 일부가 될 영속적인 특성도 발달시키게 된다. 이것을 나는 '신경증적 경향'이라고 부른다.

만일 우리가 갈등이 어떻게 해서 생기는지를 알고 싶다면, 개개의 경향 위주로 초점을 맞출 것이 아니라 아동이 그런 환경하에서 취할 수 있는 주된 방향의 전체적인 그림을 보아야 할 것이다. 그렇게 한다면 우리가 일부 세세한 내용을 잊는다 하더라도, 아동들이 자신의 환경을 다루고자 취한 주요 조치들에 대한 조망을 좀 더 명료하게 할 수 있을 것이다. 처음에는 혼란스러운 그림만이 보이겠지만 시간이 지나면서 세 개의 주된 노선이 명료해질 것이다. 즉, 아동은 사람들을 향해서 나아가거나(move toward people), 그들에 대항하거나(against them), 그들을 회피하게(away from them) 될 것이다.

사람들을 향해서 나아갈 때 그는 자신의 무력함을 인정하고, 소외와 두려움에도 불구하고 타인에게 애정을 구하며 그들에게 의지하고자 애쓰게 된다. 그가 타인에게 안전함을 느끼는 방법은 이 방법뿐이다. 가족 중 사이좋게 지내지 못하는 구성원이 있다면 그는 가장 강력한 사람이나 그룹에 애착을 가지게 된다. 그들에게 동조함으로써 자신이 덜 약하고, 덜 고립되어 있다고 느낄 수 있는 소속감과 지지감을 얻을 수 있기 때문이다.

사람들에 대항하게 되면, 그는 주변 사람의 적대감을 인정하고 그것을 당연시하게 되며, 의식적 혹은 무의식적으로 싸우고자 결심하게 된다. 또한 암묵적으로 자신을 향한 타인의 감정과 의도를 불신하게 된다. 그러므로 한편으로는 자신을 방어하기 위해 또 한편으로는 보복하기 위해 더 강해지고 사람들을 패배시키기를 원하게 된다.

사람들을 회피하려 할 때 그는 소속되기도, 대항하여 싸우기도 원치 않고 동떨어져 있고자 한다. 그는 자신이 그들과 공통점이 별로 없으며, 그들이 자신을 이해하지 못한다고 여기고는 자신만의 세계—자연이나 인형, 책, 자신의 꿈과 같은 자기만의 세계—를 구축하려 한다.

이와 같은 세 가지 태도에는 각각 근본적 불안과 관련된 요소 중 한 가지가 과대 강조되어 있다. 첫 번째에서 무력감, 두 번째에서 적대감, 세 번째에서 고립감이 그것이다. 그러나 이러한 태도가 발달하는 조건들에서는 세 가지가 다 존재하기 마련이므로 실상 아동은 이 중 어느 한 가지에도 전적으로 전념하지 못한다. 전체적인 관점에서 보이는 것은 다만 두드러지게 나타나는 대응뿐이다.

앞의 경우와 같은 점들은 완전히 신경증의 수준으로 발전한 경우를 살펴보면 분명해진다. 우리는 주변에서 앞서 기술한 태도들 중 하나가 두드러지는 성인들을 알고 있다. 그러나 그의 다른 경향성들도 계속해서 작용한다는 것 또한 알고 있다. 지나치게 의존적이고 순응하는 유형에서 공격적인 성향과 고립되려는 욕구도 관찰할 수 있다. 적대적 경향이 주도적인 사람도 순응적인 성질을 가지고 있고 고립이 필요하기도 하며, 고립적인 성격도 적대감이나 애정의 욕구가 필요하기도 하다.

그러나 이 우세한 태도는 실제 행동을 가장 강력하게 결정 한다. 이는 그가 가장 편안하게 느끼는 대인관계 방식이자 수단들을 나타내기 때문이다. 따라서 고립된 사람은 타인과 밀접한 관계를 요구하는 어떠한 상황에서도 당황함으로 당연히 모든 무의식적인 기술을 활용하여 타인을 안전거리에 두고자 할 것이다. 더욱이 그 사람의 의식적인 마음에는 항상 그런 것은 아니더라도 우세한 태도가 가장 받아들이기 쉬울 것이다.

이는 덜 두드러지는 태도가 덜 강력하다는 것을 의미하는 것은 아니다. 예를 들면, 분명히 의존적이고 순응적인 사람에게 있어, 지배하고자 하는 소망이 애정의 욕구보다 덜 강한가는 말하기 어렵다. 그 이유는 그의 공격적 충동을 표현하는 방식이 좀 더 간접적일 수도 있기 때문이다. 잠재적인 경향의 강도가 매우 클 수도 있다는 것은 우세한 태도가 역전되는 많은 사례에서 분명하게 보인다. 이러한 역전은 아이들에게서 볼 수 있지만 생의 후반기에서도 볼 수 있다. 서머셋 모옴의 『달과 육 펜스』에서 스트릭랜드가 좋은 예가 된다. 여성의 사례사는 종종 이러한 류의 변화를 드러내는데, 예전엔 사내 아이 같고 야망이 넘치며 반항적인 여자도 사랑에 빠지면 순응적이고 의존적인, 야망이 사라져 버린 여자로 변하게 되고, 혹은 독립적이던 여자가 고통스러운 경험들의 압박 때문에 심각하게 의존적이 되어 버리기도 한다.

부언하면, 이와 같은 변화들은 후기의 경험이 전혀 중요하지 않은지, 아동기 상황들로 한 번 조건화되면 확고하게 고정되어 버리는 것인지에 대해 흔히 부딪히는 질문에 빛을 던져 준다. 갈등이라는 견지에서 신경증의 발병을 살펴보면, 흔히 듣는 답보다는 좀 더 적절한 답을 찾을 수 있다. 다음과 같은 가능성을 생각해 볼 수 있다. 초기의 상황이 자발적 성장을 너무 억압하지 않는다면 후기의, 특별히 청소년기의 경험들은 인격을 형성하는 데 영향을 미칠 수 있다. 그러나 만일 초기 경험들이 너무 강력해서 아동에게 경직된 양상을 만들었다면 새로운 경험들은 이를 타파할 수 없을 것이다. 이는 부분적으로 그의 경직됨 때문에 어떠한 새로운 경험도 하지 못하게 되기 때문이다. 예를 들면, 고립이 너무 심하면 누구도 자기 가까이 오는 것을 허용하지 않을 것이며, 의존이 너무 뿌리 깊으면 언제나 종속적인 역할을 하고 착취를 초래할 것이다. 부분적으로는 그가 어떠한 새로운 경험도 이미 틀에 박힌 패턴대로 해석하기 때문이다. 예를 들어, 공격적인 유형은 호의에 대하여 이를 멍청함의 표현이라거나 자기를 착취하려는 의도라고 볼 것이다. 새로운 경험은 예전의 패턴을 강화하는 경향이 있다. 신경증적인 사람이 다른 태도를 취한다면 이는 후기 경험들이 그의 인격 안에 변화를 일으킨 것처럼 보이기도 한다. 그러나 이 변화는 겉으로 보이는 것처럼 그렇게 근본적인 변화는 아니다. 실제로는 내적 · 외적 압력들이 합해져 이전에 우세하였던 태도를 버리고 또 다른 극단적인 태도를 선호하게 만든 것이다—그러나 만일 애초부터 아무런 갈등이 없었다면 이러한 변화도 일어나지 않았을 것이다.

***

정상인의 관점에서 보면 세 가지 태도가 상호 배타적이어야 할 이유가 없다. 한 가지 태도가 다른 태도에 승복하거나 대항하거나 자기 태도를 고수할 수 있어야 한다. 이 세 가지 태도는 서로 보완적일 수 있으며, 조화로운 전체를 이룰 수 있다. 어느 한 가지가 우세하면 이는 한 노선을 따라 과잉 발달이 이루어진 것을 의미할 뿐이다.

그러나 신경증에서는 이러한 태도가 서로 양립 불가능한 몇 가지 이유가 있다. 신경증 환자는 융통성이 없다. 그러므로 그는 순종해야만 하거나 대항해야만 하거나 혼자 동떨어져 있어야만 한다. 이는 그 조치가 특정 상황에 적절한지와 무관하며, 다른 식으로 행동하게 되면 공황상태에 빠지게 된다. 따라서 이 세 가지 태도가 모두 어느 정도 강하게 존재할 때는 심각한 갈등에 사로잡히게 된다.

갈등의 폭을 증폭시키는 또 다른 요인은, 그 태도들이 인간관계 영역에만 제한되지 않고, 악성종양이 전 유기체 조직으로까지 확대되는 것처럼 점차 전 인격으로 스며든다는 것이다. 그들은 대인관계뿐만 아니라 자기 자신과 생 전반에 대한 그의 관계를 삼켜버림으로써 끝을 본다. 만일 우리가 이 포괄적인 특성을 충분히 의식하지 못한다면, 갈등이 사랑 대 증오, 순응 대 반항, 굴복 대 지배 등과 같은 범주적 관점으로만 생각되는 유혹을 받을 수 있다. 그러나 이는 종교나 군사력에 대한 접근과 같은, 한 가지 대조적인 특징에 초점을 맞추어 파시즘과 민주주의를 구별하려는 것처럼 오도된 것이다. 이들은 확실히 차이가 있긴 하지만 이들 차이점만 전적으로 강조하는 것은 민주주의와 파시즘이 별도의 세계며, 서로 양립 불가능한 두 개의 생 철학을 대표한다는 점을 덮어 버리는 데 일조하는 것이다.

타인과의 관계에서 시작한 갈등이 시간이 지나면서 전 인격에 영향을 미친다는 것은 우연이 아니다. 인간관계는 아주 중요해서 우리가 발달시키는 특질들과 우리 자신을 위해서 설정한 목표들, 우리가 신봉하는 가치들을 결정한다. 이 모든 것은 다시 다른 이

들과의 관계에 영향을 미쳐 서로 불가분의 관계로 얽히게 된다.[3)]

내 주장은 양립 불가능한 태도에서 파생된 갈등이 신경증의 핵심을 이루며, 따라서 근본적이라고 부를 만하다는 것이다. 그리고 덧붙이자면 내가 핵심이라는 용어를 사용하는 것은 그것이 중요하다고 하는 비유적 관점에서뿐만 아니라 그것이 신경증이 생성되는 역동적 중심이라는 점을 강조하기 위해서다. 이 주장은 새로운 신경증 이론의 중심이며, 그 함축하는 바는 다음 장에서 분명해질 것이다. 광범위하게 보자면 이 이론은 신경증들이 인간관계에서 장애의 표현이라는 나의 초기 개념을 정교화한 것으로 볼 수 있다.[4)]

3) 타인에 대한 관계와 자신을 향한 태도가 서로 분리될 수 없기 때문에 정신의학 출간물들에서 때때로 등장하는, 이들 중 전자 혹은 후자가 이론과 실제에서 가장 중요한 요인이라고 하는 주장은 지지받지 못한다.

4) 이 개념은 *The Neurotic Personality of Our Time*에서 처음 제시되었으며, *New Ways in Psychoanalysis and Self-Analysis*에서 정교화되었다.

사람들에게 향함 3

근본적인 갈등이 어떻게 기능하는지를 간단히 몇 사람의 예로 설명하기는 어렵다. 신경증에 내재된 파괴성 때문에 환자는 보이지 않을 뿐만 아니라 너무 깊숙이 파묻혀 분리할 수 없는 방어 구조를 기본적 갈등 주위에 형성하고 있기 때문이다. 따라서 겉으로 드러나는 것은 갈등 자체가 아니라 그 갈등을 해결하려는 여러 시도인 셈이다. 그러므로 사례들을 아무리 연구해도 모든 암시적인 요소나 미묘한 뜻을 완전히 이해할 수는 없다. 이런 설명은 필연적으로 너무 상황적이고 불투명한 묘사가 되기 때문이다.

더군다나 앞의 장에서 소개한 개요는 아직 보완되어야 할 부분이 있다. 기본적인 갈등에 포함된 모든 것을 이해하려면 우리는 먼저 대립하는 요소를 하나씩 분리하여 연구해야만 한다. 만일 우리가 대립하는 요소 중 하나가 우세하고, 그것이 좀 더 수용되는 유형의 사람들을 관찰할 수 있다면 어느 정도의 성공을 거둘 수 있을 것이다. 간략하게 각각의 유형을 순종적 성격, 공격적 성격, 고립적 성격으로 구분하고, 숨겨진 갈등은 가능한 한 제외하고 각 유형에서 개인이 좀 더 수용하는 태도에 초점을 맞출 것이다. 각각의 유형에서 우리는 타인에 대한 기본적인 태도가 어떤 욕구나 특성, 민감성, 억제, 불안 그리고 마지막으로 특정한 가치관을 형성 내지 육성한다는 것을 알게 될 것이다.

이런 방식은 다소 결점이 있으나 확실한 이점도 있다. 비교적 명백한 유형에서 보이는 일련의 행동체계나 반응, 신념 등의 기능과 구조를 우선적으로 조사함으로써 다소 불명확하고 혼란된 형태로 나타나는 경우의 유사한 조합도 좀 더 쉽게 알아볼 수 있을 것이다. 또한 이렇게 희석되지 않은 상을 보게 되면 세 가지 행동 유형에 내재된 상반성을 확실히 알게 될 것이다. 민주주의와 파시즘의 비유를 생각해 보자. 민주주의와 파시즘의 이념 차이를 지적하고자 한다면 민주주의적 이상을 믿으면서 비밀스레 파시스트적인 방법에 의지하는 사람을 예로 들진 않을 것이다. 오히려 우선 국가사회주의자의 저서와 행위 등을 통해 파시스트의 마음을 이해하고 난 다음, 이것들을 가장 대표적인 민주주의적인 삶의 방식과 비교할 것이다. 이렇게 하면 두 종류의 신념 사이에 존재하는 대조성을 명료하게 느낄 수 있으며, 두 이념 사이에서 타협을 시도하였던 사람들이나 집단들을 이해하는 데 도움이 될 것이다.

첫 번째 집단은 순종적 유형이다. 이 유형은 '사람들에게 향하는(moving toward)' 모든 특성을 드러내며, 주위 사람들의 인정과 애정을 유달리 바란다. 특히, '동료', 즉 삶의 모든 기대를 충족시켜 주고, 선과 악에 대한 책임을 지며, 탁월한 일을 성공적으로 해낼 친구나 애인, 배우자를 각별하게 원하는 것이다. 이러한 욕구는 모든 신경증적인 경향에 공통적으로 나타나는 특징으로 강박적이고 분별이 없으며, 좌절감을 느꼈을 때 불안해하거나 의기소침해지는 경향을 보인다. 이는 당사자의 본질적인 가치뿐만 아니라 그 사람에 대해 자신이 가진 실제적인 느낌과도 거의 별개로 작용한다. 그러므로 이 욕구의 표현이 다양하게 나타난다 할지라도 이런 욕구는 친밀한 인간관계의 욕구, 즉 소속감의 욕구에 중심을 둔다. 이 욕구는 무차별적인 것으로 순종적 유형은 주위 사람들과 공통되는 관심과 친화적인 면을 과대평가하고 이와 구별되는 요인은 경시한다. 이러한 방식으로 타인을 잘못 판단하는 것은 어리석거나 알지 못해, 또는 관찰할 능력이 없어서라기보다는 강박적인 욕구가 작용하기 때문이다. 이들은—환자가 그림으로 표현하듯이—자신을 낯설고 위협적인 동물들에 둘러싸인 아기처럼 느끼고 있다. 즉, 이들은 그림 한 가운데 작고 무력한 모습으로 자신을 금방이라도 쏠 것 같은 거대한 벌, 자신을 물 것 같은 개, 뛰어오를 태세를 취한 고양이, 뿔로 찌를 것 같은 소에 둘러싸인 모습으로 표현한다. 더 위협적이 되는, 보다 더 공격적인 상대가 바로 가장 애정을 필요로 하는 존재라는 경우를 제외하고는 타인의 본질은 명백히 중요하지 않다. 요컨대, 이런 유형의 사람들은 타인의 마음에 들려고 하고, 사랑을 받으려고 하며, 자신을 받아 주고 환영해 주며, 인정해 주고, 자신의 진가를 알아 주기를 바란다. 또한 자신이 사람들에게 필요한 존재며, 특히 한 특정인에게 중요한 존재이기를 바라며 도움과 보호, 보살핌, 지도받기를 바란다.

분석과정 중에 이런 욕구의 강박적인 특성이 지적되면 대개 환자는 이런 욕구가 아주 정상적이라고 주장한다. 물론 이러한 주장에 정당성이 없는 것은 아니다. 자학적인 경향에 의해 본성이 비뚤어져 애정욕구가 작용할 수 없는 상태가 된 경우를 제외하고는(추후에 논의할 것이다.) 누구나 타인의 마음에 들려 하고, 어딘가에 소속되려 하며, 도움을 받을 수 있기를 바란다고 가정할 수 있다. 환자의 이론이 잘못된 점은 안전하게 느끼고 싶은 끝없는 간절함으로, 실제로 진심은 보이지 않으면서 주위 사람의 애정과 인정을 격렬하게 찾아 헤매는 것이 전부 진심이라고 주장하는 데 있다.

이런 간절함을 충족하고 싶은 욕구는 너무나 강해서 환자의 모든 행동은 그것을 완수하는 데 맞춰 조정된다. 이 과정에서 환자는 자신의 성격을 형성하는 어떤 특징이나 태도를 발달시키게 되는데, 그중 어떤 것은 사랑스럽다고 할 수 있다. 즉, 환자는 자신이 정서적으로 이해할 수 있는 범위 내에서 타인의 욕구에 민감하게 된다. 예를 들면, 그는 관심이 없는 사람의 희망을 안중에 두지 않더라도 타인이 동정, 도움, 승인 등을 필요로 하는 경우를 재빨리 알아차릴 수 있다. 그는 자동적으로 타인의 기대나 타인의 기대라고 믿는 것에 맞춰서 살며, 종종 자신의 감정에 대해 잊어버리기까지 한다. 끝없는 애정욕구를 제외하고는 이타적이며, 희생적이고, 상대에게 아무런 요구도 하지 않는다. 순종적이며 자신에게 가능한 한도 내에선 상대에게 지나칠 정도로 이해심을 보이고 감사해하며 너그럽다. 그는 자신이 타인을 진심으로 좋아하는 것이 아니라는 사실을 의식하지 못하고, 타인 모두가 위선적이고 자신만을 생각한다고 여긴다. 그러나—만약 내가 의식하고 있는 용어로 이 무의식적인 현상을 표현하자면—그는 자신이 모든 사람을 좋아하며, 사람들은 모두 선하고 신뢰할 만하다는, 즉 절망으로 이끌 뿐아니라 전반적인 심리적 불안감을 갖게 만드는 이 잘못된 생각을 스스로 믿도록 자신을 설득한다.

이런 특성들은 환자 자신이 느끼는 것처럼 가치 있는 것은 아니다. 왜냐하면 그가 자신의 감정과 판단을 묻지 않고 자신이 사람들에게서 원하는 모든 것을 맹목적으로 주려고 하고, 또 상대가 자신에게 보답하지 않으면 심각하게 혼란스러워하기 때문이다.

다른 부류의 사람들은 사람들의 험악한 얼굴이나 불화, 경쟁을 피하기 위한 목적으로 이런 특성들을 지니게 된다. 그들은 복종적이고, 다른 이에게 주목받는 자리를 내 주며, 자신은 물러나는 경향이 있다. 따라서 유화적이고 타협적이며, 적어도 의식적으로는 타인에게 원한을 품는 일이 없다. 타인에게 복수하거나 타인을 이기려는 욕구는 너무나 철저하게 억압되어, 자기 자신도 쉽게 화해하고 사람들에게 오래 원한을 품고 있을 수 없음을 이상히 여길 때가 있다. 이런 상황에서 중요한 점은 자동적으로 자신이 비난을 떠맡으려는 경향이 있다는 것이다. 자신의 실제 감정—즉, 자신이 실제로 죄책감을 느끼는지 아닌지—에는 개의치 않고 부당한 비난이나 예견된 공격에도 타인보다는 그 일과는 무관한 자기 자신을 나무라며, 자신을 비판적으로 뒤돌아보거나 용서를 구한다.

이러한 태도는 감지하지 못할 정도로 미묘하게 명백한 억제로 전환된다. 모든 공격적인 행동은 용납되지 않으므로 자기 주장을 하거나, 비판 · 요구 · 명령을 하거나, 깊은 인상을 남기거나 야망을 위해 분투하는 것 같은 행동은 억압된다. 또한 자신의 생활 전반을 타인에게 맞추기 때문에 이런 억압들로 인하여 정작 자신을 위한 일이나 혼자서 즐길 수 있는 일을 할 수 없게 되며, 심하면 식사, 구경거리, 음악, 자연 등 타인과 함께 할 수 없는 모든 경험은 무의미하다 여기는 지경에 이를 수도 있다. 말할 나위도 없이 이런 즐거움에 대한 엄격한 통제는 자신의 생활을 빈약하게 할 뿐만 아니라 타인에게 의지하는 경향을 심화시킨다.

이러한 특성들의 이상화는 별개의 문제라 하더라도 이 유형은 자신에게 어떤 특징적인 태도를 취한다. 첫 번째는 전반적으로 자신이 약하고 무력한 사람이며, '불쌍하고 보잘것없는 사람'이라는 느낌을 갖는 것이다. 자신이 의지했던 대상을 떠나 있게 되면 정박장에서 떨어져 나간 배처럼, 요정의 도움을 받을 수 없는 신데렐라처럼 어찌할 바를 몰라 한다. 이런 무력감은 부분적으로는 실제이며, 어떤 상황에서도 투쟁하거나 경쟁할 수 없다는 느낌은 확실히 자신을 약하게 만든다. 게다가, 솔직하게 자신과 주위 사람들에게 '넌 날 사랑해야 하고, 보호하고, 용서해야 하고, 날 떠나면 안 돼. 왜냐하면 난 너무 약하고 무력하니까.'라며 자신의 무력함을 고백하기도 한다. 이것은 꿈에서 극적으로 강조되기도 하며, 호소나 방어의 수단으로 종종 의지되기도 한다.

두 번째 특징은 복종의 경향에서 나타난다. 모든 사람이 자신보다 우월하고, 더 매력적이고 영리하며, 교육 수준도 높고 가치 있다고 생각하여, 그것을 당연하게 받아들인다. 그가 자기 주장을 펼치지 못함으로 인해 자신의 능력에 손상을 준다는 점에서 이런 느낌들은 실제적인 근거가 있다. 그러나 그의 열등감은 의심할 여지 없이 자신이 능력 있는 분야에서조차—자신의 장점에도 불구하고—자신보다 더 큰 능력을 지닌 타인에게 공을 돌리게 만든다. 공격적이고 거만한 상대 앞에서 자신의 가치에 대한 느낌은 더 오그라들기 마련이지만, 결국 혼자 있을 때조차 자신의 가치, 재능, 능력뿐만 아니라 자신이 지닌 물질적인 소유도 과소평가하게 된다.

세 번째 전형적인 특징은 타인에 대한 일반적인 의존성이다. 이것은 타인이 자신을 어떻게 생각하는가에 따라 자신을 평가하는 무의식적인 경향이다. 자신에 대한 자존심은 사람들이 자신을 인정하고 사랑하는지 여부에 따라 오르락내리락 한다. 그러므로 어떤 거절도 실제적으로 그에게는 파국적이 될 수밖에 없으며, 어떤 사람이 자신의 권유를 거절하면 의식적으로는 그것에 대해 사리분별을 할지 모르지만, 자신이 살고 있는 특정한 내면세계의 논리에 따라 자존심은 땅에 떨어지게 된다. 말하자면, 모든 비난, 거절, 버림이 무서운 위험이 되고, 자신을 위협한 사람의 관심을 되돌리기 위해서 가장 비굴할 정도의 노력을 할지도 모른다는 것이다. 한쪽 뺨을 맞았을 때 다른 뺨을 내미는 식의 행동은 기이한 자기학대적인 충동에 의해 야기된 것이 아니라 그의 내적 전제를 기초로 그가 내린 유일한 논리적인 결론이라 할 수 있다.

이 모든 것이 환자의 가치관을 형성하는 요소가 되며, 가치관은 환자 자신이 전반적으로 성숙해 가면서 다소 분명해지고 확고해진다. 이때 가치관은 선량함, 동정심, 사랑, 너그러움, 이타적임, 겸손 등의 방향으로 기우는 반면, 이기심, 야망, 뻔뻔스러움, 예의 없음, 권력을 휘두르는 등의 행동들은 힘을 상징하므로 멸시한다.

하지만 이것들이 '능력'을 나타내기 때문에 동시에 마음속으로는 동경한다.

이런 요소는 신경증적으로 '사람들을 향하는' 태도를 취하게 한다. 생각하고 느끼고 행동하는 모든 방식—삶의 전체적인 방식—이 이런 요소 속에 내재되어 있기 때문에 이제 이런 요소를 단순히 순종적이거나 의존적이라는 용어로 표현하는 것은 부적절하다는 점이 명백해졌을 것이다.

여기서 나는 모순되는 요소를 거론하진 않겠다. 그러나 대립하는 성향을 억압하는 것이 우세한 성향을 얼마나 강화시키는지 알지 못한다면 모든 태도나 신념의 집착을 완전히 이해할 수 없을 것이다. 그러므로 이제 반대편을 한번 간단히 살펴보자. 우리는 순종적인 유형을 분석할 때 강하게 억압된 여러 가지 공격적인 성향을 보게 된다. 지나치게 타인을 배려하는 것과는 대조적으로 타인에 대한 무관심, 반항적인 태도, 무의식적으로 타인에게 기생하거나 이용하려는 경향, 타인을 통제하고 조종하려는 경향, 타인보다 뛰어나기를 바라거나 또는 보복적인 승리를 즐기고 싶은, 참을 수 없는 욕구를 발견하게 되는 것이다. 억압된 욕구는 당연히 그 종류와 강도가 다양하며, 이는 부분적으로는 어렸을 때 겪은 사람들과 좋지 않은 경험에서 발생한다. 예를 들면, 아이들은 대개 다섯 살부터 여덟 살까지 짜증을 잘 부리다 더 자라면서 유순해진다고 한다. 그러나 나중의 경험에 의해 공격적인 경향이 강화되고 길러지는 일도 있는데, 이것은 적대감이 여러 근원에서 끊임없이 생성되기 때문이다. 이 시점에서 이런 근원들을 모두 살펴보는 것은 핵심에서 지나치게 벗어나는 일이다. 다만, 여기서는 겸손함과 선량함은 짓눌리거나 이용당하기 쉬우며, 타인에게 기댄다는 것이 상처받기 쉬운 상황을 만드는 것이기 때문에 요구한 만큼의 넘치는 애정과 승인이 돌아오지 않으면 무시당하고, 거절당하고, 굴욕적인 느낌을 갖게 한다고 말하는 것으로 충분할 것이다.

이런 모든 감정, 욕구, 태도가 억압되었다는 것은 프로이트적인 용어를 사용해서 환자 자신이 모르고 있을 뿐만 아니라 알고 싶어 하지 않는 마음이 무척 강하여 자신 또는 타인에게 흔적이라도 노출될까 두려워 언제나 경계한다는 것을 의미한다. 모든 억압은 우리에게 다음과 같은 질문을 던진다. '한 사람이 자신의 내면에서 작용하는 욕구를 억압함으로써 어떤 소득이 있을까?' 온순한 유형의 사례에서는 대부분 이상화된 이미지와 자학적인 경향을 논의할 때 여러 가지 답을 알아낼 수 있다.

우리는 여기에서 적대감을 느끼거나 표현하는 것은 사람을 사랑하고 타인에게 사랑받고 싶은 욕구를 위태롭게 한다는 것을 알 수 있다. 게다가 모든 공격적이거나 자기주장적인 행동은 이기적으로 보일 수 있으며, 자신의 행동을 비난받아 마땅하다 생각한다면 타인도 비난할 것이라고 느낀다. 그러나 자신에 대한 자존심이 상대의 승인에 달려 있으므로 그런 비난을 무릅쓰지는 않는다.

모든 주장적 · 보복적 · 야심적인 감정과 충동의 억압은 또 다른 기능이 있다. 이런 억압은 신경증 환자가 자신의 갈등을 없애고 대신에 일치, 하나됨, 완전함의 느낌을 만들고자 하는 여러 시도 중 하나다. 우리 자신 안에 조화를 이루려는 갈망은 당연한 욕구지만 일상생활에서 기능해야 하는 실용적인 필요에 의해—계속적으로 반대방향으로 움직일 때는 불가능하다—또한 극심한 분리의 공포에 의해 유발된다. 그리고 모든 모순되는 요소의 표면을 덮어 버림으로 해서 어떤 한 경향을 지배적으로 만드는 것은 성격을 조직화하려는 무의식적인 시도다. 이는 신경증적 갈등을 해결하려는 주요 시도 중 하나가 된다.

우리는 이미 순종적 유형이 모든 공격적인 충동을 철저하게 억제하는 데 이중적인 관심이 있음을 발견하였다. 공격적인 충동은 환자의 전체적인 생활방식을 위험에 빠뜨리고 자신이 애써 구축해 놓은 조화를 사라지게 만든다. 이런 공격적인 경향이 파괴적일수록 이런 경향을 배제해야 할 필요성도 많아지는데, 환자는 극단적으로 자신을 위해선 아무것도 원하지 않고, 부탁을 거절하지 못하며, 언제나 모든 사람을 좋아하고, 나서지 않으려 애쓸 것이다. 다시 말하면 순종적이고 양보하는 경향이 강화되는 것이다. 즉, 이런 경향이 더 강박적이 되고 무분별하게 된다.

이런 모든 무의식적인 노력은 당연히 억압된 충동이 작용하고 드러나는 걸 막지 못하지만 구조에 적합한 방식으로는 작용한다. 환자는 '자신이 너무 불쌍하다.'는 이유로 어떤 요구를 하거나 '사랑'을 위장하고 은근히 지배하려 든다. 억압되고 누적된 적대감은 크고 작은 감정의 폭발로 나타나는데, 때로 신경질적이 되기도 하고 울화를 터뜨리기도 한다. 이런 감정의 폭발은 평소 부드럽고 온화한 모습에는 어울리지 않지만 환자 자신은 충분히 정당하다고 느끼며, 이것은 자신의 전제에 따르면 상당히 옳은 것이 된다. 또한 타인에게 제시한 자신의 요구가 지나치고 자기중심적임은 인식하지 못하고, 때때로 사람들이 자신을 너무나 부당하게 대해서 견디기 힘들다는 느낌을 피하지 못한다. 그러다 마침내 억압된 적대감이 극도의 분노로 분출되어 두통이나 위장장애 같은 온갖 종류의 기능장애를 유발한다.

대부분의 순종적인 유형은 이중적인 동기를 갖는 특징이 있다. 예를 들면, 복종적인 태도를 취하는 것은, 마찰을 피하고 사람들과 조화를 이루기 위함과 동시에 타인보다 뛰어나고 싶은 욕구의 흔적을 없애기 위함이기도 하다. 환자가 자신이 이용당하는 것을 허용하는 것은 복종과 선량함을 표현하는 것이지만, 이는 자신이 타인을 이용하고 싶은 욕구를 외면하는 것이기도 하다. 신경증적 순종을 극복하기 위해서는 반드시 갈등의 양쪽 측면이 철저하면서도 적합한 순서로 다루어져야 한다. 우린 보수주의적인 정신분석 출판물에서 가끔 공격성의 분출이 심리치료의 본질이라는 인상을 받는다. 이런 접근은 신경증적 구조의 복잡성, 특히 다양성을 충분히 이해하고 있지 않으며, 논의 중에 있는 어떤 특정 유형에만 타당성이 있으며, 그 타당성마저도 제한되어 있기 때문이다. 공격적인 충동을 노출하는 것은 해방감을 주지만 해방감 자체가 목적으로 간주된다면 환자의 발전에는 쉽게 해가 된다. 성격이 궁극적으로 조화롭게 통합되려면 반드시 갈등을 해결하는 과정이 있어야 한다.

우리는 순종적 유형에게 사랑과 성(性)이 어떤 역할을 하는지 주목할 필요가 있다. 종종 사랑은 이런 환자에게 추구해야 할 가치가 있는, 살아갈 가치가 있는 유일한 목표인 것처럼 보인다. 이들에게는 사랑이 없는 삶은 단조롭고, 쓸모없고, 공허하다. 이런 강박적인 추구에 대한 프리츠 위틀스(Fritz Wittels)의 말을 인용하면, 사랑은 모든 것을 제치고 돌진해야 할 환영과 같은 것이다. 인간,

자연, 일 또는 모든 종류의 즐거움이나 관심거리는 사랑의 관계가 맛과 풍미를 더해 주지 않는다면 아무런 의미가 없다. 우리의 문화적인 상황에서 이런 강박적인 행동은 남자보다 여자에게 더 빈번하고 뚜렷하기 때문에 이런 경향을 특히 여성적인 갈망이라 생각하게 된다. 그러나 이러한 현상은 실제로는 여성적 · 남성적임과는 관계가 없다. 다만, 비합리적인 강박적인 충동이라는 점에서 신경증적인 현상일 뿐이다.

순종적 유형의 구조를 이해하게 되면 그에게 사랑이 왜 중요한지, 왜 그의 광기에는 이유가 있는지 알게 된다. 환자의 서로 상반되는 강박적인 경향에 비추어 보면, 사랑은 사실상 자신의 신경증적인 욕구가 모두 채워질 수 있는 유일한 길인 셈이다. 사랑은 상대의 마음에 들고 싶어 하는 욕구와 동시에 (사랑을 통해) 상대를 지배하고 싶어 하는 욕구, (상대의 전적인 관심을 통해) 앞에 나서지 않으면서도 타인을 능가하고 싶어 하는 욕구를 채워 줄 가능성이 있다. 그간 자신이 가꿔 온 사랑스러운 특성을 표현함과 동시에 정당하고, 순수하고, 칭찬할 만한 것을 기초로 하면서 자신의 모든 공격적인 충동을 무사히 헤쳐 나갈 수 있게 된다. 게다가 자신의 결점과 고통이 자신 내면의 갈등에서 온다는 걸 인식하고 있지 않으므로 환자에게 사랑은 모든 문제의 해결로 느껴진다. 즉, 자신을 사랑해 주는 대상을 찾는다면 모든 것이 괜찮아지리라 생각하게 되는 것이다. 환자는 "나는 약하고 무력하다. 내가 이 험한 세상에 혼자 있는 한 나의 무력함은 위험하며 위협이 된다. 하지만 누군가 날 끔찍이 사랑해 줄 사람을 찾는다면 난 안전하게 될 것이다. 그 사람이 날 보호해 줄 테니까. 그와 함께라면 그 사람에게는 내 주장을 할 필요도 없을 것이다. 왜냐하면 내가 요구하거나 설명하지 않아도 날 이해해 주고 내게 필요한 것을 줄 것이니까. 사실상, 나의 나약함은 유용한 이점이 될 것이다. 그 사람은 나의 나약함을 사랑할 것이고, 난 그 사람의 능력에 의지할 수 있기 때문에 나 혼자선 감행할 수 없었던 일들도 그 사람을 위해 할 수 있을 것이다. 또한 그 사람이 원한다는 사실 때문에 나 자신을 위한 일도 할 수 있을 것이다."라고 생각하는데, 이런 희망은 불합리하지만 환자에게는 다소 무의식적인 논리가 있다는 것을 이해할 필요가 있다.

이들은 "'혼자'라는 것은 내게 너무 고통스럽다. 단지 내가 타인과 함께 나눌 수 없는 것은 어떤 것도 즐길 수 없다는 것뿐만 아니라 그 이상의 것이다. 난 어쩔 줄 모르고 불안해진다. 토요일 밤에 혼자 영화관에 가거나 책을 읽을 수는 있겠지만 그건 아무도 날 원하지 않는다는 사실을 나에게 확인시켜 주므로 굴욕적이다. 그러므로 토요일 밤에—또는 다른 어느 때 어떤 일에서도—혼자 있는 일이 없도록 신중하게 계획을 잡아야 한다. 그러나 이 고통들은 내가 좋은 상대를 만나는 순간 해방될 것이다. 절대 혼자 있는 일이 없을 것이며, 지금은 의미 없는 모든 일—아침을 준비하거나, 일을 하거나, 일몰을 보는 일 들—이 즐거워질 것이다."라며 일부는 사고, 일부는 느낌, 일부는 무의식적인 것들을 공식화된 논리로 만들어 자신의 이론을 재구성한다.

또한 그들은 "난 자신감이 없다. 난 언제나 타인이 나보다 더 유능하고, 매력적이고, 재능이 있다고 느낀다. 내가 성취한 것은 중요하지 않다. 그것은 나 혼자 해냈다고 믿을 수 없기 때문이다.

타인에게 보이기 위해 허세를 부린다거나 단순히 운이 좋아서 된 것일지 모르며, 다시 한다면 할 수 있을지 확신할 수 없다. 그리고 만약 사람들이 날 잘 알게 된다면 어느 곳에서도 나를 필요로 하지 않을 것이다. 하지만 나를 있는 그대로 사랑하고, 가장 소중히 여기는 사람을 만나면 난 가치 있는 사람이 될 것이다."라는 생각도 한다. 그렇다면 사랑이 신기루와 같은 마력을 가지는 것은 당연하다 할 수 있으며, 자신의 내면을 바꾸려는 힘든 과정보다 사랑에 더 집착을 보이는 것은 이상한 일이 아니다.

이런 면에서 성행위는 생물학적 기능을 떠나 사랑받는 증거로서 가치를 갖는다. 순종적 유형에 고립되어 있을수록, 즉 감정적으로 관련되는 것을 두려워할수록, 아니면 사랑받는 것을 단념할수록 성행위는 단지 사랑의 대용품이 되어 버린다. 이렇게 되면 성행위는 친밀감을 표현할 수 있는 유일한 길이 되고, 사랑이 모든 것을 해결할 수 있는 힘으로 과대평가되듯이 성행위도 과대평가된다.

우리가 환자가 사랑을 지나치게 강조하는 것을 당연하다고 여기는 것과 이를 '신경증'이라고 여겨 무시해 버리는 극단을 피하기 위해서는 순종적인 유형들이 갖는 이런 기대감이 환자들 자신의 삶의 철학에서 오는 논리적인 결론이라는 것을 알아야 한다. 신경증적인 현상에서 자주 볼 수 있듯이 의식적이든 무의식적이든 환자의 논리는 결점이 없지만 그에 따른 결론은 잘못된 전제에 근거한다. 이 잘못된 전제는 자신의 애정 욕구와 그와 동반되는 모든 것이 진정한 사랑이라고 오인하는 데 있다. 다시 말하면, 그는 모든 신경증적인 갈등을 내버려 두는 것이다. 환자는 갈등 자체에 아무런 변화도 주지 않고 갈등의 해로운 결과가 제거되길 기대한다. 이것은 해결을 위한 모든 신경증적인 시도의 특징이며, 바로 이러한 시도들이 결국에는 실패로 끝나는 이유가 된다. 이에 대해 사랑을 해결책이라고 한다면, 이것에 대해서는 이야기해야겠다. 만일 순종적인 유형이 강인함과 친절함을 겸비한 상대 또는 자신의 신경증적인 경향과 잘 맞는 신경증을 지닌 상대를 찾는다면 환자의 고통은 현저하게 줄 것이고, 어느 정도는 행복을 찾을 수 있을 것이다. 그러나 거의 모든 경우, 인간관계가 하늘이 정해 준 것이라고 큰 기대를 한 환자는 자신을 더 큰 불행으로 내몰게 된다. 환자 자신의 갈등은 상대와 관계에서도 끌고 올 가능성이 높으며, 이러한 갈등이 그 관계를 파괴할 가능성도 크다. 가장 운이 좋은 경우라도 단지 실제의 고통을 경감시킬 뿐이다. 자신의 갈등이 해결되지 않으면 여전히 관계가 발전되기는 어렵다.

사람들에게 맞섬 4

근본적인 갈등의 두 번째 측면, 즉 사람에게 맞서는 경향을 논의함에 있어서 앞에서와 같이 공격적인 경향이 우세한 유형을 검토하려고 한다.

사람들이 순종적인 유형을 선량하다고 믿으면서도 끊임없이 반대되는 증거에 당황하듯이 공격적인 유형은 모든 사람이 적대적이라는 것을 당연시하면서 반대의 경우를 받아들이지 못한다. 이런 유형에게 삶이란 만인에 대한 만인의 투쟁이고, 경쟁에서 이기는 자만이 살아남는 것이다. 그가 허용하는 예외가 있다 하더라도 그것은 마지못해 하는 것이고, 조건부 단서가 따라붙기 마련이다. 이런 태도는 가끔 분명하게 드러나기도 하지만 보통은 부드럽고 예의 바른 그리고 정중하고 우호적인 태도로 가려져 있다.

이런 가식적인 태도는 방편에 대한 권모술수가가 취하는 전략적인 양보를 의미한다. 하지만 대개는 겉치레, 진정한 감정, 신경증적인 욕구의 복합물이다. 사람들이 자신을 좋은 사람으로 믿어 주길 바라는 마음속에는 실제로 어느 정도의 선한 마음이 결합되어 있다. 자신의 통솔하에 상황이 있다는 걸 모든 사람이 확실히 믿고 있다면, 아마도 공격적인 목표에 도움이 될 신경증적 욕구는 애정과 인정을 필요로 할 것이다. 그러나 순종적인 유형은 자신이 지닌 가치관이 어찌 되었든 그것이 승인된 사회적 · 기독교적 미덕과 일치하기 때문에 가식적인 태도는 필요하지 않다.

* * *

공격적 유형의 욕구도 순종적 유형의 욕구와 마찬가지로 강박적이라는 사실을 알기 위해서는 공격적 유형의 욕구들이 순종적 유형의 욕구만큼이나 기본적인 불안에 의해 유발한다는 것을 깨달아야 한다. 이것은 반드시 강조되어야 하는데, 두려움이라는 구성요소가 순종적인 유형의 사람에게서는 명백히 드러나지만 공격적인 유형의 사람에게는 절대 인정되지도 드러나지도 않는 요소이기 때문이다. 공격적 유형은 강인하거나, 강인해지거나 아니면 적어도 강인하게 보이는 데 모든 것을 쏟는다.

환자의 욕구는 근본적으로 다윈주의의 관점처럼 이 세상에서는 환경에 적응한 자만이 살아남으며, 이 세상을 강한 자가 약한 자를 멸종시키는 투쟁장소라는 인식에 근거하고 있다. 생존에 있어 무엇이 가장 중요한가는 한 개인이 속한 문화적 환경에 달려 있다. 그러나 무엇보다도 가장 중요한 법칙은 어떤 경우에도 자신의 이익만을 냉정하게 챙겨야 한다는 것이다. 그러므로 그들의 주된 욕구는 타인을 통제하는 존재가 되는 것이다. 통제의 방법은 셀 수 없을 정도로 다양하다. 노골적으로 힘을 행사할 수도 있고 지나칠 정도로 타인에게 간청하거나 의무를 떠넘김으로써 간접적으로 조정할 수도 있다. 이들은 권좌 뒤의 실세가 되고 싶어 할 것이며, 지적인 방식으로 접근할 것이며, 논리와 선견지명이 있다면 어떤 일이든 조정할 수 있다는 신념을 드러낸다.

이들이 어떤 특정한 통제 형태를 사용할지는 부분적으로 자신이 타고난 자질에 달려 있으며 때로는 상충되는 경향들이 서로 뒤죽박죽되어 나타나기도 한다. 예컨대, 어떤 사람이 감정적으로 초연하려는 경향을 지니고 있다면 타인과 지나치게 가까워지게 만드는 직접적인 지배방식은 어떤 종류라도 피할 것이다. 또한 강한 애정의 욕구가 숨겨져 있는 경우라면 간접적인 방법을 선호할 것이다. 만일 그의 소망이 권좌 뒤에 숨겨진 실권을 갖는 것이라면, 자신의 목표를 달성하기 위해 타인을 이용하는 것을 함의하게 된다. 따라서 이런 경우는 가학적인 경향을 띠기도 한다.

동시에 이런 유형은 자신이 타인보다 뛰어나길 바라고, 성공하거나 명예를 얻는 등 어떤 형태로든 타인에게 인정받기를 바란다. 경쟁적인 사회에서 성공과 명성은 권력을 제공하므로 이런 방면의 노력은 부분적으로는 권력을 갖는 데 초점이 맞춰진다. 그러나 이런 노력은 동시에 외부의 인정, 외부의 찬사, 최상이라는 사실을 통해 강인함을 주체적으로 느끼게 하는 데 기여한다. 순종적인 유형과 마찬가지로 공격적인 유형도 자신이 아닌 외부에 초점을 놓이는데, 단지 차이가 있다면 무엇을 타인에게 인정받고 싶어 하는지가 다를 뿐이다. 사실상 그 모두가 하찮은 것으로, 사람들이 왜 성공이 자신의 불안감을 덜어 주지 못하는지 의아해하는 것은,

그들의 심리학적인 무지를 보여 주는 것뿐이다. 그러나 그렇게 의아해한다는 것은 일반적으로 성공과 명예를 판단의 척도로 간주한다는 것을 나타낸다.

공격적 유형의 사람들 중 일부는 사람들을 이용하고, 속이고, 자신에게 이익이 되게끔 하고 싶어 하는 강한 욕구를 드러내기도 한다. 즉, 어떤 상황이나 인간관계도 '내가 무엇을 얻을 수 있을까' —금전, 명예, 인맥, 좋은 생각과 관계가 있는지—라는 관점에서 본다. 그리고 의식적으로든 무의식적으로든 모든 사람이 이런 식으로 행동한다고 확신하고, 중요한 것은 타인보다 더 효과적으로 해내는 것이라고 생각한다. 그가 발달시키는 특성은 순종적인 유형의 특성과 거의 정반대로, 냉정하고 거친 성격이 되거나 그런 인상을 풍기는 것이다. 자신의 감정뿐만 아니라 타인의 감정 등 모든 감정을 헤픈 감상이라고 여긴다. 또한 그에게 있어 사랑은 중요하지 않다. 사랑에 빠지지 않거나 연애 또는 결혼을 하지 않는 건 아니지만, 주요 관심사는 특출나게 바람직한 상대, 매력적이거나 사회적으로 명성이 있거나 또는 자신의 위치를 향상시킬 수 있는 부를 소유한 상대를 만나는 것이다. 그 외에는 사람을 사려 깊게 대해야 할 이유를 찾지 못하고, "내가 왜 타인 걱정을 해야 하지? 자기들이 알아서 챙기라고 해."라고 말할 것이다. 그리고 두 사람 중 한 사람만이 살 수 있다고 하는 고전적인 윤리 문제에 있어서 그는 당연히 자신부터 먼저 구한다고 말할 것이며, 그렇게 안 한다면 어리석고 위선적이라고 말할 것이다. 그는 어떤 종류의 두려움도 인정하기 싫어하고, 그것을 통제할 수 있는 단호한 방법을 찾으려 한다. 예컨대, 도둑을 무척 두려워하면서도 빈

집에 의도적으로 혼자 머무른다든지, 말에 대한 두려움이 없어질 때까지 억지로 말을 탄다든지, 뱀에 대한 두려움을 없애기 위해 뱀이 많다고 알려진 늪 따위를 일부러 걸어 다니는 등의 행동을 할지도 모른다.

순종적인 유형이 타인의 기분을 맞추는 경향이 있는 반면, 공격적인 유형은 투쟁에서 이기기 위해 어떤 행동이든 서슴지 않는다. 논쟁을 할 땐 기민하고 예리하며, 자신이 옳다는 것을 증명하기 위해 고의로 논쟁을 시작하기도 한다. 또한 궁지에 몰려 싸우는 것 외에 다른 대안이 없을 때 최고의 능력을 발휘한다. 순종적인 유형이 게임에서 승자가 되는 것을 두려워하는 것과는 반대로 공격적 유형은 패배를 인정하지 않으며, 의문의 여지없이 이기기를 원한다. 순종적인 유형이 자기 자신을 비난할 채비가 되어 있는 것만큼이나 공격적 유형도 쉽게 타인을 비난할 채비가 되어 있다. 이 두 유형 모두 죄의식은 고려 대상이 되지 않는다. 순종적 유형은 자신의 잘못을 인정하더라도, 결코 자신이 잘못했다고 생각하지는 않으면서 우선적으로는 상대방의 기분을 맞추려고 애쓴다. 이와 비슷하게 공격적인 유형도 상대방이 틀렸다고 믿는 건 아니지만, 자신이 주관적 확실성의 근거가 필요하기 때문에 자신이 옳다고 가정한다. 이것은 마치 군대가 공격을 시작할 안전한 근거지를 필요로 하는 것과 같은 이치다. 필요하지 않을 때 자신의 잘못을 인정하는 것은 자신의 약점을, 만일 약점이 아니라면 형편 없이 바보스러움을 드러내는 것으로 용서할 수 없다고 생각한다.

왜냐하면 경쟁적인 문화에서 이런 특성들은 현실의 예절보다 훨씬 흔하기 때문이며, 자신을 현실적인 사람이라고 간주하는 것을 정당하다고 느끼기 때문이다.

* * *

자기 나름대로 빈틈없는 현실감을 길러야 한다는 것은 악한 세상과 싸워 이겨야 한다는 공격적 유형의 태도와 일관된다. 공격적 유형은 타인에게서 자신의 목적에 방해가 될 수 있는 야망, 탐욕, 무지 등이 나타날 때 결코 순진하게 이를 지나치지 않는다. 물론 공격적 유형도 순종적 유형과 마찬가지로 한쪽 면만 발달한 경우다. 현실감에 대한 공격적 유형의 또 다른 면은 계획과 예견을 강조하는 것으로 훌륭한 전략가처럼 어떤 상황에서도 자신의 승산과 적의 위력, 나타날 수 있는 함정을 신중하게 평가한다.

공격적인 유형은 자신을 가장 강하고, 가장 영리하고, 사람들이 필요로 하는 존재로 내세우고 싶어 하는 욕구를 가지고 있다. 그렇기 때문에 이런 존재가 갖추어야 할 능력과 기량을 발전시키고자 노력한다. 자신의 일에 쏟아 붓는 열성과 지성은 공격적 유형으로 하여금 높이 평가받는 피고용인, 또는 성공한 사업가가 되도록 만든다. 그러나 일에 몰두해 있는 듯한 인상은 어떤 면에서 오해의 여지가 있다. 공격적 유형에게 있어 일은 목적을 위한 수단밖에는 되지 않기 때문이다. 이들은 자신이 하는 일을 좋아하지 않으며 진정한 즐거움을 느끼지도 않는데, 이것은 삶에서 감정을 배제하려는 시도와 일관된다. 모든 감정을 배제하는 것은 양면의 효과를 갖는다. 하나는 성공이라는 관점에서 볼 때, 자신을 많은 힘과 명예를 가져다줄 재화를 지치지 않고 생산할 수 있는, 기름이 잘 처진 기계처럼 기능할 수 있게 한다는 점에서 의심의 여지없이 적절한 것이다. 그런데 여기서 감정이 방해가 될 수 있다. 즉, 감정으로 인해 일을 하는 데 기회주의적 이점을 덜 이용하게 될 수 있다. 종종 감정 때문에 성공으로 이끄는 데 동원되었던 기법들을 부끄럽게 여겨 멀리할 수 있다. 감정으로 인해 자신의 일을 멀리하고 자연이나 예술을 즐기게 되고, 목적에 득이 되는 사람들 대신에 친구관계를 가지고 싶어 하는 마음이 생길 수도 있다. 또 다른 결과는 감정을 억누르는 데서 생기는 정서의 메마름으로 인해 일의 질이 어떠한 영향을 받게 되어 창의성이 떨어질 수 있다는 것이다.

* * *

공격적인 유형은 억제를 모르는 사람으로 보인다. 그는 자신의 소망을 주장할 수 있고, 명령을 내릴 수 있고, 화를 표현할 수 있으며, 자신을 변호할 수 있다. 그러나 이들은 실제로 순종적인 유형보다 억압이 적지 않다. 공격적인 유형이 보이는 특별한 억압이 즉각적으로 우리의 눈에 띄지 않는 것이 문명의 혜택이라고 볼 수는 없다. 억압은 감정의 영역 안에 있으며, 우정, 사랑, 애정, 이해, 사심 없이 즐김에 대한 능력과 관계된다. 그러나 결국 그는 이것들을 시간 낭비로 볼 것이다.

공격적 유형은 자신이 강하고, 솔직하고, 현실적이라고 느끼는데, 이 모든 것은 이 유형의 관점에서 보면 틀리지 않는 사실이다. 그의 전제에 의하면 냉혹함은 강인함이고, 타인에 대한 이해심의 결여는 정직함, 자신의 목적을 향한 냉정한 추구는 현실주의라고 여기므로 자신에 대한 평가가 매우 논리적이라고 할 수 있다. 자신의 정직함에 대한 그의 태도는 부분적으로 현재의 위선을 날카롭게 폭로하는 데서 나온다. 대의명분에 대한 열성, 박애주의적 정서 등을 철저한 겉치레로 보며, 사회적인 의식이나 기독교적인 미덕의 실체를 폭로하는 것을 두려워하지 않는다. 즉, 공격적 유형의 가치체계는 경쟁사회의 철학을 바탕으로 한다.

무력은 모든 것을 정당하게 만든다. 인간적인 것, 자비심을 멀리하게 하며, 인간은 같은 인간에게 늑대와 같은 존재가 된다. 여기서 우리는 나치에 의해 알려진 가치관과 유사한 점을 보게 된다.

공격적 유형의 참된 동정과 친절함뿐만 아니라 겉치레의 동정과 친절함, 순응 그리고 양보를 거부하는 경향에는 주관적인 논리가 있다. 그러나 그가 이러한 것을 구분하지 못한다고 가정하는 것은 잘못일 수 있다. 그는 의심의 여지없이 강인함을 겸비하면서도 친절한 사람을 만나면 그것을 인정해 주고 존중할 수 있다. 요점은, 이런 존중에 대해 지나치게 차별적이면 자신의 이익에 반한다고 믿는 것이다. 그는 이 두 가지 태도 모두를 생존을 위한 전투에서 빚으로 생각한다.

그렇다면 다정다감한 인간적인 감정을 왜 그렇게 강하게 거부하는가? 왜 타인에게서 애정 깊은 행동을 보게 되면 쉽게 불쾌감을 느끼는가? 타인이 자신의 판단이 시운을 타지 못한 것에 동정심을 보일 때 왜 이를 경멸하는가? 그는 거지가 자신의 마음을 찢어지게 하기 때문에 문 밖으로 쫓아내 버리는 사람처럼 행동한다. 사실 실재적으로 거지를 학대할 수도 있고, 아주 하찮은 부탁도 격렬하게 거절하는 일도 있다.

이런 반응은 공격적 유형의 전형적인 면이며, 치료 기간 동안 공격적인 경향이 점차 약해지면서 쉽게 관찰된다. 사실상 타인의 '부드러움' 에 대한 감정은 단순하지 않으며, 공격적 유형의 사람은 사실 이것을 경멸한다. 그러나 다른 한편으로는 이것을 환영하기도 한다. 왜냐하면 자신의 목적을 쉽게 추구할 수 있도록 해 주기 때문이다. 공격적 유형이 순종적인 유형에 끌리는 데 무슨 다른 이유가 있겠는가? 순종적인 유형이 공격적 유형에게 끌리는 것도 마찬가지다. 그리고 공격적 유형의 반응이 과격한 이유는 자신 안의 모든 부드러운 감정과 싸울 필요를 느끼기 때문이라 할 수 있다.

니체(Nietzsche)는 초인이 어떤 형태의 동정도 어떤 종류의 제오열—자신의 안에서 활동하는 적—로 보게 함으로써 이런 역학적 관계를 잘 보여 주었다. 이런 종류의 사람에게 부드러움은 참된 애정, 동정, 그와 유사한 것뿐만 아니라 순종적 유형의 욕구, 감정, 기준에 포함된 모든 것을 뜻한다. 그 역시 가난뱅이를 대하게 되면, 참된 동정심에 마음의 동요, 요청을 들어주고 싶은 욕구, 도움을 줘야 한다는 느낌을 가질 것이다. 그러나 이런 것들을 모두 밀쳐 버리고 싶은 욕구가 더 강하게 되며, 결과적으로 거절하는 정도에 그치는 것뿐만 아니라 상대방을 학대하기에 이른다.

서로 어긋나는 욕구들을 융합하고 싶은 희망, 순종적 유형이 사랑에 거는 그런 희망을 공격적 유형은 사람들이 자신을 인정하는 데서 찾는다. 인정받는다는 것은 자신의 존재에 대한 확인일 뿐만 아니라 사람들에게 사랑받고 사랑해 줄 수 있는 추가적인 매력을 계속 유지해 주는 것이기 때문이다. 이렇듯 사람들의 인정은 갈등에 대한 해답을 줄 것 같이 보이므로 그에게는 추구해야 할 구원의 신기루가 되어 버린다.

그의 투쟁에 관한 내적인 논리는 원칙적으로 순종적 유형과 동일하므로 간단하게 다룰 것이다. 공격적 유형에게 어떤 동정심, 또는 선량해야 하는 의무, 또는 순종적인 태도는 자신이 쌓아 온 생활 구조와 맞지 않으며, 삶의 기초를 흔들어 놓을 것이다. 게다가, 서로 대립하는 경향의 출현으로 인해 그는 자신의 기본 갈등과 대면하게 되고, 자신이 그토록 조심스럽게 양성한 일관된 체제를 파괴할 것이다. 결과적으로 부드러운 성향을 억제함으로써 공격적 성향이 강화되고 더 강박적이 된다.

***

만일 우리가 검토한 이 두 가지 유형이 머릿속에 생생하게 남아 있다면 이 두 유형이 한쪽이 바람직하다고 보는 것을 다른 한쪽은 질색하는, 정반대의 양극을 이룬다는 것을 알 수 있을 것이다. 한쪽은 모든 사람을 좋아해야 할 대상으로 보고, 다른 한쪽은 모든 사람을 잠재적인 적으로 본다. 한쪽은 두려움과 무력함에 매달리고, 다른 한쪽은 이런 감정을 완전히 없애려 한다. 한쪽은 신경증적이긴 하지만 인간적인 이상을 향해 나아가고, 다른 한쪽은 경쟁 사회의 철학으로 돌진한다. 그러나 시종일관 둘 중 어느 유형도 자신의 의지로 선택된 것이 아니며, 둘 다 강박적이고, 융통성이 없으며, 내적인 필요에 의해 결정되어 타협점을 찾아보기 어렵다.

이제 우리는 이 두 유형을 소개하면서 다음 단계로 나갈 준비가 되었고, 그 단계는 우리 논의의 목적이다. 우리는 근본적인 갈등이 무엇과 연관되어 있는가를 알아보려 하였고, 이제까지 근본적인 갈등의 두 가지 면이 다른 두 유형에서 우세한 경향으로 기능하는 것을 보았다. 우리가 이제 가야 할 단계는 이 두 대립하는 태도와 가치가 동등하게 작용하는 사람을 묘사하는 것이다. 이런 사람은 전혀 다른 방향으로 이끌려 움직일 수 없으며, 따라서 대부분의 기능을 제대로 할 수 없다는 것이 뻔하지 않은가? 사실상 이런 사람은 분리되고 마비되어 전혀 행동할 수 없게 된다. 환자는 한쪽을 제거하려는 노력에 의해 이제까지 묘사되었던 두 범주의 한쪽에 속하게 되는데, 이러한 노력은 환자가 자신의 갈등을 해소하려는 여러 시도 중 하나다.

이런 경우, 융이 사용한 한쪽으로 기울어진 발달이라는 용어를 사용하는 것은 전적으로 부적절하게 보인다. 이것은 기껏해야 형식적으로나 맞는 말이며, 역학에 대한 잘못된 개념에 기초한 것이므로 함의하는 바가 올바를 수 없다. 융이 일방적 불균형의 개념에서 시작하여 정신치료 중 환자가 자신의 반대되는 쪽을 받아들일 수 있도록 도와야 한다고 하면 우리는 어떻게 그것이 가능할까 하는 생각을 하게 된다. 환자 자신은 그것을 받아들일 수 없다. 단지 인식할 수 있을 뿐이다. 만일 융이 이런 단계로 환자를 온전한 인간으로 만들 것이라고 기대한다면 우리는 '이 단계는 확실히 궁극적인 통합에 필요하지만 그 자체로는 단지 환자가 지금까지 피해 온 자신의 갈등을 직면하는 것에 지나지 않는다.' 고 답해야 할 것이다. 융이 적절하게 평가하지 못한 것은 신경증적 경향의 강박적인 본질이다.

사람들에게 다가감 그리고 사람들에게서 멀어짐 사이에는 연약함과 강인함, 또는 융이 말하였듯이 여성스러움과 남성스러움 사이의 차이점만이 있는 것이 아니다. 거기에는 우리 모두에게 잠재되어 있는 순종적 · 공격적인 경향이 있다. 그리고 만일 강박적으로 행동하지 않는 사람이 있다면 충분히 노력하여 조화에 이를 수 있다. 그러나 두 가지 유형이 신경증적일 때는 둘 다 우리의 성장에 피해를 줄 수 있다. 두 가지 바람직하지 않은 면이 함께 더해졌다고 서로 상쇄되고, 전체가 바람직해지지는 않을 것이다. 이것은 양립할 수 없는 두 요소가 조화로운 존재를 이루지 않을 것이기 때문이다.

사람들에게서 멀어짐 ……… 5

근본적인 갈등의 세 번째 면은 사람들에게서 멀어지려고 하는 분리에 대한 욕구다. 어떤 사람들에게서 이 유형이 우세한지를 살펴보기에 앞서, 우리는 신경증적 분리라는 것이 의미하는 바를 이해해야 한다. 이것은 확실히 가끔 홀로되기를 원하는 것과 같은 단순한 사실은 아니다. 자기 자신과 삶을 진지하게 받아들이는 모든 사람은 때로 혼자 있기를 원한다. 우리는 문명이 우리 삶의 외형으로 삼켜 버린 이후 이러한 욕구에 대한 이해를 거의 할 수 없게 되었다. 그러나 개인적 성취의 가능성 자체는 어느 때나 철학과 종교에 의해 시련을 받았다. 뜻이 있는 고독은 전혀 신경증적이지 않다. 그러나 이와는 대조적으로 대부분의 신경증은 자신의 내적 깊숙한 곳에서 주춤거리고 있고, 건설적인 고독을 할 수 없는 조짐을 보인다. 오직 사람과 관계 맺는 데서 참을 수 없는 긴장이 있고, 이때 고독이 사람과의 관계를 피하는 일차적인 수단이 된다면, 혼자 있기를 바라는 것은 신경증적 분리의 징후가 된다.

정신과 의사들은 심하게 분리되어 있는 사람들의 버릇이 그 사람의 특성이라고 확신한다. 그러므로 분리된 사람들을 분리 유형에 배타적으로 속해 있는 것으로 생각하는 경향이 있다. 이러한 유형의 버릇 중에 가장 분명한 것이 일반적으로 사람들과 소원한 것이다. 이런 유형의 사람들은 특별히 이 점을 강조하기 때문에 우리의 주목을 끌지만, 실질적으로 그가 사람들과 소원한 것은 다른 신경증으로 소원한 것과 별반 다르지 않다. 예를 들면, 우리가 지금까지 논의해 왔던 두 가지 유형의 경우에서 어느 유형이 좀 더 사람들과 소원하다고 일반적으로 이야기하는 것은 불가능할 것이다. 우리는 단지 이러한 특성이 순종적 유형 안에 가려져 있고, 그 자신이 사람들과 가까워지고자 하는 열정적인 욕구로 말미암아 자신과 타인 사이에는 거리가 없을 것이라고 열심히 믿으며, 이 때문에 그가 사람들과 소원하다는 것을 발견할 때 그는 경악하게 되고, 두려움에 떨 것이라고 말할 수 있을 뿐이다. 결국, 사람들과 소원함은 인간관계가 혼란스럽게 됐다는 징후에 지나지 않는 것이다. 그러나 이것은 모든 신경증의 사례다. 소원함의 정도는 신경증이 취하는 특정한 형태보다는 혼란의 심각성에 더 의존한다.

종종 분리의 고유한 것으로 여기는 다른 특징은 자신에게서 소원한 것이다. 즉, 정서 경험에 대한 무감각, 자신이 누구인지, 자신이 사랑하고, 미워하고, 바라고, 희망하고, 두려워하고, 분개하고, 믿는 것에 대한 불확실성이다. 그러한 자기 소원함은 또다시 모든 신경증에 공통적이다. 모든 사람은 그 자신이 신경증인 한 원격조종되는 비행기와 같다. 따라서 자기 자신과의 접촉을 잃게 될 수밖에 없다. 분리된 사람은 하이티 괴담의 죽었다가 주술에 의해 다시 소생하는 좀비와 유사하다. 좀비는 살아 있는 사람과 유사하게 일하고 기능하지만 그 안의 삶이란 없다. 그에 반해 다른 이들은 비교적 감정적으로 풍부한 삶을 가질 수 있다. 이러한 변동성이 존재하기 때문에 우리는 자기 소원함을 분리에 배타적인 것, 또는 그렇지 않은 것으로 간주할 수 없다. 분리된 모든 사람들이 공통적으로 가지고 있는 것은 상당히 다른, 바로 예술작품을 보듯이 자기 자신을 객관적인 흥밋거리를 지니고 있는 대상으로 바라보는 능력이다. 아마도 이를 묘사하는 가장 좋은 방법은 일반적으로 삶에 대하여 방관자의 태도를 가진 것과 똑같이 자기 자신에 대해서도 방관자의 태도를 가지고 있다 말하는 것이다. 그러므로 그들은 종종 자신의 내부에서 일어나고 있는 과정에 대한 훌륭한 관찰자가 되기도 한다. 이에 대한 사례로는 꿈에 자주 보이는 상징에 대한 엄격한 이해를 들 수 있다.

결정적인 것은 자신과 타인 사이의 감정적인 거리를 두어야 한다는 내적 욕구다. 좀 더 정확하게 표현하자면, 사랑이든 다툼이든, 협력이든 또는 경쟁이든 간에 어떤 방식으로든지 타인과 감정적으로 관련되어 있지 않겠다는 그들의 의식적이고도 무의식적인 결정이다. 그들은 어느 누구도 뚫고 들어올 수 없는 마법의 테두리를 자신들 주위에 설정해 놓는다. 이것은 피상적으로는 타인과 '잘 지내는' 이유다. 이 욕구의 강박적인 특성은 외부 세계가 자신에게 침입해 오는 경우에 불안이라는 반응으로 드러나는 것이다.

그들이 획득한 모든 욕구와 특질은 엮이고 싶지 않다는 주된 욕구를 향해 있으며, 그중에서 가장 현저한 욕구는 자족감(self-sufficiency)이다. 이것의 가장 긍정적인 표현이 '잔꾀 많음(resourcefulness)'이다. 비록 공격적인 유형도 잔꾀가 많은 경향이 있으나, 그 정신은 사뭇 다르다. 즉, 그에게 이것은 호전적인 세상에서 투쟁해 나가며, 싸움에서 타인을 이기는 데 필요한 선결조건이 되는 것이다. 분리된 유형의 경우에 스며 있는 정신은 로빈슨 크루소와 같은 것이다. 그는 살아남기 위해서 잔꾀를 부려야만 한다. 이것은 그에게 있어 고독을 상쇄할 수 있는 유일한 방법이다.

자족감을 유지하는 보다 불안정한 방법은 의식적으로나 무의식적으로 자신의 욕구를 제한하는 것이다. 내재된 원리가 어떤 사람이나 어떤 것에 지나치게 애착을 느껴 그 사람이나 그것 없이는 안 되는 상태에 결코 빠지지 않는 것이라는 사실을 기억한다면, 이런 방향으로의 다양한 움직임을 우리는 좀 더 잘 이해할 수 있게 된다. 무언가에 빠지는 것은 초연한 상태를 위태로운 경지로 몰아넣는다. 차라리 아무것도 가지지 않는 것이 더 중요하다. 예를 들어, 분리된 사람은 진짜 즐길 줄 아는 사람이지만, 만일 그 즐거움이 어떤 방식으로든 타인에게 달려 있다면, 그는 즐거움 없이 지내는 것을 택하게 된다. 그는 가까운 몇 명의 친구들과 가끔 저녁 식사하는 것을 즐거워하지만, 일반적인 사교활동이나 사회적 공식회합은 싫어하며, 이와 유사하게 경쟁, 신망 그리고 성공 등을 회피한다. 그는 자신이 먹고, 마시고, 생활하는 습관을 제한하는 경향이 있고, 너무 많은 시간을 허비한다든가 또는 비용 지불을 위해서 돈을 버는 데 지나치게 에너지를 낭비하지 않도록 스스로를 일정 범위 안에 둔다. 또한 그 자신이 아프게 되면 타인에게 의존하게 되기 때문에 병을 굴욕적인 것으로 간주하고, 몹시 원망한다. 그리고 어떤 주제에 관해서 제일 먼저 알기를 원한다. 예를 들면, 러시아에 관해서, 또는 외국인이라면 그 나라에 관해서, 타인이 이야기하거나 쓴 것을 취하기보다는 자기 스스로 듣거나 보기를 원한다. 낯선 도시에 가서 길을 묻는 것 자체를 거부하는 식의 아주 얼빠진 일이 아니라면 이러한 그의 태도는 근사한 내적 독립성을 향하여 나아가는 것이다.

또 다른 심오한 욕구는 사생활 보호에 대한 욕구다. 그는 마치 호텔에서 문 앞에 걸려 있는 '방해하지 마시오!' 표지를 거의 떼지 않는 사람과 같다. 숙박계 기록조차 침입자나 외부에서 온 어떤 것으로 간주한다. 또한 자신의 개인생활에 관한 어떤 질문도 충격적으로 받아들이며, 자신을 비밀의 장막 안에 가두어 두려고 한다. 나는 한 환자에게서 어렸을 적 어머니가 하느님이 덧문을 투사해서 볼 수 있으며, 손톱을 물어뜯는 것을 보고 계신다고 말씀하셨을 때와 마찬가지로 자신의 나이 마흔다섯이 되도록 신이 전지하다는 생각을 여전히 원망하고 있다는 이야기를 들은 적이 있다. 바로 이 환자가 자신의 삶에서 가장 사소한 내용조차 극도로 침묵하는 사람이다. 분리된 사람은 타인이 자신을 '기본 옵션'으로 여기면 극도로 화를 낸다. 그는 이러한 행동에 자신이 심한 대접을 받았다고 느끼기 때문이다. 대개 그는 혼자 일하고, 먹고, 자기를 선호한다. 이는 순종적 유형과 뚜렷하게 대조되는 것으로 타인이 자신을 어지럽힐 수도 있으므로 그는 어떤 경험이든지 공유하기를 싫어한다. 음악을 듣거나 타인과 같이 걷거나 대화할 때조차 그의 진짜 즐거움은 나중에, 회상 속에서만 오게 된다.

자족감과 사생활 보호 모두 그의 가장 현저한 욕구, 철저한 독립의 욕구로 존재한다. 그 자신은 자신의 독립을 긍정적 가치로 간주한다. 그리고 의심의 여지없이 그것은 어떤 종류의 가치를 갖는다. 비록 결함이 있다고 하더라도 분리된 사람은 분명히 순응하는 식의 자동화를 보이지 않는다. 그는 경쟁적인 투쟁에서 초연함과 맞물려, 맹목적으로 동의하기를 거부함으로써 자신의 분명한 통합감을 느낀다. 여기에서 오류는 독립성을 그 자체 내의 목적으로 보고 있다는 점이며, 독립성의 가치가 궁극적으로 그것을 통해 하려는 것에 달려 있다는 사실을 무시하는 것이다. 독립성은 불리라고 하는 전체 현상의 부분으로, 부정적인 성격을 지니고 있다. 즉, 독립성은 영향을 받거나 강제하거나 엮이거나 의무로 여기지 않는 것에 목표를 둔다.

다른 신경증적 경향과 마찬가지로 독립에 대한 욕구는 강박적이고 무차별적이다. 이는 어떤 방식으로든 강제, 영향, 의무 등과 유사한 것에 대한 과대 예민성으로 나타나며, 예민성의 정도는 분리의 강도에 대한 좋은 계량치가 된다. 또한 무엇을 구속으로 느끼는지도 개인마다 다르다. 옷깃이나 넥타이, 거들, 구두와 같은 것들에서 오는 물리적 압력은 그대로 느낄 수 있다. 이처럼 구속되었다는 감정에 의해 관점의 장애가 발생하기도 한다. 터널이나 갱도에 있다는 것은 불안을 낳을 수도 있다. 이러한 방향의 예민성은 완전한 설명은 아니지만 폐쇄공포증에 대한 어느 정도의 배경이 된다. 장기간의 의무는 가능하면 회피하려고 하고, 계약서에 서명하기, 일 년 이상의 전세 계약하기, 결혼하기 등은 어렵다. 비록 배우자가 자신의 특성에 완전히 맞을 수 있다는 믿음이나 보호 욕구가 불안정하다는 위험을 경감시키기도 하지만, 분리된 사람에게 있어서 결혼은 인간적인 친밀함이 관여하기 때문에 두말할 필요 없이 어떤 경우든 불안정한 계획이다. 이러한 이유로 자주 결혼 전날에 공황이 시작되기도 한다. 이러한 확고함 속에서 시간이라는 것의 가장 많은 부분을 강제라고 느낀다. 즉, 자유의 환상을 유지하기 위해서 습관적으로 직장에 오 분씩 늦게 간다. 시간표는 위협을 구성한다. 분리된 사람은 시간표 보기를 거부한 사람의 이야기를 즐기고, 자신이 편한 대로 역에 가서 다음 기차를 기다리길 택한다. 타인이 자신에게 어떤 일, 어떤 방식의 행동을 기대하면, 그것이 명시적으로 표현되건 또는 단순히 존재한다고 가정되건 간에 꺼림칙하게 느끼고 반항적이 된다. 예를 들면, 보통 때는 선물을 주는 것을 좋아하지만, 생일이나 성탄절 선물은 그가 기대하는 것이기 때문에 잊어버린다. 또는 행동의 수용된 규칙 또는 전통적인 가치에 순종하는 것에 반발한다. 불화를 피하기 위해 밖으로는 순종하지만, 마음속으로는 모든 인습과 기준을 고집스럽게 거부한다. 마지막으로 그는 조언을 지배로 느끼며, 자신의 바람과 부합하는 경우조차 저항한다. 이 경우에 저항은 타인을 좌절시키려는 의식적인 또는 무의식적인 바람과 연계되어 있다.

여기서 분리와의 내적인 관계 때문에 우월해지고자 하는 욕구는 비록 모든 신경증에 공통된 것이라 하더라도 강조되어야 한다.

'상아탑', '화려한 고독'과 같은 표현은 일반적인 말에서조차 분리와 우월성이 불변적으로 관련되어 있다는 증거다. 아마 어느 누구도 특별히 강하거나, 잔꾀가 많거나, 스스로 상당히 중요하다고 느끼지 않고서는 홀로 설 수 없을 것이다. 이것은 임상적 경험으로 확인된 것이다. 분리된 사람이 명확한 실재의 실패든, 내적 갈등의 증가에 의해서든 일시적으로 자신의 우월하다는 느낌이 깨지면, 그는 홀로 설 수가 없으며, 미친 듯이 애정과 보호를 찾으려고 할 것이다. 이런 종류의 동요는 종종 개인 생활사에서 나타난다. 십 대나 이십 대 초반에 적은 수의, 약간 그저 그런 우정을 가지고 있을 수도 있지만, 비교적 자유롭게 느끼며, 대체로 격리된 삶을 살게 된다. 그는 스스로 자신이 특출한 것을 성취하는 미래의 환상을 엮어 내기도 한다. 그러나 이러한 꿈들은 나중에 현실이라는 암초에 좌초되고 만다. 비록 고등학교 때 일등을 빼앗기지 않았다고 해도, 대학교 때 진짜 경쟁에 붙어서는 물러선다. 애정관계에 대한 최초의 시도도 실패하거나 자신이 나이 들어감에 따라 자신의 꿈은 현실화될 수 없는 것이라는 것을 깨닫는다. 그러면 그는 초연함을 견딜 수 없게 되고 인간적인 친밀성, 성적인 관계 그리고 결혼에 대한 강박적인 충동에 사로잡히게 되어, 사랑을 받을 수만 있다면 어떤 모욕도 감수하게 된다. 이런 사람이 분석치료를 받으러 오게 되면, 그의 분리성이 아무리 심하고 명백하다고 해도, 바로 건드릴 수는 없다. 제일 처음 그가 바라는 모든 것은 어떤 형태로든 사랑을 찾도록 도와 달라는 것이다. 그는 자신이 상당히 강하다고 느끼게 될 때야 비로소 자신이 '혼자 지내고 그것을 좋아한다는' 무한한 안도감을 발견하게 되며, 단지 전 상태의 분리로 되돌아갔다는 인상만을 남긴다. 그러나 실제로 이 사태는 그 자신에게조차 자신이 고독을 원한다는 사실을 처음으로 받아들이는 확고한 바탕이 되는 시점이다. 이때가 바로 그의 분리 문제를 다루기에 적합한 기회가 된다.

분리된 사람의 사례에서 우월성에 대한 욕구는 어떤 특징이 있다. 그는 경쟁적인 투쟁을 혐오함으로써 일관된 노력을 통해서 현실주의적으로 뛰어나기를 원하지 않으며, 자신 안에 있는 보물은 자기 쪽의 어떤 노력 없이도 사람들이 알아 주어야 한다고 느낀다. 그의 감춰진 위대함은 어떤 조치 없이도 느껴져야만 한다는 것이다. 예를 들면, 그의 몽상 속에서는 어떤 외딴 마을에 숨겨져 있는, 그래도 전문가들이 멀리서 보러 오는 보물가게를 그리고 있을지도 모른다. 모든 우월성이라는 개념처럼 이것은 현실의 요소를 포함하고 있다. 감춰진 보물이란 그가 마법의 원 안에 보호하고 있는 지적 · 정서적 삶을 상징화한 것이다.

그의 우월감을 그 자체로 표현하는 다른 방법은 자신이 특출하다는 감정에서 우러나온다. 이것은 타인과 별개로 느끼고 싶어 하는 것을 원하는 것에서 직접적으로 생성된 것이다. 어쩌면 그는 타인을 숲 속의 성장부진 나무로, 자신은 언덕 위에 홀로 서 있는 나무로 견줄지도 모른다. 동료를 바라보면서 순종적 유형이 '그가 나를 좋아할까?', 공격적 유형이 '그가 얼마나 강한 상대일까?', '그가 나에게 유용한 존재인가?'라는 침묵의 질문을 하는 바로 그 순간에 분리된 사람의 첫 번째 관심은 '그가 나를 방해할까? 그가 나에게 영향력을 행사하기를 원하는가 아니면 나를 혼자 내버려 둘까?' 하는 점이다. 페르 귄트(Peer Gynt)가 단추 제조공을 만나는 장면은 분리된 사람이 타인에게 던져졌을 때 느끼는 공포에 대한 완벽한 상징적 표상이다. 지옥에서도 혼자 방에 있으면 괜찮지만, 용광로에 던져지고, 거푸집에 들어가고, 타인을 받아들이는 것은 소름끼치는 상상이다. 그는 자신을 무늬나 색의 조합에서 독특하고 영원히 변색되지 않는 희귀한 동양의 양탄자처럼 느낀다. 그는 환경의 평준화된 영향에서 자유로움을 느끼는 데에 자부심을 가지고 계속 그렇게 하고자 결의한다. 자신의 불변함을 소중히 하면서 모든 신경증에 내재된 고집불통을 성스러운 원리의 영예로까지 끌어올리는 것이다. 자기 자신의 패턴을 정성들여 다듬고, 더 큰 순수성과 광명을 부여하려고 하고, 더욱이 열망하기까지 하면서, 그는 자신에게 외부의 어떤 것도 주입되지 않았음을 강조한다. 이러한 단순함과 부적합 속에 페르 귄트 좌우명이 있다.

"그대 자신에게 만족하라(To thyself be enough)."

분리된 사람의 정서적 삶은 묘사된 다른 유형의 삶만큼 엄격한 패턴을 따르지 않는다. 이 경우 개인적인 변동성은 더 크게 나타나는 데, 이것은 대개 경향성이 현저할 때 한편으로는 애정, 친밀, 사랑 같은, 다른 한편으로는 생존, 우월, 성공 같은 긍정적인 목표를 향해 있는 것과 개입되기를 원치 않고, 누구도 필요로 하지 않으며, 타인이 자신에게 개입하거나 영향을 주는 것을 허락하지도 않는 부정적인 목표가 서로 대비되기 때문이다. 그러므로 정서적인 상은 이러한 부정적인 틀 안에서 발전되어 왔거나, 살아 있도록 허용하는 특정한 욕망에 의존하고 있으며, 분리에 내재되고 한정된 수의 경향성만이 공식화될 수 있다.

모든 감정을 억압하고 그 존재조차 부인하려는 일반적 경향도 있다. 여기서 나는 시인 안나 마리아 아르미(Anna Maria Armi)의 미발표 소설에서 한 줄을 인용하고자 한다. 이것은 경향과 분리된 사람의 다른 전형적인 태도를 간명하게 표현하고 있기 때문이다. 주인공이 청년기의 추억에 잠겨서 말하기를,

> 나는 (나의 아버지와 가졌던) 강한 신체적인 매듭과 그리고 (나의 영웅과 가졌던) 강한 정신적인 매듭을 시각화할 수 있지만, 나는 그 감정이 어디서 어떻게 왔는지 알 수 없다. 감정들은 단순히 존재하지 않는다. 사람들은 다른 많은 것에 대하여 그러하듯이 이것에 대해서도 거짓말을 한다. B는 소름이 끼쳤다. '그러나 어떻게 희생이란 것을 설명하지?' 그녀는 말했다. 나는 그녀의 지적에 잠시 동안 아연실색하였다. 그리고 나는 희생이란 단지 또 다른 거짓이고, 그것이 거짓이 아닐 때는 신체적이거나 영적인 행위라고 결정했다. 혼자 살고 있을 때 나는 영원히 미혼으로 남을 것과 지나치게 말하지 않고 도움을 청하지도 않으면서 강하고 평화롭게 되는 것을 꿈꿔 왔다. 나 자신을 믿으며 일하기를, 더욱더 자유롭게 되기를, 분명하게 보고 살기 위해서 꿈들을 포기하기를 원했다. 나는 도덕은 아무런 의미가 없으며, 좋고 나쁨은 네가 절대적으로 진실한 이상 아무런 차이가 없다고 생각했다. 커다란 죄악은 동정을 바라고 도움을 청하는 것이다. 영혼은 보호되어야 하는 사원과 같아 보이며, 그 안에서 언제나 사제들과 보조자들에게만 알려진 낯선 의식이 진행되고 있다.

감정의 거부는 일차적으로 타인에 대한 감정에 관계되며, 사랑과 증오 둘 다에 적용된다. 강한 사랑이나 증오는 의식적으로 경험하기에 타인과 관계를 가깝게 만들거나 갈등에 빠뜨린다는 점에서 정서적 거리감을 유지하려는 욕구의 논리적인 결과다. 설리

번(H. S. Sullivan)의 '거리 장치(distance machinery)'라는 용어가 여기에 적합하다. 감정이 외적인 인간관계 영역에서는 억제되고, 독서 · 동물 · 자연 · 예술 · 요리 등의 영역에서는 활동적이라는 것은 반드시 부합하지 않는다. 그러나 여기에는 심각한 위험이 도사리고 있다. 깊고 열정적인 감정의 소유자에게 모든 감정을 억누르는 것이 아닌, 가장 핵심적인 감정의 일부분만을 억누르는 것은 불가능할지도 모른다. 이것은 사색적인 추리지만, 다음에 언급하는 것은 확실히 사실이다. 분리된 유형의 예술가는 자신이 절실하게 느낄 뿐만 아니라 그에 대한 표현을 할 수 있는 창조적인 기간에 표현하게 되는데, 대부분은 청년기를 통하여, 인용한 내용과 같이, 완전히 감정적으로 무감각의 상태 또는 모든 감정을 단호하게 거부하면서 지낸다. 창조적인 기간은 가까운 관계에서 어떤 비참한 시도를 한 직후에 이어져 그가 신중하게 또는 즉흥적으로 자신의 삶을 분리에 적응시킬 때, 즉 그가 의식적으로나 무의식적으로 타인과 거리를 유지하겠다고 결심하거나 어떤 종류의 고립된 생활로 몸을 맡길 때 생기는 것으로 보인다. 이제 타인과 안전한 거리에서 그는 인간관계와 직접적으로 연결되어 있지 않은, 주된 감정을 발산하고 표현한다는 사실을 근거로 모든 감정에 대한 초기의 부정은 그의 분리의 성취에 필요하다는 해석이 된다.

감정의 억제가 인간관계의 범위를 넘어서기도 한다는 다른 이유는 자기 만족감이라는 논의에서 이미 제안한 바 있다. 분리된 사람을 타인에게 의존하게 만드는 어떤 욕망, 흥미 또는 향락도 그 자신에게는 내부의 반역행위로 보고, 이런 평가를 바탕으로 그러한 욕망은 제지된다. 이것은 감정이 완전히 작용하도록 허락하기 전에 자유로움을 잃게 되는지를 판단하는 입장에서 모든 상황을 조심스럽게 검증하는 것과 같으며, 의존이라는 어떤 위협이 있으면 감정적으로 철회해 버린다. 그러나 이러한 측면에서 상황이 안전함을 확인하면, 그는 최대한으로 즐길 수 있게 된다. 소로(Thoreau)의 '발덴(Walden)'은 이런 상황에서 가능한 심오한 정서적 경험의 좋은 예가 된다. 쾌락에 너무 집착하거나 자신의 자유를 침해하는 식의 잠재된 공포로 인해 그는 때때로 금욕주의자와 유사하게 될 수 있다. 그러나 이러한 금욕주의는 자기 부정이나 자기 학대에 정향된 것이 아닌 자기만의 금욕주의다. 우리는 이것을 전제가 수용되고 지혜가 모자라지도 않는 자기 훈육이라고 부른다.

자발적인 정서적 경험에 접근할 수 있는 영역이 있다는 것은 정신적 균형에 대단히 중요하다. 예를 들면, 창조적인 능력은 어떤 종류의 구원일지도 모른다. 이런 표현이 억제된다면, 그리고 분석이나 다른 어떤 경험을 통해서 자유롭게 된다면 분리된 사람에 대한 유익한 효과는 기적적인 치료처럼 보이는 것만큼 위대해질 수 있다. 이러한 치료를 평가하는 것은 조심스러워야 한다. 제일 먼저 이런 일의 발생에 대하여 어떤 식으로든 일반화하는 것은 잘못일 수 있다. 분리된 사람에게 구원을 의미하는 것이 타인에게도 그런 구원을 의미할 필요는 없는 것이다. 또한 분리된 사람에게 있어서조차 신경증적 기본 요인의 급격한 변화라는 의미에서 그가 생각하는 구원이 엄밀하게 '치료'는 아니다.

감정이 점점 더 억제될수록 지성에 대한 강조는 점점 더 커질 것이다. 그러면 자신의 문제를 아는 것만으로도 치료하는 데 충분한 것처럼 추리라는 순수한 힘에 의해 모든 것이 해결될 것이라는 기대를 하게 된다. 아니면 추리만으로 세상의 모든 곤란한 일들이 치유될 수 있는 것처럼!

분리된 사람의 인간관계에 관해 이야기해 온 모든 것에 비추어 보면, 어떤 친밀하고 지속적인 관계도 그의 분리를 위태로운 지경에 빠지지 않게 하는 것은 아니다. 상대방도 똑같이 분리적인 사람이어서 자발적으로 거리감의 욕구를 참작하거나, 상대방에게 그러한 욕구를 받아들이게 만들거나, 다른 이유를 들어 그렇게 하지 않는다면 비참하게 될 경우가 많다. 페르 귄트가 돌아오기를 헌신적으로 기다렸던 솔베이지(Solveig)는 아주 이상적인 상대다. 솔베이지는 그에게 아무것도 바라지 않았다. 그에 대한 그녀의 기대는 자신이 감정의 통제를 잃어버리는 것만큼이나 스스로를 흠칫 놀라게 할 것이다. 그는 자신이 얼마나 주는 것이 없는지를 자각하지 못하고, 자신이 자신에게 귀중한, 표현한 적이 없는 그러나 보상된 감정을 상대에게 증여하고 있다고 믿고 있다. 제공된 감정적 거리가 충분히 보장되면, 그는 일정량의 영구적인 충성심을 보존할 수 있을지도 모른다. 그는 강렬한 단기간의 관계, 그가 나타났다가 사라져 버리는 관계를 가질 능력이 있을 수도 있다. 그리하여 관계는 깨지기 쉬우며, 꽤 많은 요인이 그가 물러나는 것을 가속화할 것이다.

성적 관계는 타인에 대한 가교로서 그에게 과도한 의미를 지운다. 그러나 그는 성적 관계가 일시적이고 자기의 삶을 방해하지 않는다면 그 관계를 즐기며, 그러한 성적 관계를 위해 챙겨 둔 칸막이 방 같은 장소에 한정되어야만 한다. 그러나 다른 한편으로는 너무도 깊게 그런 관계에 무관심을 개발하여 어떤 것도 끼어들지 못하게 만들며, 전적으로 가상의 관계가 진짜 관계를 대치한다.

우리가 지금까지 기술한 모든 특색은 분석과정에서 나타난다. 자연적으로 분리된 사람은 분석에 대하여 분개한다. 왜냐하면 그의 사생활에 가장 크게 침입하는 것이 바로 분석이기 때문이다. 그러나 그는 자신을 관찰하고, 분석이 자신의 안에서 진행되는 데 흥미를 가지고 있으며, 그것이 얽힌 과정 위에 열어 놓은 더 큰 전망에 매료되기도 한다. 그는 꿈을 지닌 예술가적 자질에 의해, 그리고 우연한 관계를 가지고 싶은 마음에 의해서 호기심을 자아낸다. 그가 가정이 확인되는 것을 발견하는 데에 즐거움을 가지는 것은 과학자와 닮았다. 그는 정신분석가의 관심과 자신의 이모저모를 지적해 주는 것을 감사하게 생각하지만 미리 예측하지 못했던 방향으로 몰리거나 '강제되는' 것에 대해서는 지겨워한다. 다른 어떤 유형보다도 그의 사례에서는 제안 속의 위험이 실제로 훨씬 덜한데도 불구하고, 자주 정신분석에서 제안의 위험을 언급한다. 왜냐하면 그는 '영향'에 대해서 완전히 무장하고 있기 때문이다. 그는 정신분석가의 제안을 실제로 시험함으로써 이성적인 방법으로 자신의 위치를 방어하기는커녕 늘 하듯이 일반적인 자신과 자신의 삶에 대한 자신의 생각에 맞지 않는 모든 것을, 예의 바르기는 하지만 간접적이고 맹목적으로 거부하는 경향이 있다. 그는 정신분석가가 자신이 어떤 방식으로든 변하기를 기대하고 있다는 것을 특히 불쾌하게 생각한다. 물론 그는 자신을 혼란하게 하는 것은 어떤 것이라도 제거하기를 원한다. 그러나 그중 자신의 성격을 변화시키는 것은 포함하지 않는다. 그는 무의식적으로 자신이 지금 그대로 남아 있기를 결심하는 것처럼 자신이 그대로 남아 있는지를 확실히 관찰하려고 한다. 모든 영향에 대한 그의 저항은 단지 그의 태도에 대한 설명 중 하나일 뿐이며, 가장 심오한 것이 아니다. 우리는 나중에 다른 것들에 대해서도 정통하게 될 것이다. 자연히 그는 자신과 정신분석가 사이에 커다란 거리를 두게 되며, 아주 오랜 시간 정신분석가는 지나가는 바람소리에 불과하게 될 것이다. 꿈에서 정신분석 상황은 서로 다른 대륙에서 두 특파원이 장거리 통화를 하는 것처럼 보인다. 언뜻 보면 이러한 꿈은 정신분석가와 정신분석 과정에서 그가 느끼는 막연함을 표현하는 것처럼 보인다. 정신분석 과정은 단지 의식적으로 존재하는 태도에 대한 정확한 표현일 뿐이다. 그러나 꿈이라는 것은 존재하는 감정에 대한 단순한 기술이라기보다 해결을 찾는 것이기 때문에 그러한 꿈의 심오한 의미는 정신분석가 그리고 모든 정신분석 과정에 대한 자신의 관계를 떨어뜨려 놓고자, 즉 어떤 식으로든 정신분석가가 자신을 건드리지 못하게 하는 바람인 것이다.

정신분석의 안과 밖에서 모두 관찰할 수 있는 마지막 특성은 분리가 공격당하였을 경우 이를 방어하는 무시무시한 힘을 가지고 있다는 것이다. 이는 모든 신경증의 경우에 동일하다고 하겠다. 그러나 이 경우 싸움은 더 완강하고 모든 가용한 자원을 총동원하는, 죽기 아니면 살기 식이다. 싸움은 분리가 공격당하기 오래전에 이미 상당히 파괴적인 방식으로 시작된다. 분석가를 중요하지 않은 사람으로 만드는 것이 이러한 것의 한 국면이다. 만일 분석가가 환자에게 자신들 사이에 어떤 관계가 있다는 것과 이 때문에 환자의 마음속에서 어떤 것이 진행되고 있을 가능성이 높다는 것을 납득시키려고 노력한다면, 분석가는 다소 정교하고 정중한 거부를 접하게 될 것이다. 잘되어도 환자가 분석가에 대하여 가졌던 어떤 이성적인 생각을 접하게 된다. 만일 자발적인 감정적 반응이 나타난다면, 그는 이를 더 이상 쫓지 않을 것이다. 게다가 그는 자주 인간관계에 관한 어떤 것이 분석되는 것에 대한 뿌리 깊은 저항을 드러낸다. 그와 타인의 관계는 종종 애매하게 유지되어 정신분석가조차 명백한 그림을 그리기 어렵게 한다. 이것은 그가 타인과 안전한 거리를 유지해 왔기 때문이다. 이 문제를 이야기하는 것은 우리를 혼란스럽고 엉망으로 만들 뿐이며, 이 주제에 관하여 반복적으로 쫓는 시도는 공공연한 의심을 가져온다. 정신분석가는 환자가 사교적이게 되기를 원하는가? (환자에게 이것은 가치 없는 체면 손상이다.) 만일 나중 회기에 정신분석가가 환자에게 분리에 대한 어떤 뚜렷한 결점을 보이는 데 성공한다면, 그는 놀라워하고, 흥분하게 되고, 이 시점에서 그만둘 것을 생각할 수도 있다. 정신분석 밖에서 환자의 반응이 나타날 경우, 더 극단적일 수도 있다. 평소 조용하고 이성적인 사람이 자신의 초연함과 독립성이 위협받게 되면 격노하여 몸을 부르르 떨고, 실제로 욕설을 퍼붓게 된다. 그가 진짜 참여와 세금의 단순한 지불 거부가 요구되지 않는 어떤 운동 또는 전문집단에 참여한다고 생각하면 긍정적 공황(positive panic)으로 유도될 수 있다. 만일 그가 관여하기라도 하면, 그는 자신을 그 속에서 탈출시키기 위해서 맹목적으로 몸부림칠 것이다. 그들은 생활을 공격받는 사람보다 탈출의 방법을 찾는데 더 전문가다. 그리하여 사랑과 독립 사이에 선택의 기로가 있다면, 어떤 환자가 택했던 것처럼 그들은 주저 없이 독립을 택할 것이다. 이것이 다른 관점을 가지게 한다. 그들은 모든 방법을 동원하여 자신의 분리를 방어하려는 의지를 보일 뿐만 아니라 이 일에 대하여 아무리 큰 희생이 있더라도 마다하지 않으려 할 것이다. 의식적으로 독립에 방해가 되는 어떤 욕망도 제쳐 놓거나 무의식적으로 자동적인 억제를 통해 외적인 이익과 내적인 가치를 똑같이 단념할 것이다.

이처럼 단호하게 방어하는 것은 어떤 것이든 저항할 수 없는 주관적 가치를 가지고 있음에 틀림없다. 우리가 이것을 자각하기만 한다면 분리의 기능을 이해하고, 궁극에는 그들을 치료하는 데 도움이 될 것이라는 희망을 가질 수 있다. 우리가 지금까지 봐 온 바와 같이 타인을 향한 기본적 태도는 나름대로 가치를 소유한다. 사람들에게 향하는 태도를 지닌 사람들은 자신의 세상과 친근한 관계를 창조하고자 스스로 노력한다. 그리고 사람들에게 맞서는 태도를 지닌 사람들은 경쟁적인 사회 속에서 살아남도록 스스로를 준비한다. 또, 사람들에게서 멀어지는 태도를 지닌 사람들은 어떤 통합성과 흔들림 없음에 이르기를 희망한다. 사실상 이 세 가지 태도 모두 바람직할 뿐만 아니라 인간으로서 성장하는 데 필요하다. 이것들이 강박적이고, 고집불통이고, 무분별하고, 상호 배타적이 되는 것은 신경증의 틀 속에서 나타나고 작용할 때다. 이러한 태도들의 가치를 손상시키는 것은 가능하지만 결코 파괴하지는 못한다.

분리에서 도출되는 이득은 고려해 볼 만하다. 중요한 점은 모든 동양철학에서 분리는 높은 영적 성장을 위한 기초로 추구된다는 것이다. 물론 우리는 이러한 열망을 신경증적 분리의 태도와 비교할 수는 없다. 동양철학에서 분리는 자기 충만함에 대한 최선의 접근법으로 자발적으로 선택된 것이고, 자신들이 원해서 다른 종류의 삶을 살고자 한 사람들에 의해서 수용된 것이기 때문이다. 다른 한편으로, 신경증적 분리는 선택의 문제가 아니라 내적인 강박충동의 문제며, 유일하게 가능한 삶의 방식 문제다. 비록 혜택이 얻어지는 정도가 전체 신경증적 과정의 심각성에 달려 있기는 하지만, 일부 같은 혜택이 분리에서 도출될 수도 있다. 신경증의 파괴력에도 불구하고 분리된 사람은 어떤 통합성을 보존할 수도 있다. 인간관계가 일반적으로 친근하고 정직한 사회에서는 이것이 하나의 요인이 되기는 어려울 것이다. 그러나 많은 위선과 부정, 질투, 잔학함 그리고 탐욕이 있는 사회에서는 강하지 않은 사람의 통합이 쉽게 상처받는다. 이때 거리를 유지하는 것이 통합성을 유지하는 데 도움이 될 것이다. 더 나아가 신경증은 일반적으로 마음의 평화를 강탈하기 때문에 분리는 평온함에 접근하는 수단을 제공할 수도 있다. 그 정도는 그가 평온함을 위해 기꺼이 희생하는 정도에 따라 다르게 나타난다. 덧붙여 마법의 원 안에서 정서적인 삶이 한꺼번에 죽지 않는 사실에 비추어 볼 때 그는 분리로 인해 일정한 고유의 사고와 감정을 가질 수 있다. 마지막으로 세상에 대한 관조적인 관계와 상당한 침착함 등을 비롯한 모든 요인은 그가 가지고 있을지도 모르는 창조적 능력의 발달과 표현에 기여한다. 신경증적 분리가 창조의 전제조건이라는 것을 의미하지는 않지만, 신경증적 스트레스하에서 분리는 창조적 능력을 표현하는 가장 좋은 기회를 제공한다는 것을 의미한다.

실질적으로 이러한 이득이 있기는 하지만, 그것이 분리가 필사적으로 방어되어야 하는 주된 이유는 아니다. 실제적으로 방어는 이런저런 이유로 이득이 최소한이 되거나 동반된 혼란에 의해서 심하게 가려지게 된다면 똑같이 필사적이 될 것이다. 이에 대해서 좀 더 깊은 고찰이 필요하다. 만일 분리된 사람이 타인과 긴밀한 접촉을 갖도록 던져지면, 그는 바로 조각조각 나거나, 신경쇠약에 걸리게 될 것이다. 나는 여기서 '신경쇠약'이라는 용어를 심사숙고해서 사용하였다. 왜냐하면 이 용어는 기능장애, 알코올중독, 자살시도, 우울, 작업 무능력, 정신병적 일화 등 광범위한 혼란을 의미하기 때문이다. 때로는 환자 자신과 정신과 의사도 혼란을 '신경쇠약' 직전에 발생하는 엉망진창의 사건과 관련시키는 경향이 있다. 즉, 하사관의 부정한 차별, 남편의 바람기와 그에 대한 거짓말, 아내의 신경증적인 행동, 동성애 사건, 대학에서 집단따돌림, 이전의 안정되었을 때의 삶으로 만들려는 욕구 등은 비난받을 것들일 것이다. 이런 종류의 어떤 문제도 관련이 있다는 것은 충분히 진실이다. 치료자는 이것을 심각하게 받아들여야만 한다. 특히, 환자가 특정한 어려움에 처하게 된 이유를 이해하려고 노력해야 한다. 그러나 이렇게 하는 것의 이유는 충분하지 못하다. 왜냐하면 환자가 그렇게 강하게 영향을 받은 이유, 그의 전체적인 정신 균형이 일반적인 좌절과 동요보다 더 크게 간주되지 않는 어려움에 빠져 위태롭게 된 이유가 의문으로 남기 때문이다. 다시 말하면, 정신분석가는 환자가 특정한 어려움에 반응하는 방식을 이해하고 있을 때에도 여전히 화남과 그 효과 사이의 뚜렷한 불균형이 존재하는 이유를 이해할 필요가 있다.

그리하여 우리는 분리에 포함되어 있는 신경증적 경향이 다른 신경증적 경향과 비슷하게, 잘 작용하기만 하면 개인에게 안전감을 제공하며, 반대로 그것이 기능하는 데 실패하면 불안이 발생한다는 사실을 지적할 수 있다. 분리된 사람은 거리만 잘 유지할 수 있다면 비교적 안전함을 느끼게 되는데, 만일 어떤 이유로 마법의 원이 침범되면, 그의 안전은 위협을 받는다. 우리는 이러한 고려를 바탕으로 하여 분리된 사람이 더 이상 자신의 감정적 거리를 보호하지 못할 때 왜 공황상태가 되는지 좀 더 이해할 수 있게 되었다. 그리고 우리는 그의 공황상태가 나타나게 된 큰 이유가 삶을 영위할 테크닉을 가지고 있지 못해서라는 사실을 덧붙일 수 있다. 그는 예전에 있던 대로 초연하고 삶을 회피할 수 있을 뿐이며, 여기에 다시 다른 신경증적 경향의 부정적인 속성과 다른 채색을 하는 분리의 부정적인 속성이 있다는 것을 지적할 필요가 있다. 좀 더 상세하게 이야기 하자면, 어려운 상황에서 분리된 사람은 마음을 진정시킬 수도 싸울 수도 없으며, 조건에 협력할 수도 조건을 지시할 수도 없으며, 사랑할 수도 무정할 수도 없다. 그는 마치 위협에 대처하는 방법으로 도망가거나 숨는 식의 오직 한 가지 방법만을 가지고 있는 동물처럼 무방비 상태에 놓여 있다. 연상이나 꿈에 나타났던, 그리고 사용된 그림이나 비유들에서 그는 실론의 피그미와 같이, 숲에 숨어 있는 한 다른 이들이 그를 어떻게 할 수 없지만 그가 밖으로 드러난다면 그는 다른 이들에게 쉽게 두들겨 맞게 되는 것이다. 그는 하나의 담으로 보호되고 있지만, 담이 무너지면 적들에게 무방비 상태가 되는 중세 마을과 같다. 이러한 위치는 일반적으로 삶에 대한 그의 불안을 완전하게 정당화한다. 그가 완강하게 매달려야만 하고, 어떤 희생을 치르더라도 막아야 하는 총체적 방어로서 멀리 떨어져 있음은, 우리가 그를 이해하는 데 도움이 된다. 모든 신경증적 경향의 기저에는 방어적 움직임이 있지만 방어적 움직임 외에 다른 것들은 긍정적 방식으로 협동하려는 노력으로 구성된다. 그러나 분리가 우세한 경향일 때, 그 사람은 분리로 인하여 삶을 현실적으로 취급하는 데 너무나 무력하게 된다. 따라서 시간이 경과하면서 그 방어적 특성은 최우위의 것이 되어 버린다.

* * *

분리를 방어하는 데 필사적인 것에 대해서는 좀 더 설명이 필요하다. 분리에 대한 위협, '벽을 깨부숨'은 일시적인 공황 이상의 것을 의미하며, 결과적으로 정신병적 사건에서 일종의 성격 분열이 생기게 된다. 만일 정신분석에서 분리가 무너지기 시작하면 환자는 지나칠 정도로 많은 염려를 할 뿐만 아니라 직·간접적으로 명백한 공포를 표현하게 된다. 예를 들면, 인간 존재가 무정형의 물질로 물 속에 잠겨 버리는 공포, 일차적으로 자신의 독특성을 잃게 되는 공포를 생각할 수 있다. 또한 완전한 무방비의 결과로 공격적인 사람에게 강제되고 착취되는 상황에 무기력하게 노출되는 공포도 있다. 세 번째로는 미쳐 버리게 되는 공포가 있는데, 이것은 너무나 생생하게 나타나서 환자는 그러한 가능성에 반대되는 긍정적인 확신을 원하게 된다. 이러한 맥락에서 미쳐 버린다는 것은 광폭해지는 것이 아니며, 무책임에 대한, 드러나는 바람에 대한 반응도 아니다. 이것은 산산이 분열되는 특정한 공포에 대한 노골적인 표현이다. 이것은 그의 분리를 포기함으로써 그가 자신의 갈등에 면 대 면으로 만나게 되는 것이다. 그는 분리를 살아남게 할 수 없는데, 이러한 상태를 환자에게 나타난 이미지를 인용하여 표현하자면 벼락 맞은 나무같이 쪼개지는 상태인 것이다. 이런 가정은 다른 관찰로 확인된다. 고도로 분리된 사람은 내적 갈등이라는 생각에 대하여 거의 극복할 수 없는 반감을 가지고 있다. 나중에 그는 정신분석가가 갈등을 이야기하고 있을 때 무엇에 관해서 이야기하고 있는지 단지 몰랐다고 말할 것이다. 분석가가 그에게 내부에서 활동하고 있는 갈등을 보여 주는 데 성공할 때마다 그는 주제를 바꾸어 상대에게 자신의 내면을 알아차릴 수 없게 하는 무의식적인 기술을 가지고 있다. 그러나 만일 그들이 갈등을 인정하기 전에 그들이 아주 잠시라도 갈등을 인지한다면 그들은 격심한 공황으로 마비되어 버릴 것이다. 그들은 나중에 좀 더 안정된 바탕에서 갈등의 인지에 접근할 때 더 큰 문제의 파도에 휩싸이게 될 것이다. 그러므로 우리는 언뜻 보기에는 어리둥절한, 분리는 근본적인 갈등의 고유한 부분이며 갈등에 대항하는 방어라는 결론에 도달하게 된다. 그러나 수수께끼는 우리가 좀 더 상세하게 다루면 저절로 풀린다. 분리는 근본적인 갈등에서 두 개의 좀 더 활동적인 파트너에 대항하는 방어인 것이다. 여기에서 우리는 기본적인 태도 중 하나의 우세가 다른 모순되는 것이 존재하고 작용하는 것을 막는 것은 아니라는 말을 재천명한다. 우리는 분리된 성격에서 힘의 역할을 이전에 기술한 다른 두 집단보다 더 명확하게 볼 수 있다. 처음에 모순된 노력은 생활사에서 자주 등장한다. 이런 유형의 사람은 자신이 분명하게 분리를 수용하기 전에 순종과 의존의 사건을 경험할 뿐만 아니라 공격적이고 무자비한 반항의 시기를 거친다. 분명하게 정의된 다른 두 유형의 가치와 대조적으로 이 유형의 가치체계는 대부분 모순적이다. 그가 자유와 독립으로 간주하는 것에 영구적이고 높은 평가를 덧붙여, 정신분석 중에 때때로 인간의 선함과 공감, 너그러움, 자신을 내세우지 않는 희생을 극도로 치하하기도 하고, 다른 때에는 격렬한 이기심의 완전한 정글법칙의 철학을 맴돌기도 한다. 그 자신도 이러한 모순에 어리둥절함을 느끼지만, 어떤 주지화나 다른 방법으로 이러한 갈등을 거부하려고 노력한다. 정신분석가는 만일 그가 전체 구조에 대하여 명백한 관점을 가지고 있지 못할 경우 쉽게 혼동을 느낄 것이다. 그는 두 가지 방향에 대하여 더 멀리 가 보지 않고, 한 경로 또는 다른 경로만을 좇으려고 노력할지도 모른다. 왜냐하면 환자는 반복해서 자신의 분리에서 피난처를 찾고, 그것으로 배의 방수벽을 닫아 버리듯이 모든 출입구를 닫아 버리기 때문이다.

또, 분리된 사람의 특수한 '저항'의 기제에는 완전하고 단순한 논리가 있다. 그는 자신을 분석가와 연결하거나, 인간 존재로 인정하기를 원하지 않는다. 그리고 만일 우리가 그의 전제를 이해한다면 우리는 그가 어떤 요소도 분석하는 데 흥미가 없다는 것을 알게 될 것이다. 그의 전제는, 그 자신이 타인과 안전한 거리를 유지하고 있는 한 타인과 관계를 걱정하지 않는다는 의식적인 확신이다. 이러한 관계에서 혼란은 그가 타인과 떨어져 있는 한 그를 당황하게 하지 않는다. 심지어 분석가가 언급한 갈등도 단지 그 갈등들이 그를 성가시게 하기 때문에 동면한 상태로 남아 있는 것이며, 그래야만 한다. 그리고 그가 분리에 대해 바꿀 생각이 전혀 없기 때문에 모든 것을 바르게 만들 필요가 없다. 우리가 언급한 바와 같이 이러한 무의식적인 추론은 논리적으로 어떤 점까지는 옳다. 그가 무조건적으로 오랫동안 인지하기를 거부한 것은 그가 아무것도 없는 것에서는 성장하고 발전할 수 없다는 것과 같다.

신경증적 분리의 가장 중요한 기능은 중요 갈등을 작용하지 못하도록 유지하는 것이다. 이것은 중요 갈등에 대항하는 방어 중에서 가장 과격하고 가장 효과적인 것이다. 인위적인 조화를 만들어 내는 많은 신경증적 방법 중의 하나는 은근슬쩍 넘어 가려는 시도다. 그러나 친밀과 더불어 공격적인 지배, 착취, 뛰어난 존재로 남는 것에 대한 강박적인 열망 때문에 이 시도는 진정한 해결책이라고 할 수 없다. 그리고 이 열망은 그 운반자를 마비시키지 않는다면 계속 갈등을 작용케 할 것이다. 마지막으로 진정한 내적 평화 또는 자유는 모순적인 가치체계가 존재하는 한 결코 달성될 수 없다.

이상화된 이미지 6

우리는 타인에 대한 신경증의 기본적 태도에 관한 논의에서 자신의 갈등을 풀려는 시도, 보다 정확히 말하자면 갈등을 분배하려는 방식 중 두 가지를 알게 되었다. 이 방식 중 하나는 성격의 어떤 측면은 억압하고 그 반대되는 것을 앞에 내세우는 것이고, 다른 하나는 작용하는 갈등을 자신과 타인의 거리 사이에 놓는 것이다. 이 두 가지 과정 모두 자기 자신에게 상당한 대가를 치르게 할지라도 개인에게 기능할 수 있는 일체감을 가져다준다.

여기에서 기술하려고 하는 또 다른 방식은 자기 자신이라고 믿는 혹은 그가 느낄 수 있거나 그래야 한다고 믿는 이미지를 창조하는 것이다. 의식적이거나 무의식적으로 이 이미지는, 비록 그 사람의 인생에서 매우 현실적인 것처럼 영향을 주더라도, 대부분은 실제와 거리가 있다. 더욱이 중년의 여자가 자신을 연약한 젊은 소녀로 보는 'New Yorker' 라는 만화에서 보여 주는 것처럼 그들이 그린 이미지는 그들 자신을 언제나 실제보다 좋게 보이게 한다. 이 이미지의 구체적인 특성은 다양하며, 성격의 구조에 의해 결정된다. 미(美)가 두드러지게 나타나기도 하고, 힘, 지능, 천재성, 신앙심, 정직, 자신이 되려는 바가 두드러지게 나타나기도 한다. 정확히 말하자면, 이 이미지는 어느 정도 비현실적이며, 사람을 거만하게 만드는 경향이 있다. 단어 본래의 뜻으로 오만과 거만은 동일하게 쓰이지만, 약간 차이가 있다. 오만은 그 사람이 갖고 있지 않거나 또는 실제가 아니라 잠재적으로 갖는 특성을 의미한다. 이 이미지가 비현실적일수록 사람을 취약하게 만들고, 외부의 확인과 인정을 피하게 만든다. 우리는 확실한 특성에 대해서는 확인할 필요가 없지만 거짓 주장이라는 의문이 들 때에는 확실히 다루어야 한다.

이 이상화된 이미지는 정신병적인 과대망상적 증상에서 관찰할 수 있다. 그러나 원칙적으로 이상화된 이미지의 특성은 신경증의 경우와 동일하다. 이 이상화된 이미지는 우리에겐 덜 환상적이지만, 그들에겐 아주 실제적일 수 있다. 만일 우리가 현실에서의 철수 정도를 정신병과 신경증 간의 차이 지표로 본다면, 이 이상화된 이미지는 신경증의 구조에 다소의 정신병으로 짜여진 것으로 볼 수 있다.

본질적으로 이상화된 이미지는 하나의 무의식적인 현상이다. 비록 자기 기만이 훈련되지 않은 관찰자에게조차 명백하더라도, 신경증 환자는 자신을 이상화하고 있다는 것을, 또 그것이 얼마나 기괴함의 집합인가도 깨닫지 못한다. 그는 자기 자신에게 높은 수준의 요구를 하고, 완벽주의자가 타당성에 대해 전혀 의심의 여지가 없는 천재적인 이상을 요구한다는 모호한 느낌을 갖게 한다.

이 이상화된 이미지가 자기 자신의 태도에 영향을 주는지는 사람에 따라 다양한데, 대개는 각자 관심의 초점에 따라 다르다. 만일 신경증 환자의 관심이 자기 자신이 이상화된 이미지의 사람이라는 것을 확인하는 데 있다면, 그는 자신이 위대하고, 더없이 훌륭한 사람이라고 생각하며, 자신이 가진 결점은 신의 은총이라는 신념을 확고히 다지게 된다. 또한 초점이 이상화된 이미지와 비교된 실제적 자아에 있다면, 자기 자신이 매우 비열하다는 자기 경멸적인 비난이 전경에 나타날 것이다. 따라서 자기상이 실제와는 너무 거리가 멀기 때문에 그것을 경멸된 이미지라고 부르는 것이 적절할 것이다. 마지막으로, 이상화된 이미지와 실제적 자아 간의 차이에 초점이 주어진다면, 그는 이 모든 것에 대해 깨닫고, 이러한 차이를 딛고서 자신을 애써 완벽하게 하려는 끊임없는 노력을 할 것이다. 이 과정에서 그는 '~해야 한다(should).' 라는 말을 놀라울 정도로 되풀이하게 된다. 그는 우리에게 자신이 무엇을 느껴야 하고, 생각해야 하고, 행동해야만 하는가에 대해 이야기한다. 사실 그는 내재된 완벽주의에 대한 확신을 맹목적으로 '자기도취적인' 사람만큼 갖고 있으며, 자기 자신에게 보다 엄격하고, 보다 통제적이고, 보다 기민하고, 보다 신중하기만 하다면, 자신은 실제로 완벽해질 수 있다는 신념을 가진다.

진정한 이상에 비해서 이상화된 이미지는 정체된 특성을 가진다. 이상화된 이미지는 그것을 소유한 사람이 추구하는 목표가 아니라 그가 숭배하는 고정된 생각이다. 그에게 있어 이상은 역동적인 특성을 가지며, 적절한 격려를 유발하고, 성장하고 발달하는 데 없어서는 안 되는 아주 중요한 힘이 된다. 그러나 이상회된 이미지는 단점을 부인하거나 단지 비난하여 성장에 결정적인 장애가 된다. 순수한 이상은 자신을 겸손하게 만들지만, 이상화된 이미지는 자신을 오만하게 만든다.

***

이러한 현상은 오래전부터 인식되어 왔고, 줄곧 철학적 작품에서 언급되었다. 프로이트는 이러한 현상을 신경증(neurosis) 이론으로 소개하고, 여기에 자아이상, 자기도취, 초자아 등의 다양한 이름을 붙였다. 또한 이것은 아들러(Adler) 심리학의 핵심 주제로 '우월에의 추구'로 기술되었다. 이러한 개념과 우리의 개념 간의 유사성과 차이점을 구체적으로 지적하기에는 핵심에서 너무 멀다. 다만, 간략하게나마 살펴보면, 이 모든 것은 현상을 하나의 전체로 보지 못하는 이상화된 이미지의 한 면이나 다른 측면과 관련된다. 그러므로 프로이트나 아들러뿐만 아니라 프란츠 알렉산더(Franz Alexander), 폴 페던(Paul Federn), 버나드 그웩(Bernard Glueck), 어니스트 존스(Ernest Jones)와 같은 여러 학자의 적절한 언급이나 논의에도 불구하고, 이 현상의 중요성과 기능이 충분히 인식되지 못하였다. 명백히 이상화된 이미지는 중요한 욕구를 충족시킨다. 아무리 여러 학자가 그것에 관해 이론적으로 설명하였더라도, 결론적으로 그들은 이상화된 이미지가 동요되거나 약화되기 어려운 신경증의 중요한 근거지가 된다는 점에 동의한다. 프로이트는 뿌리 깊은 '자기도취적' 태도를 치료하기 가장 어려운 장애로 간주하였다. 그것의 기능은 무엇인가?

이상화된 이미지의 기본적인 기능은 실제적인 자부심과 실제적인 자긍심을 대체해 준다는 것이다. 결국 신경증이 된 사람은 그동안 종속되어 온 압도적인 경험 때문에 자신감을 형성할 기회를 거의 가지지 못하게 된다. 그가 가진 이같은 자신감은 그의 신경증이 발달하는 과정에서 보다 더 약화된다. 왜냐하면 자신감이 파괴되기 쉬운 그런 불가피한 조건이기 때문이다. 이러한 상황을 간단하게 설명하기는 어렵다. 가장 중요한 요인은 자신의 정서적 에너지의 활동성과 유용성, 자신의 진정한 목표의 발달, 자신의 삶에서 적극적 도구가 되는 능력이다. 그러나 신경증이 발달하면 이러한 것들은 손상되기 쉽다. 신경증적 경향은 자기 자신이 조정자가 되는 대신에 조정되기 때문에 자기결정력을 손상시킨다. 더욱이, 신경증 환자의 결정하는 능력은 사람들에게 의존함으로써 지속적으로 약화된다—반항을 모르는 것, 탁월하게 되려는 열망을 모르는 것, 사람들 사이의 거리를 모르는 것 등으로 가정된 것은 어떤 것이든 의존의 양식이라고 볼 수 있다. 게다가 정서적 에너지의 큰 부분을 억압하는 것은 자신을 완전히 행동 밖으로 모는 것이다. 이러한 모든 요소는 그가 자신만의 것을 발달시키는 것을 거의 불가능하게 만든다. 그중에서 특히 근본적인 갈등은 자신만의 것을 분열시킨다. 그러므로 실질적인 근거를 가지지 못하게 되고, 중요성과 힘에 대한 자신의 느낌을 부풀려야만 한다. 이런 이유로 전지전능함에 대한 신념이 이상화된 이미지에 빠지지 않는 요인이 된다.

두 번째 기능은 첫 번째와 밀접하게 관련되어 있다. 신경증은 진공상태에서 자신이 약하다고 느끼는 것이 아니라, 세상이 그를 속이고, 창피를 주며, 노예로 만들고, 기만하는 사람들로 가득 차 있기 때문에 자신이 약할 수밖에 없다고 느끼는 것이다. 따라서 자기 자신의 자만심이나 변덕 때문이 아니라 주변 환경에 의한 쓰라린 필요성 때문에 자기 자신을 타인과 끊임없이 견주고 비교해야만 한다고 생각하게 된다. 그리고 마음속으로 자신을 약하고 한심하다고 느끼기 때문에—우리가 다음에 다시 살펴보겠지만—타인보다 자신을 더 낫고, 가치 있다고 느끼게 만들 수 있는 무언가를 찾아야만 한다. 그것이 성스런 느낌의 형태를 취하거나, 보다 무례하거나, 사랑스럽거나, 냉소적인 형태를 취하든 간에 그것을 통해 그는 우월감을 느껴야만 한다. 이와 같은 욕구에는 대부분 타인을 이기려는 바람이 내포되어 있다. 왜냐하면 신경증의 구조라도 거기에는 취약성을 얕보고 경멸한다고 느낄 준비가 되어 있기 때문이다. 경멸당한다는 느낌에 대한 하나의 대책인 보복적인 승리에 대한 욕구는 신경증 환자에게 주로 나타나는 것으로 의식적이거나 무의식적으로 우월성에 대한 신경증적 욕구의 추동력이 되고, 그것의 특별한 색채를 제공한다. 이러한 경쟁적인 문명화 정신은 일반적으로 신경증을 키우는 전도력일뿐 아니라 그것이 창조하는 인간관계의 장애를 통해서 구체적으로 탁월함의 욕구를 채워 준다.

우리는 지금까지 이상화된 이미지가 어떻게 진정한 자신감과 자긍심을 대체하는지 보았다. 그러나 여기에는 여전히 대리인으로 기여하는 또 다른 방법이 있다. 신경증 환자의 이상은 모순되기 때문에 의무적인 힘을 갖는 것이 거의 불가능하며, 이상은 흐릿하고 막연하게 남아 그에게 아무런 안내도 하지 않는다. 따라서 만일 그가 자신의 삶에 의미를 부여하는 자신이 창조한 우상이 되려는 노력을 하지 않는다면, 그는 아무런 목적도 없다고 느낄 것이다. 이는 특히 분석의 과정에서 분명해진다. 이상화된 이미지가 손상되었을 때 그는 한동안 완전히 상실감에 빠진다. 그리고 단지 이상의 문제에 대해 자신의 혼란을 인식하고, 이러한 인식을 바람직하지 않은 것으로 생각한다. 이전에 모든 주제가 그의 이해와 관심을 벗어나고, 상당히 많은 빈말을 했더라도, 이제 처음으로 이상이 어떤 의미를 갖고 있으며, 자신의 이상이 실제로 그러한지 알기를 원하게 된다. 이런 종류의 경험이 바로 이상화된 이미지가 본래 이상을 대체한다는 증거다. 이러한 기능에 대한 이해는 치료에 중요한 의미를 갖는다. 치료자는 환자에게 이전 가치체계의 모순을 지적할 수 있다. 그러나 환자에게 그 주제에 대한 어떠한 건설적인 관심을 기대하기는 어려우며, 이상화된 이미지의 필요성이 없을 때까지 이러한 작업은 시행되기 어렵다.

이 이미지의 특별한 기능은 다른 어떤 것보다 신경증 환자의 경직성을 잘 설명해 준다. 만일 우리가 미(美) 혹은 지력(知力)의 귀감이라는 사적인 거울로 자신을 들여다본다면, 우리의 가장 심한 결점이나 약점까지 사라지거나 매력적인 색채를 띠게 될 것이다—마치 낡고 부식된 벽에 페인트칠을 한 것처럼. 부식된 벽은 더 이상 낡고 초라하지 않으며, 아름다운 갈색과 회색, 붉은빛으로 된 벽일 뿐이다.

사람은 자신의 결점이나 단점을 어떻게 생각할까? 만일 우리가 이러한 간단한 질문을 제기한다면, 이 방어적 기능에 대한 깊은 이해에 도달할 수 있다. 이런 질문은 무한한 가능성을 가지고 답을 구하기 때문에 얼핏 보기에 답이 어떤 것에 이를 것 같아 보이지 않는다. 그럼에도 불구하고 여기에 꽤 구체적인 답이 있다. 어떤 사람이 결점이나 단점을 어떻게 받아들이는가는 스스로 그것을 수용하느냐 거부하느냐에 달려 있기 때문이다. 그러나 그것은—유사한 문화적 상황하에서—근본적인 갈등의 우세한 면에 의해 결정된다. 예컨대, 순종적 유형은 자신의 두려움이나 무기력을 수치로 생각하지 않는 반면에 공격적 유형은 이와 같은 느낌을 수치스럽게 여기며, 자신이나 타인에게 숨기려 한다. 또한 순종적 유형은 자신의 적대적인 공격성을 죄스러운 것으로 여기는 반면 공격적 유형은 자신의 부드러운 감정을 한심한 약점으로 여긴다. 더욱이 이 모든 것에 대해 각각의 유형은 단지 실제로 자신이 받아들일 수 있는 일부라는 것을 거부한다. 예컨대, 순종적인 유형은 그가 진정으로 사랑스럽고 관대한 사람이 아니라는 사실을 거부해야만 한다. 분리된 유형은 자신의 무관심이 자유로운 선택의 문제가 아니며, 타인을 극복할 수 없기 때문에 분리를 유지해야만 한다고 보지 않는다. 일반적으로 이 두 유형은 모두 가학적 경향을 거부한다(이 다음에 논의될 것이다). 따라서 우리는 무엇이 단점으로 간주되고 거부되는지는 타인에 대한 우세한 태도와 일치하며, 이상화된 이미지의 방어적 기능은 갈등의 존재를 부인하기 위한 것이라는 결론에 도달하게 된다. 이것이 이상화된 이미지가 확고하게 남아 있어야 할 필연적인 이유다. 나는 예전에 종종 환자가 자기 자신을 다소 덜 중요하고, 다소 덜 우월하다는 것을 받아들이는 것이 왜 그렇게 불가능한 것일까 의아하게 생각한 적이 있었다. 그러나 이러한 점에서 보면 답은 분명하다. 어떤 단점에 대한 인식으로 인해 그는 자신의 갈등에 직면하게 되고, 그가 확립한 인위적인 조화를 위험스럽게 만들기 때문에 그는 자신의 생각을 조금도 바꾸지 않는다. 그러므로 우리는 갈등의 강도와 이상화된 이미지의 경직성 간에 긍정적 상관이 있다고 결론을 내릴 수 있다. 특히, 정교하게 경직된 이미지는 우리에게 파괴적인 갈등이 있음을 추측하게 한다.

이미 지적한 네 가지 기능 외에 이상화된 이미지는 여전히 근본적인 갈등과 관련된 다섯 번째 기능을 가지고 있다. 즉, 이상화된 이미지는 받아들일 수 없는 갈등의 일부분을 위장하는 것보다 긍정적인 효용성을 가지고 있다. 일례로 이상화된 이미지는 융화된, 어느 경우에는 더 이상 개인의 갈등인 것 같아 보이지 않는 일종의 예술적 창조로 나타난다.

X의 갈등의 우세한 측면은 복종이다—사랑과 인정에 대한 욕구가 크고, 돌봄을 받고 싶어 하며, 다른 이들에 대해 동정적이고 관대하며, 사려 깊고, 사랑스럽다. 두 번째로 우세한 것은 분리다. 집단으로 어울리는 것을 싫어하고, 독립을 중요시하며, 매이는 것을 두려워하고, 강압에 민감하다. 이 유형은 사람들과 친밀하려는 욕구와 지속적으로 충돌하며, 여성과의 관계에서 반복적으로 파란을 일으킨다. 공격적인 유형은 어떤 상황에서든 첫째가 되어야 하고, 간접적으로 타인을 지배하고, 이따금 착취하며, 간섭을 참지 않음을 아주 명백하게 드러낸다. 이러한 경향은 자연히 사랑과 우정에 대한 그의 능력을 상당히 손상시킨다. 그는 이러한 추동을 깨닫지 못하고 세 가지 인물의 복합체인 이상화된 이미지를 만든

다. 그는 위대한 애인이거나 친구다. 그 누구도 그처럼 친절하고 좋은 사람은 없다. 그는 그 시대의 위대한 지도자고, 경외심을 일으키는 천재적 정치가다. 마지막으로 그는 위대한 철학자이고, 지혜로운 사람이며, 인생의 의미와 끝없는 공허에 대한 심오한 통찰을 가진 보기 드문 천재 중에 한 사람이다.

전적으로 이미지는 환상적인 것이 아니다. 그는 이 모든 방향에 충분한 가능성을 갖고 있다. 그러나 이 가능성은 기정 사실, 위대하고 독특한 성취의 수준에서 일어나는 것으로 추동의 강박적인 속성은 희미해지고, 내적 특성과 재능에 대한 믿음으로 대체된다. 애정과 인정에 대한 신경증적인 요구 대신에 거기엔 사랑하는 능력이 생기며, 능가하려는 추동 대신에 우수한 재능이 가정되고, 무관심 대신에 독립과 지혜가 가정된다.

마지막으로 갈등은 다음과 같은 방식으로 떨쳐진다. 현실 생활에서 추동이 타인에게 추측되고, 그로 하여금 자신의 여하한 가능성이 추상적 완벽주의의 영역으로 향하는 것을 막아 주고, 풍요로운 성격과 잘 어울리는 것처럼 보이게 한다. 여기서 제시하는 세 가지 근본적인 갈등은 이상화될 이미지를 구성하는 세 인물로 구분된다.

또 다른 예는 갈등하는 요소의 구분을 분명하게 해 준다. Y의 경우에 두드러진 주요 경향은 분리다(극단적인 형태의 의미가 이전 장에서 기술되었다). Y 자신은 자각하지 못하더라도 요구에 응하려는 경향이 아주 두드러지며, 이 때문에 독립하려는 욕구와 양립하기 어렵다. 극단적으로 착하게 되려는 노력은 이따금 억압을 통해 강제적으로 무너지며, 친밀감에 대한 열망은 의식적이고 지속적으로 그의 분리와 부딪힌다. 그는 단지 그의 상상 안에서만 무례하게 공격적이다. 그는 대량 파괴의 환상에 매달리고, 자신의 삶을 간섭하는 모든 사람을 죽이고 싶어 하고, 자신은 약육강식(jungle philosophy)의 철학을 믿는다고 공언한다—그리하여 힘이 정의를 만든다는 것을 진리로 생각하고, 자기 관심을 무례하게 추구하는 것을 단지 지적이고, 위선적이지 않은 삶의 방식이라고 여긴다. 그러나 그의 실제 생활은 겁 많고 소심하며, 폭력 노출은 특정 상황에서만 일어난다.

그의 이상화된 이미지는 뜻밖에도 다음의 결합으로 이루어져 있다. 그는 대부분의 시간 동안 산꼭대기에서 은둔자로 생활하고, 무한한 지혜와 평온을 간직하려 한다. 그러나 그가 늑대인간에서 돌아오는 동안에는 완전히 사람의 감정을 피하고, 살인을 결심한다. 그리고 이 두 가지 양립할 수 없는 특징이 충분하지 않다면, 그는 이상적인 친구나 연인이 아닌 게 된다.

우리는 여기서 신경증 경향의 동일한 부인, 동일한 현실 가능성의 착각을 볼 수 있다. 이 경우 갈등을 조정하려는 어떠한 시도도 없다. 그러나 그것은—실제 생활과 대조적으로—순수하게 희석되지 않은 것처럼 보인다. 왜냐하면 그들은 타인을 간섭하지 않기 때문이다. 그리고 이것은 이와 같은 갈등이 사라져 버리기 때문에 어떤 계산이 있는 것처럼 보인다.

마지막 예는 보다 통일되고 이상화된 이미지다. Z의 실제 행동에서 공격적 경향은 두드러지게 나타나고, 이러한 공격적 경향은 가학적 경향을 수반한다. 그는 지배적인 성향을 지니고 다른 이들을 착취하려고 하며, 게걸스런 야심으로 몰고, 무례하게 몰아붙인다. 그는 계획하고, 조직하고, 싸우고, 의식적으로 순수한 양육강

식의 철학을 신봉한다. 또한 극단적으로 분리되어 있다. 그러나 그의 공격적 추동은 항상 사람들과 얽히게 만들기 때문에 그는 무관심을 유지할 수가 없다. 그는 어떤 개인적인 관계에 관여하지 않거나, 사람들이 기여한 어떤 것에 빠져 즐기지 않는 것으로 엄격함을 지킨다. 이런 점에서 타인에 대한 그의 긍정적인 감정은 매우 억압되고, 이 때문에 아주 공정하다. 친밀감에 대한 욕구는 주로 성적인 방식으로 이루어진다. 그러나 힘을 추구하려는 노력을 방해하는 승인, 욕구와 더불어 복종하려는 분명한 경향성도 나타난다. 그리고 여기에는 잠재적인 엄격한 기준이 있으며, 주로 타인에 대한 채찍으로 사용된다—그러나 이 과정에서 자신에게도 마찬가지로 적용하지 않을 수 없다—이는 거꾸로 그의 약육강식의 철학과 충돌한다.

그의 이상화된 이미지는 빛나는 갑옷을 입은 기사다. 그는 언제나 정의를 추구하는, 크고 확실한 비전을 가진 십자군 기사다. 그는 현명한 지도자가 되었을 때, 그 누구에게도 개인적으로 집착하지 않고, 단지 원칙에 의해 엄격하게 분배하며, 위선적이지 않고 정직하다.

여성들은 그를 사랑한다. 그리고 그는 멋진 애인이다. 그러나 그는 어떠한 여성에게도 매이지 않는다. 여기에서도 동일한 목적이 다른 경우와 마찬가지로 달성되며, 근본적인 갈등의 요소는 혼합된다. 따라서 이상화된 이미지는 근본적인 갈등을 해결하려는 시도며, 이전에 기술된 다른 것만큼이나 중요하다. 이상화된 이미지는 결합체로서, 분리된 개인을 붙잡는 막대한 주관적 가치를 가진다. 비록 이상화된 이미지가 개인의 마음속에만 존재한다고 하더라 타인과의 관계에 결정적인 영향력을 미친다.

＊＊＊

이상화된 이미지는 상상이거나 허구적인 자신으로, 단지 절반 정도만 진실이기 때문에 오도된 자신이라 부를 수 있다. 이 이상화된 이미지가 만들어질 때, 소망적 사고의 작용은 아주 두드러진다. 그렇다고 해서 이상화된 이미지가 완전히 허구적인 것으로 만들어지는 것은 아니다. 이것은 아주 현실적인 요소와 뒤섞이거나 결정되어 상상에 의해 창조된 것으로 대개 개인의 진짜 이상의 흔적이 포함된다. 과대한 성취가 가공적인 반면에 이상화된 이미지에 내재된 가능성은 때로 사실이다. 이상화된 이미지는 아주 현실적인 내적 필요성의 뼈대며, 아주 현실적인 기능으로 가득 차 있고, 아주 현실적인 영향력을 갖는다. 이상화된 이미지를 창조하는 과정은 한정된 법칙—우리가 특정한 사람의 실제 성격 구조에 대한 정확한 추론을 할 수 있는 구체적인 특징에 대한 지식을 주는—에 의해서 결정된다.

그러나 환상이 얼마나 이상화된 이미지에 엮어졌는가에 관계없이 이것은 신경증 환자에게 현실적 가치를 갖는다. 그의 실제 자아는 흐릿한 반면, 이상화된 이미지가 확실하다고 확신할수록 그는 이상화된 이미지가 자신이라고 여기게 된다. 실제 모습의 이러한 전환은 상상이 수행하는 기능의 속성 때문에 나타나게 되는 것으로, 이런 모든 것은 실제 성격을 삭제하고, 상상한 것이 주목받도록 하여 실제 성격과 바뀌게 하는 것을 목적으로 한다. 많은 환자의 과거사를 회고해 보면, 우리는 이상화된 이미지의 형성이 종종 문자 그대로 구명된다는 것을 믿을 수 있으며, 만일 환자 자신의 이미지가 완전히 공격받는다면 그들의 저항은 정당화될 것이라는 점을 알게 될 것이다. 이상화된 이미지가 그에게 실제로 남아 있는 한 그것은 온전히 그대로 손대지 않은 채 남아 있으며, 이러한 느낌의 허구적인 속성에도 불구하고 그는 그것이 중요하고, 뛰어나고, 조화롭다고 느낄 것이다. 그는 자신을 모든 종류의 요구를 할 수 있는 자격이 있다고 생각하고, 이 가정된 우월성을 근거로 하여 주장한다. 그러나 만일 이것이 손상된다면, 그는 자신의 모든 약점에 직면하는 것을 예상함으로 즉각 위협받으며, 자신이 특별한 주장을 할 수 있는 아무런 자격도 없고, 중요하지 않은 인물이라는, 심지어—자신의 관점에서 볼 때—한심한 인물이라 예상함으로써 위협을 받게 된다. 그에게 더욱 무서운 것은 그가 자신의 갈등과 두려움에 직면하는 것이다. 이것은 그에게 훨씬 더 나은 사람이 될 수 있는 기회를 제공할 수 있다. 자신이 이상화된 이미지의 영광보다 더 가치 있게 될 수 있다는 것은 그가 알고 있는 진리지만, 이것은 그가 두려워하는 어둠에서 도약이기 때문에 오랫동안 그에게 어떤 영향도 끼치지 못한다.

만일 이상화된 이미지에서 분리될 만한 커다란 결점이 없다면 아주 커다란 주관적 가치로 이상화된 이미지는 의심할 여지없이 확고할 수 있다. 처음에 전체 체계는 포함되어 있는 요소가 허구적인 까닭에 이내 곧 무너질 것 같다. 다이너마이트가 장착된 보물창고는 개인을 아주 취약하게 만든다. 그리하여 외부의 어떤 질문이나 비판, 실패에 대한 자각, 자신 안에서 작용하는 힘들에 대한 어떠한 통찰도 이상화된 이미지를 폭발시키거나 무너뜨릴 수 있다. 그는 칭송받지 못하거나 인정받지 못하는 어떤 상황도, 숙달되지 못한 과제도 피해야만 한다. 심지어 어떤 종류의 노력에 대해서도 강한 혐오를 증폭시킬 수 있다. 단지 그는 그리고 싶다는 상상만으로 이미 그림을 그린 것이다. 모든 사람은 열심히 노력해야만 어떤 것이든 얻을 수 있다. 그가 자기 자신에게 적용하는 것은 톰(Tom)과 딕(Dick), 해리(Harry) 모두에게 자신은 위대한 지도자가 아니며, 너무나 굴욕적인 사람이라는 것을 인정하는 것이 된다. 실제로 그는 노력하지 않고 성취될 수 있는 것은 아무것도 없기 때문에 패배한다. 그리하여 그의 이상화된 이미지와 실제 자아 간의 차이는 더욱 커진다.

그는 인정, 칭찬, 아첨의 형태로 타인의 확인에 의존한다—그러나 이것은 그에게 일시적인 안심 그 이상의 아무것도 줄 수가 없다. 그는 무의식적으로 건방진 혹은 그가 하는 방식보다 더 잘하는—보다 더 자기 주장을 많이 하고, 보다 고르게 균형 잡혀 있는—모든 사람을 미워한다. 그는 자신의 이상화된 이미지라는 신념에 매달릴수록 미워하는 사람에 대해 더 폭력적이 된다. 만일 그의 거만이 억압된다면 그는 자신의 중요성에 대해 개방적으로 생각하는 사람에게 맹목적으로 칭찬할 수 있게 된다. 그러나 그는 자신의 이미지를 사랑하고, 그가 그렇게 칭찬하는 것에 관심을 갖는 것은 그저 자신뿐이라는 것을 깨닫게 될 때, 심각한 실망에 빠지게 된다.

그에게 있어 아마도 최악의 결점은 칭찬 뒤에 따르는 자기로부터의 소외감일 것이다. 우리는 자기 자신과 소원해진 채 자신의 본질적인 부분을 억제하거나 제거할 수 없다. 신경증의 과정으로 점차적으로 야기된 변화 중의 하나는 그들에게 기본적인 속성이 존재함에도 불구하고 관찰되지 않는다는 것이다. 그 사람은 단지 그가 정말 무엇을 느끼고, 좋아하는지, 거부하는지, 믿는지, 간단히 말하면 정말 자신이 누구인지 감지하지 못하게 된다. 이를 깨닫지 못한 채 자신의 이상화된 이미지의 삶을 살게 된다. 배리(Barrie)의 소설 『타미와 그리첼(Tommy and Grizel)』에서 타미(Tommy)는 어떤 임상적 설명보다 이 과정을 잘 보여 준다. 물론 무의식적인 가면과 합리화의 거미집에서 거미줄에 걸리지 않은 채 행동하는 것은 불가능하며, 이는 타인의 의지에 따라 결정되는 불확실한 삶을 만든다. 그는 자기 자신의 삶을 사는 것이 아니기 때문에 삶의 흥미를 잃어버리게 되지만, 자기 자신이 정말로 원하는 것이 무엇인지 모르기 때문에 의사결정도 할 수 없다. 만일 어려움이 증가하면 그는 비현실감—자신에게 비현실적일 수 밖에 없는 불변의 상황을 강조하는 표현—에 휩싸일 것이다. 이와 같은 상태를 이해하기 위해서 우리는 내적 세계를 가리는 비현실성의 가면이 외적 세계로 확장된다는 것을 깨달아야만 한다. 최근에 한 환자는 "만일 현실이 아니라면 나는 모든 게 아주 잘 되었을 텐데."라는 말로 전체적인 상황을 요약하기도 하였다.

마지막으로, 비록 이상화된 이미지가 기본적인 갈등을 없애기 위해서 만들어졌고, 제한된 방식으로 그것이 성공했다 하더라도, 본래의 것보다 더 위험한 성격의 균열을 동시에 만든다. 대략, 자신의 이상화된 이미지를 만든 사람은 자기 자신을 허용할 수 없다. 이상화된 이미지는 분명히 이 재난을 방해한다. 받침대에 자기 자신을 놓고, 그의 실제 자아를 여전히 허용하며, 그것에 대해 분노하고, 자기 자신을 경멸하고, 도달할 수 없는 자신의 요구에 대해 성내기 시작한다. 그러고 나서 자기—숭배와 자기—경멸 간에, 자신의 이상화된 이미지와 혐오스런 이미지 간에 흔들리기 시작한다.

따라서 강박적이고 모순적인 노력과 내적 장애에 의해 부과된 일종의 내적 독재 간에 새로운 갈등이 생긴다. 그는 이 내적 독재에 대해 정치적 독재와 유사하게 반응한다. 그는 자기 자신을 독재자와 동일시하고, 독재자가 말하는 것처럼 그가 훌륭하고 이상적이라고 느끼거나 혹은 그 요구에 일치하기 위해 발끝으로 서는 것조차 가능하게 할 수 있다. 또는 강제에 반발하거나 부과된 의무를 인식하려는 것을 거부할 수도 있다. 만일 그가 첫 번째 방식으로 반응한다면 '자기도취적' 사람이라는 인상을 얻을 것이다. 그는 비판하기 어렵고, 분열이 나타나지만 의식적으로는 그렇게 느끼지 않는다. 두 번째 경우라면, 우리는 완벽주의자, 프로이트의 초자아 유형이라고 여기며, 세 번째 방식의 경우, 이 사람은 어떤 사람이나 어떤 것으로 설명할 수 없는 것처럼 보인다. 즉, 엉뚱하고, 무책임하고, 부정주의자로 보인다. 나는 인상과 외양에 대해 신중하게 말한다. 왜냐하면 그의 반응이 무엇이든지 그는 기본적으로 반항적이기 때문이다. 그는 강제적인 기준하에서 보통 자신을 '자유로운' 노동자라고 믿는 반항적 유형조차도 뒤엎으려고 한다. 그는 여전히 자신의 이상화된 이미지를 꽉 잡으려고 한다는 사실은 단지 이러한 기준 사이를 오락가락하는 것이 타인에 대한 하나의 채찍임을 보여 준다.

때때로 어떤 사람은 한 극단에서 다른 극단으로 교차하는 시기를 거친다. 예컨대, 아무런 이득이 없더라도 초인적으로 '선' 해지려는 노력을 하거나 반대로 폭력적으로 반항하는 반대 극 사이를 오락가락할 수 있으며, 스스럼없는 자기 칭찬에서 완벽주의로 바뀔 수 있다. 우리는 흔히 이러한 다른 태도의 결합을 발견하게 되는데, 여기서 지적하려는 사실은—우리 이론에 비추어 이해할 수 있는—모든 시도가 만족스럽지 못하다는 점이다. 이때 시도들은 모두 실패할 운명이며, 우리는 이 노력을 참을 수 없는 상황에서 벗어나려는 필사적인 노력으로 생각해야 한다. 다른 어떤 참을 수 없는 상황에서처럼 최선의 수단은 힘써 노력한 시도가 실패했을 경우, 다른 시도에 호소하는 것이기 때문이다.

이러한 모든 결과는 진정한 발달을 방해하는 장벽을 형성한다. 이 사람은 자신을 들여다보지 않기 때문에 실수에서 배울 수 없다. 그는 그를 반대하는 이들에 대한 그의 반론에도 불구하고 자신의 성장에 대한 관심을 잃게 된다. 그가 성장에 대해서 말할 때, 그의 마음속에 있는 것은 결점이 없는 보다 완벽하게 이상화된 이미지를 만들려는 무의식적인 생각이다.

따라서 치료의 과제는 환자에게 자신의 모든 이상화된 이미지를 구체적으로 인식하게 하고, 점차적으로 그것의 기능과 주관적 가치를 이해하도록 도우며, 그것으로 인해 불가피하게 수반되는 고통을 그에게 보여 주는 것이다. 이 경우 환자는 치러야 하는 대가가 지나치게 큰 것은 아닐까 하고 생각할 것이다. 그러나 이상화된 이미지로 창출하려고 했던 욕구가 상당히 감소되었을 때 그는 이상화된 이미지를 포기하게 된다.

외현화[1] 7

앞에서는 신경증 환자가 자신의 현실적 자기와 이상화된 자기상(像) 간의 괴리를 메우기 위해 의존하는 모든 허위가 어떻게 해서 결국 그 괴리를 더 증폭시켜 놓는지 살펴보았다. 그러나 그 상이 주관적으로는 매우 중요한 것이기 때문에 그는 여러 방법을 사용하여 이를 해소하려고 부단히 노력하지 않으면 안 된다. 이들 중 대부분은 다음 장에서 논의할 것이다. 여기서는 다만 다른 것보다 덜 알려진 한 가지만을 검토 하고자 한다. 이 한 가지는 신경증의 구조에 특히 예민하게 영향을 미친다.

내가 이 시도를 외현화라고 부를 때는, 내적 과정을 마치 대체로 자신의 밖에서 일어나는 것처럼 경험하고, 이러한 외적 요인을 자신이 겪는 어려움에 책임이 있는 것처럼 여기는 경향을 말한다.

1) 역자주: externalization을 외현화로 번역함.

이는 이상화와 마찬가지로 현실적 자기에게서 도피하려는 목적을 가지고 있다. 이를테면, 외현화는 자기의 영역 안에서 실제의 인격에 재접촉하고 재창조하는 과정이 필요한데도 자기의 영역을 일절 포기하는 것을 의미한다. 간단히 말하자면, 자신의 이상화된 이미지 안에서는 근본적인 갈등으로부터 도피할 수 있다. 그러나 실제적 자기와 이상화된 자기 간의 괴리가 견디기 어려울 만큼의 긴장상태에 도달하면, 더 이상 자신 안의 어떤 것에도 의존할 수 없게 된다. 그렇다면 남아 있는 유일한 방법은 자신에게서 완전히 달아나서 모든 것을 마치 밖에 있는 것처럼 보는 것이다.

여기서 발생하는 몇 가지 현상은 '투사'라는 용어로 설명할 수 있다. 이는 개인적 어려움을 객관화하는 것을 의미한다.[2] 흔히 쓰는 대로 투사는 주관적으로 거부한 경향이나 자질을 다른 사람 탓이나 책임으로 돌리는 것을 의미한다. 예컨대, 배신, 야망, 지배, 독선, 유약함 등 자기 자신의 경향에 대해 다른 사람을 의심하는 것이다. 이런 의미에서 투사라는 용어는 완벽하게 수용될 수 있다. 그러나 외현화는 더욱 포괄적인 현상이다. 책임의 전가는 일부분에 불과하다. 자신의 잘못을 다른 사람을 통해 경험할 뿐 아니라 모든 감정조차도 다소간에 다른 사람을 통해 경험하게 된다. 외현화하는 경향이 있는 사람은 자기 자신이 얼마나 억압되어 있는지 의식하지 못하면서도 작은 국가에서 벌어지는 억압에 대해서는 심각하게 느낄 수 있다. 그리고 자신의 절망은 느끼지 못하

2) 이 정의는 Edward A. Strecker와 Kenneth E. Appel의 *Discovering Ourselves*(Macmillan, 1943)에서 제시되었다.

면서 이들에게서는 그것을 다른 정서적인 것으로 경험할 수도 있다. 이러한 맥락에서 특히 중요한 것은 그가 자신에 대한 태도를 인식하지 못한다는 것이다. 예를 들면, 실제로 그는 자기 자신에게 화가 나 있을 때에 누군가 다른 사람이 자신에게 화를 내고 있다고 느낄 것이다. 또는 실제로는 자기 자신에게 향한 화를 다른 사람을 통해 의식할 수도 있다. 나아가 자신의 고통을 외적 요인으로 귀인시킬 뿐 아니라 좋은 기분이나 성취들도 외적 요인으로 귀인시킨다. 예를 들면, 자신이 실패하면 그것은 운명적인 것으로 보면서, 성공하면 우연한 환경에, 기분이 좋으면 좋은 날씨에 원인을 돌리는 것이다.

자신의 삶에서 좋거나 나쁜 것들이 다른 이들에 의해 결정된다고 느끼면, 그들을 변화, 개심시키고, 벌을 주고, 그들의 간섭에서 자신을 보호하거나, 그들을 감동시키는 데에 몰두하는 것이 논리적으로 보일 것이다. 외현화는 이런 식으로 다른 사람에 대한 의존에 일조한다—그러나 이 의존은 애정에 대한 신경증적 욕구로 만들어진 의존과 판이하게 다르며, 외부 환경에 대한 과대 의존에 기여한다.

그에겐 도시에 사는지 혹은 시골에 사는지, 이런 식의 식사를 하는지 혹은 저런 식의 식사를 하는지, 일찍 잠자리에 드는지 늦게 드는지, 이런 회합에 참여하는지 저런 회합에 참여하는지 등이 지나치게 중요성을 띠게 된다. 따라서 그는 융이 외향성이라고 부른 특성을 갖게 된다. 그러나 융이 기질적으로 타고난 경향이 한 방향으로 발달한 것을 외향성으로 간주한 반면에, 나는 미해결된 갈등들을 외현화함으로써 해소하려 한 결과를 외향성이라고 본다.

외현화의 또 다른 불가피한 산물로는 고통스런 공허감과 피상성이 있다. 이런 감정 역시 적절하게 인식되지 않으며, 이 정서적 공허감을 공허감으로 느끼는 대신에 그는 자신의 위장이 비어서라고 느끼고 강박적으로 먹는 것으로 그 공허감을 해소하려고 한다. 또는 체중이 부족해서 바람이 조금만 세게 불어도 자신이 날아가지나 않을까 하고 두려워하기도 하며, 심지어는 자신은 모든 것이 마비된 빈 껍질뿐이라고 말할 수도 있다. 이처럼 외현화가 심할수록 신경증 환자는 유령처럼 방황하기 쉽다.

이러한 과정이 함축하는 바는 매우 다양하다. 이제 이러한 외현화가 어떻게 특별히 자기와 이상화된 이미지 간의 긴장을 완화하는 데 도움이 되는지 살펴보자. 사람이 자신을 의식적으로 어떻게 인식하든 간에 이 양자 간의 격차는 무의식적 대가를 요구할 것이다. 그리고 그가 그 이미지에 성공적으로 동일시할수록 그 반작용은 더욱더 무의식적이 된다. 아주 종종 그것은 자기경멸이나 자기에 대한 분노, 강요의 느낌으로 표출되며, 이 모든 것은 그들에게 극도로 고통스러울 뿐 아니라 다양한 방식으로 나타나 생존을 어렵게 한다.

자기경멸이라는 외현화는 다른 사람이 무시하거나 자신을 무시하는 것이 다른 사람이라고 느끼는 형태로 나타나며, 대개는 두 가지 형태가 모두 존재한다. 더 두드러지는 것 혹은 적어도 더 의식적인 것은 신경증적 성격 구조의 전반적 조직에 따라 달라진다. 더 공격적일수록, 자신이 더 옳고 더 우월하다고 느낄수록 그 사람은 다른 사람을 더 쉽게 무시할 것이며, 그런 경향이 덜한 사람은 마음속으로 다른 사람이 자신을 무시한다고 생각하기 쉬울 것이다. 역으로 더 순응적일수록 자신의 이상화된 이미지에 도달하지 못한 데 대한 자기 비난은 그로 하여금 다른 사람이 자신을 거들떠보지도 않는다고 느끼게 할 것이다. 후자의 영향은 특히 치명적이다. 이로 인해 그는 수줍어하게 되고 경직되고 위축되며, 자신에게 보이는 어떠한 애정이나 감사에도 비굴할 정도로 감사하게 된다. 동시에 그는 상대방의 호의가 겉치레일지라도 그것을 받아들이기 어려워하고 자신에게는 과분한 대접인 것처럼 모호하게 받아들인다. 그는 거만한 사람에 대해서는 방어를 어려워하는데, 이는 그들에게 일부분 동의하기 때문이기도 하며, 자신을 경멸조로 대하는 것이 순리에 맞다고 여기기 때문이다. 자연히 이러한 반응은 다른 사람에 대해 적개심을 키우게 만들고, 억압되고 쌓이게 되면, 폭발적인 힘을 갖게 된다.

이 모든 것에도 불구하고, 분명히 주관적으로는 외현화된 형태로 자기경멸을 경험하는 것은 가치가 있다. 자신의 모든 경멸을 실제로 느낀다면, 그 신경증 환자가 가질 수 있는 어떤 가식적인 자기확신도 다 분쇄하고, 그를 붕괴시킬 것이기 때문이다. 다른 사람에 의해 경멸당하는 것도 다분히 고통스럽지만, 여기엔 언제든 그들의 태도를 변화시킬 수 있으리라는 희망이 있고, 그들에게 똑같이 되갚아 줄 수도 있으며, 그들이 공정하지 않다고 하는 정신적 위안도 가능할 수 있다. 그러나 무시하는 것이 자기 자신일 때는 이 모든 것이 소용없다. 호소할 데가 없는 것이다. 자신과 관련하여 그가 무의식적으로 느낀 모든 무망감은 이제 선명하게 부각될 것이다. 그는 자신의 실제적인 취약함을 경멸하기 시작할 뿐 아니라 자신이 완전히 경멸스럽다고 느끼게 될 것이다. 따라서 자신의 좋은 자질조차도 무가치함의 심연 속으로 빠져들게 한다. 달리 말하면 그는 자신이 경멸하는 이미지(despised image)가 되어 버린 것처럼 느낄 것이다. 그는 이제 그것을 어쩔 수 없는 불변의 사실처럼 보게 되게 될 것이다. 바로 이러한 순간이 치료적 절차에서 환자의 무망감이 줄어들고, 이상화된 이미지에 대한 집착이 상당히 완화된 후가 되어 자기경멸을 건드리는 시점인 것이다. 그 때라야 환자는 그것을 직면하고 자신의 무가치함이 객관적 사실이 아니라 자신의 무자비한 기준에서 비롯된 주관적 감정이라는 것을 깨닫게 된다. 자신에 대해 좀 더 관대한 태도를 취하게 되면 상태가 변화 가능한 것이 되며, 그가 그렇게 싫어한 속성이 정말로 경멸스러운 것이라기보다는 종국엔 극복할 수 있는 어려움이라는 것을 알게 될 것이다.

자기가 바로 자신의 이상화된 이미지라는 환상을 유지하는 것이 그에게 얼마나 중요한 것인가를 우리가 유의하지 않는 한, 신경증 환자의 자신에 대한 분노나 그 차원을 이해할 수는 없을 것이다. 이상화된 이미지에 도달하지 못한 데 대해 절망을 느낄 뿐 아니라 자신에 대해 분명히 격노한다는 사실은, 그 이미지의 불변의 속성인 전능감에서 비롯된 것이다. 아동기에 어려움이 얼마나 컸든 간에 그, 곧 전능한 자기는 그것을 극복할 수 있어야 한다. 그가 자신의 신경증적 혼란이 얼마나 심한지를 지적으로 인식하고 있다고 할지라도 그것을 털어내지 못한 데 대한 무력한 분노를 느끼는 것이다. 이러한 분노는 갈등을 느낄 만한 욕구에 직면할 때 절정에 달하게 되고, 그 순간 그는 자신이 어떤 목표에도 도달할 힘이 없음을 깨닫게 된다. 이것이 바로 갈등을 갑작스럽게 인지하게 되면 급성적인 공황상태에 빠질 수 있는 이유 중 하나다.

자신에 대한 분노는 세 가지 주요한 방식으로 외현화된다. 적의를 나타내는 것이 억압되지 않을 때 분노는 쉽사리 밖으로 표출된다. 그리고 그 분노가 타인에게로 향해서 일반적인 조급함이나, 자기가 속으로 미워하는 사람에게서 찾은 잘못을 향해 특정한 과민함으로 나타난다. 다음 예가 이를 분명하게 해 줄 것이다.

한 환자가 남편의 우유부단함에 대해 불평했다. 그 우유부단함은 사소한 것에 대한 것이었기 때문에 그녀의 격한 감정은 분명히 적절하지 않은 것이었다. 그녀는 자신의 우유부단함에 대해서 알고 있던 터라, 나는 그녀가 자신 안의 그 점에 대해 얼마나 무자비하게 비난하고 있는가를 보여 주는 것이라고 암시하였다. 그러자 그녀는 갑작스럽게 자신을 갈갈이 찢어 놓을 만큼 미친 듯한 분노를 나타냈다. 자신의 이상화된 이미지 안에서는 자신이 힘의 정상이라는 사실이 자신 안의 어떠한 연약함도 견디지 못하게 만들었던 것이다. 특이하게도 이러한 반응은, 그 극적인 성격에도 불구하고, 다음 회기에서 완전하게 잊혀졌다. 그녀는 잠깐 동안 외현화를 알아챘지만 그것을 단념할 준비가 되어 있지 않았던 것이다.

두 번째 방식은 자신에게 용납하기 어려운 잘못이 다른 사람을 격노하게 할 것이라고 하는, 끊임없는 의식적 혹은 무의식적 두려움이나 기대의 형태로 나타난다. 자신의 어떤 행동이 다른 이에게 심각한 적개심을 유발할 것이라고 너무 확고하게 믿어서, 만일 아무런 적의적 반응도 나타나지 않으면 솔직히 오히려 당황하게 될 수도 있다. 예를 들어, 한 환자는 빅토르 위고의 『레미제라블』에 나오는 사제만큼이나 선한 이상화된 이미지를 갖고 있었다. 그런

데 그녀가 단호한 입장을 취하거나 심지어는 화를 표출해도 사람들이 그녀가 성자처럼 행동할 때보다 더 그녀를 좋아한다는 것을 알고 그녀는 매우 놀라워하였다.

이런 류의 이상화된 이미지에서 짐작할 수 있듯이 이 환자의 주된 경향은 순종이다. 이것은 다른 사람과 친밀하고자 하는 욕구에서 발현된 것이지만 적대적인 반응에 대한 두려움 때문에 크게 강화되었다. 사실 이런 형태의 외현화의 주요 결과 중 하나로 순종이 더 심화되는데, 이는 신경증적 경향이 어떻게 악순환 가운데 서로를 악화시키는지 보여 준다. 이런 형태에서는 이상화된 이미지가 성자 같은 요소를 품고 있어 더욱 심한 자기묵살로 몰아가기 때문에 강박적 순종은 점점 더 증대된다. 결과적으로 억압된 적대적 충동은 자신에 대한 분노를 유발하며, 분노의 외현화는 타인에 대한 두려움을 증대시키면서 다시 순종을 강화한다.

분노를 외현화하는 세 번째 방식은 신체적 장애에 초점을 두는 것이다. 자신에 대한 분노는 분노로 경험되지 않을 경우 분명히 상당한 정도의 신체적 긴장을 만들어 내며, 장(臟) 기능 이상이나 두통, 피로 등을 유발한다. 이는 분노 자체가 의식적으로 경험되면 이 모든 증상이 번개처럼 빠르게 사라지는 것을 통해 짐작할 수 있다. 이러한 신체적 증상을 과연 외현화라 부를 수 있는지, 그것을 단순히 억압된 분노의 생리적 결과로 간주할 수 있는지 의아해할 수도 있다. 그러나 환자의 외현적 증상과 그 증상을 이용하는 것을 구분하는 것은 어렵다. 대체로 사람들은 자신의 심리적 어려움을 신체적 고통 탓으로 돌리며, 이 신체적 고통을 다시 외부의 자극 탓으로 돌린다. 그들은 자신이 정신적으로 잘못된 것이 아무것도 없다고 생각하며, 자신의 신체적 고통에 대해 단지 잘못 먹어서 장 기능 이상으로 아프다거나 혹은 과로로 피로하다거나 습도 때문에 류머티즘이 생겼다는 등등의 다른 이유를 들어 설명하려 한다.

여기서 분노를 외현화함으로써 신경증 환자가 얻는 것은 자기 경멸의 사례에서 언급한 바와 동일하다. 그러나 한 가지 더 고려할 사항이 언급되어야 한다. 환자가 어느 정도까지 갈 수 있는가 하는 것은 이러한 자기파괴적인 충동에 수반되는 진짜 위험을 인식하지 않고는 완전히 이해될 수 없다는 것이다. 첫 번째 예의 환자는 순간적으로만 자신을 갈갈이 찢어 버리고픈 충동을 느꼈다. 그러나 정신병 환자는 그것을 정말로 실천에 옮겨서 자신을 해칠 수도 있다.[3)]

만일 이 외현화가 아니라면 더 많은 자살사건이 일어날 수도 있다. 이런 점에서 프로이트가 자기 파괴적인 충동을 인식하고서 자기 파괴적 본능(死의 본능)을 상정한 것은 납득할 만하다. 그러나 이 개념 때문에 그는 진정한 이해로 가는 길을 차단해 버렸으며, 따라서 효과적인 치료의 길도 막아 버렸다.

내적 강요를 느끼는 강도는 인격이 이상화된 이미지의 권위적 통제에 의해 얼마나 속박되느냐에 따라 좌우된다. 이러한 압력은 아무리 강조해도 지나치지 않다. 이는 내적 자유까지 억압해 버리

3) 이런 유의 많은 예가 메닝거의 *Man Against Himself*(Harcourt & Brace, 1938)에 잘 나타나 있다. 그러나 메닝거는 프로이트를 따라 자기파괴적인 충동을 상정한다는 점에서 이 주제를 아주 다른 각도에서 접근하고 있다.

기 때문에 외적 강요보다 더 나쁘다. 환자는 대부분 이러한 느낌을 인식하지 못하고 있으나 그것이 제거되었을 때 안도감과 그로 인해 얻게 되는 내적 자유의 정도를 미루어 보면 그 힘을 짐작할 수 있다. 이런 강요는 한편으로 다른 사람에게 압력을 행사함으로써 외현화할 수 있다. 이는 지배에 대한 신경증적 갈망이라는 외부적 효과로 나타날 수도 있지만, 내적 압력의 외현화를 표현하는 강요가 주로 개인적인 복종을 요구하는 것이 아니라는 점에서 다르다고 할 수 있다. 이는 주로 환자 자신이 지키려고 안달하는 동일한 기준을 다른 사람에게 부과하려는 것이며, 또한 그들의 행복에 대해서도 동일하게 무시하려는 것이다. 경건주의 심리학이 이러한 과정의 잘 알려진 예다.

이와 마찬가지로 중요한 것은 외부 세계의 어떠한 것에도 과민반응하는 형태로 내적 강요를 외현화하는 것인데, 이것은 거의 협박과 흡사할 정도다. 주의 깊은 사람이라면 누구나 알 수 있듯이 그러한 과민성은 흔히 볼 수 있다. 그러나 이들 모두가 스스로 부과한 강요에서 비롯된 것은 아니다. 대개는 자신의 충동을 다른 사람을 통해 경험하고 그것에 대해 분개한다. 고립된 성격에서는 주로 독립하고자 하는 강박적인 고집이 있는데, 이는 필연적으로 그들로 하여금 외부의 어떠한 압력에도 민감하게 반응하도록 만든다.

무의식적으로 스스로 부과한 억압의 외현화는 분석과정에서 더 깊이 감추어지고, 종종 간과되기 쉬운 자료다. 이는 특히 환자와 분석가 간의 관계에서 영향력 있는 기류를 형성하기 때문에 유감스러운 일이다. 환자는 자신의 민감성에 대한 분명한 근거가 분석된 후에도 분석가의 모든 암시를 부정하려고 한다. 이런 상황에서 분석가는 실제로 환자에게 변화하기를 요구하기 때문에 분석가와 환자 간의 전투는 더 심각해진다. 단지 환자를 돕기 위함이라는 그의 정직한 주장은 변하게 되며, 내면의 생명의 샘도 별로 소용없게 된다. 환자는 무심코 행사하게 된 영향력에 대하여서는 어느 정도 굴복하지 않을까? 실은 그 자신이 '정말로' 누구인지를 알지 못하기 때문에 어느 것을 취하고 어느 것을 거부할지를 선택할 수 없으며, 분석가가 아무리 개인적 신념을 제시하지 않으려 노력한다한들 별로 차이가 없다는 것이다. 또한 자신을 특정 패턴 안에 가두어 버린 내적 강요하에서 자신이 애쓰고 있다는 것을 모르기 때문에 그는 자신을 변화시키려는 어떠한 외적 의도에도 모두 무차별적으로 반항하게 되는 것이다. 이러한 무모한 전투는 말할 것도 없이 분석적 상황에서뿐만 아니라 어떠한 친밀한 관계에서도 다소간에 일어날 수밖에 없다. 결국 이 유령을 때려눕히는 것은 이러한 내적 과정을 분석하는 것이 된다.

설상가상으로 자신의 이상화된 이미지의 강제적인 요구에 순종하는 경향이 클수록 그들은 그러한 순종을 외현화한다. 분석가—혹은 누구라도—가 자신에게 무엇을 기대하는지 혹은 자신에게 기대한다고 믿는 것이 무엇이든지 간에 그는 거기에 도달하고자 한다. 그는 고분고분해 보이며, 심지어는 쉽게 속아 넘어갈 것처럼 보인다. 그러나 그와 동시에 이 '강요'에 대하여 은밀히 적개심을 쌓아 갈 것이다. 이러한 상황은 종국엔 모든 이가 그들을 지배하는 역할을 하게 만들고, 이로 인해 그들이 누구에게든 분개하게 되는 결과를 만든다.

그렇다면 이렇게 자신의 내적 억압을 외현화함으로써 얻는 이득은 무엇인가? 그것이 외부에서 온 것이라고 믿는 한, 설혹 정신적으로만 그렇다하더라도, 그는 그것에 대항할 수 있다. 이와 유사하게 그는 외부에서 부과한 구속을 회피할 수 있다. 자유의 환상을 유지할 수 있는 것이다. 그러나 더 중요한 것은 앞에서 인용한 요인이다. 내적 강요를 인정한다는 것은 그 자신이 자기의 이상화된 이미지가 아니라는 것, 그리고 그에 수반되는 모든 결과를 인정한다는 것을 의미한다.

이러한 내적 강제에 수반되는 긴장이 신체적 증상으로도 표현되는가, 그리고 어느 정도로 표현되는가 하는 것은 매우 흥미로운 질문이다. 내 느낌으로는 이것이 천식, 고혈압 그리고 변비의 주된 요인이 된다고 보지만 내 경험만으로는 한계가 있다.

자신의 이상화된 이미지에 반대되는 여러 특징을 외현화하는 것에 대해서는 앞으로 논의되어야 할 것이다. 이는 전반적으로 단순한 투사에 의해 영향을 받는다—즉, 다른 사람을 통해 그것을 경험하거나 다른 사람이 그것에 대해 책임이 있다고 믿는 것이다. 이 두 과정은 꼭 함께 일어나지는 않는다. 다음 예에서 우리는 흔히 알려진 것뿐 아니라 이런 맥락에서 이미 언급한 것을 반복해야 할지도 모르겠다. 그러나 다음 예시는 우리로 하여금 투사의 의미에 대해 좀 더 깊은 이해에 도달할 수 있도록 도와줄 것이다.

알코올 중독 환자 A는 자신의 애인이 배려하는 마음이 없다고 불평을 하였다. 내가 아는 한 그 불평은 정당하지 않았고, 어쨌든 A가 말하는 그런 정도는 아니었다. 그 자신은 외부 사람이 보기엔 상당히 분명한 갈등으로 고통받고 있었는데, 한편으로는 순종적이고 선량하고 관대한 것이지만, 다른 한편으로는 지배적이고 요구적이고 거만한 것 간의 갈등이었다. 그렇다면 여기엔 공격적 경향의 투사가 있는 것이다. 그러나 무엇 때문에 투사가 필요한 것일까? 자신의 이상화된 이미지 안에서 공격적 경향은 단순히 힘 있는 인격의 자연스러운 요소일 뿐이었다. 그러나 가장 두드러지는 특징은 선량함으로 성 프란시스 이래 자기만큼 선한 사람은 아무도 없었으며, 이렇게 이상적인 친구도 있을 수 없다고 생각하는 것이었다. 그렇다면 투사는 자신의 이상화된 이미지에게 바치는 뇌물이었단 말인가? 분명히 그렇다! 투사는 자신의 공격적인 경향을 의식하지 않고서도, 또 자신의 갈등에 부딪히지 않고서도 그 공격적 경향을 견딜 수 있게 해 주었던 것이다. 여기에서 그는 풀 수 없는 딜레마에 빠지게 된다. 자신의 공격적인 경향이 강박적인 것이었기에 포기할 수 없었지만, 또한 자신의 이상화된 이미지가 바로 자신을 붙들어 주는 것이었기에 이것도 체념할 수 없었기 때문이다. 투사는 이 딜레마에서 벗어나는 길이었다. 따라서 이것은 무의식적으로 이중성을 나타낸다. 그로 하여금 자신의 거만한 요구를 주장하면서 동시에 이상적인 친구가 되도록 해 주는 것이다.

환자는 또한 애인의 정절을 의심하였다. 여기엔 일말의 증거도 없었다. 오히려 그녀는 모성(母性)의 방식으로 그에게 헌신하고 있었다. 사실은 그 자신이 몰래 잠깐씩 바람을 피우곤 했었다. 여기서 우리는 그가 스스로 다른 사람을 판단함으로써 보복에 대한 두려움을 가지게 되었다고 생각할 수 있으며, 여기에는 분명히 자신을 합리화해야 할 필요가 개입되어 있다. 그러나 동성애적 경향의 투사 가능성을 고려해 보는 것은 상황을 명료화하는 데 도움이 되지 않는다. 단서는 그 자신의 부정(不貞)에 대한 독특한 태도에 달려 있기 때문이다. 그의 불륜은 잊혀지지 않았으나 돌아보면 그것은 그에게 입력되지 않았다. 그에게 있어서 이것은 더 이상 생생한 경험이 아니었다. 그러나 애인에게 추정된 불륜은 매우 생생하였다. 그렇다면 여기에 경험의 외현화가 있었다고 할 수 있다. 그 기능은 이전 예의 기능과 동일하다. 그로 하여금 이상화된 이미지를 유지하면서 자기가 하고 싶은 것을 하도록 하는 것이다.

힘의 정치학은 정치인이나 전문가 집단에서 그렇듯 또 다른 예가 될 수 있다. 흔히 이러한 전략은 경쟁자를 약화시키고 자신의 입지를 강화하기 위한 의식적인 의도로 동기화된다. 그러나 이는 또한 앞에서 제시한 것과 유사한 무의식적 딜레마에서 생성된 것일 수도 있다. 이런 경우 그것은 무의식적인 이중성의 표현일 수 있다. 이것은 그로 하여금 이상화된 이미지에 흠집을 내지 않고서도 이런 유의 공격에 내포된 모든 음모와 조작을 가능하게 하며, 동시에 자신에 대한 분노와 경멸을 다른 사람—더 나은 사람, 먼저 패배시켜 버리는 것이 좋은 사람—에게 퍼부을 수 있는 훌륭한 방법이 되는 것이다.

다른 사람에게 자신의 어려움을 덮어씌우지 않고서도 그들에게 책임을 전가시키는 일상적인 방식을 지적하면서 결론을 내리겠다. 많은 환자는 자신의 문제를 인식하게 되자마자 즉각적으로 자신의 아동기로 뛰어들어서 거기에 온갖 설명을 들이댄다. 그들은 지배적인 어머니가 있었기 때문에 강요에 민감하다고 말한다. 어린 시절에 모욕을 받으며 고통당했기 때문에 쉽게 모욕감을 느낀다고 한다. 어린 시절의 상처로 말미암아 보복하고 싶다고 한다.

어렸을 때 아무도 자신을 이해해 주지 않았기 때문에 위축되었다고 한다. 청교도적인 양육 때문에 성적으로 억제되어 있다는 등으로 말한다. 나는 여기서 분석가와 환자 모두가 초기 영향을 이해하는 데 진지하게 몰두하는 그런 면담을 언급하고 있는 것이 아니다. 그보다는 아동기를 열렬히 탐색하고자 하지만 아무 소득도 없는 탐색을 끝없이 되풀이하면서, 현재 환자 안에서 작용하고 있는 힘을 탐색하는 데에는 관심이 없는, 그런 상황을 언급하고 있는 것이다.

이러한 태도는 프로이트가 그렇게 강조한 발생론에서 지지되고 있으므로 과연 그것이 얼마나 진실에 근거한 것이며, 또 얼마나 오류에 근거한 것인지 주의 깊게 살펴보기로 하자. 환자의 신경증 발병이 아동기에 시작하고, 그가 제공하는 자료가 발생한 사건을 이해하는 데 모두 관계가 있음은 사실이다. 또한 그가 자신의 신경증에 책임이 없다는 것도 사실이다. 환경의 영향이 참으로 강력해서 발병하지 않을 수도 없을 것이다. 곧 논의할 여러 이유로 인하여 분석가는 이 점을 매우 분명히 해야만 한다.

오류의 가능성은, 환자가 그의 아동기에 기초하여 그 안에 축적된 모든 힘에 대해 관심이 결여된 데 있다. 그러나 이들은 지금 그 안에서 작용하고 있는 힘이며, 현재의 어려움 이면에 있는 힘이다. 예컨대, 아이였을 때 주변의 위선을 많이 보아 온 것이 그로 하여금 냉소적으로 만드는 데 일조했을 수도 있다. 그러나 만일 그의 냉소주의를 자신의 어린 시절 경험에만 연결시킨다면, 그는 냉소적이 되고자 하는 현재의 욕구를 무시하는 셈이다—이 욕구는 다른 이상 사이에서 마음이 나뉘어 생긴 것이며, 그 갈등을 해소하기 위한 시도로 아예 모든 가치를 체념하려 한다. 더욱이 그는 자신이 감당하지 못하는 책임을 떠맡고, 자신이 감당해야 할 책임을 거부하는 경향이 있다. 그는 자신이 특정 실패를 할 수밖에 없음을 스스로에게 확신시키기 위해 계속해서 초기 경험을 언급하는 동시에, 그 초기 비극에서 상처받지 않고 빠져나와야 한다고—늪에서 나오지만 더럽혀지지 않은 흰 연꽃처럼—느낀다. 이 때문에 그의 이상화된 이미지는 부분적으로 비난을 받게 되는데, 이는 과거나 현재의 약점이나 갈등을 가진 자신을 용납하지 않기 때문이다. 그러나 더 중요한 것은 그가 아동기에 대해 계속 되풀이하여 말하는, 특이한 유(類)의 자기회피라는 것인데, 이는 그로 하여금 자기반성에 대한 열의라는 환상을 유지하도록 해 준다. 그가 이것들을 외현화하기 때문에 그는 자신 안에서 작용하는 그 힘을 경험하지는 못한다. 그리고 자신의 삶 안에서 적극적인 매개자로서 자신을 인식하지도 못한다. 그는 추진자가 되는 것을 멈춤으로써 일단 아래로 떨어진 공이 계속 굴러가야 하는 것처럼, 혹은 한 번 조건화되면 영원히 그렇게 운명지어지는 기니아 피그처럼 자신을 여긴다.

환자가 아동기에 부여하는 편파적인 강조는 그의 외현화 경향을 확실하게 표현해 준다. 따라서 이런 태도를 볼 때마다 나는 그 사람이 자기 자신에게서 전적으로 소외되어 계속해서 자신을 밖으로 몰아가는 사람으로 예측하였다. 그리고 이 예측은 아직까지 빗나간 적이 없다.

외현화하는 경향은 꿈에서도 작용한다. 만일 환자의 꿈에서 분석가가 간수로 나타나거나 남편이 환자가 나가려는 문을 '꽝' 닫아 버린다면, 사고가 나서 혹은 장애가 발생해서 갈망하던 장소에 도달하지 못하게 된다면, 이러한 꿈은 내적 갈등을 부인하려는 시도를 의미하며, 그것을 어떤 외적 요인으로 귀인시키려는 것이다.

전반적으로 외현화 경향이 있는 어떤 환자는 분석에서 특이한 어려움을 드러낸다. 그는 마치 치과 의사에게 가듯 분석하러 가서 자신이 실제로 별로 관심 없는 일을 분석가가 수행해 주기를 기대한다. 자기의 아내, 친구, 형제의 신경증에는 흥미가 있고 자신의 신경증에는 관심이 없는 것이다. 그는 자신이 살고 있는 어려운 환경에 대해 이야기하면서 그 속에서 자신의 역할에 대해서는 말하기를 꺼려한다. 만일 그의 아내가 그렇게까지 신경증적이거나 그의 업무가 그렇게까지 힘들지 않다면 자기는 꽤 괜찮았을 거라고 한다. 그는 상당히 오랜 기간 동안 어떤 정서적인 힘이 자기 안에서 작용해 왔는지에 대하여 전혀 깨닫은 바가 없다. 유령과 강도, 천둥 그리고 자기 주변의 보복적인 사람, 정치적 상황을 두려워하지만 결코 자신에 대해서는 그렇지 않다. 기껏해야 자신의 문제가 제기하는 지적 혹은 기술적 즐거움 때문에 자신의 문제에 관심을 가질 뿐이다. 그러나 그렇게 하는 한, 말하자면 정신적으로 비존재의 상태에서 그는 자신의 실제 삶에 대한 어떠한 통찰도 얻을 수 없을 것이며, 따라서 자신에 대한 많은 지식에도 불구하고 변하는 바가 거의 없을 것이다.

따라서 외현화는 본질적으로 자기 제거의 적극적인 과정이라 할 수 있다. 그것이 가능한 이유는 결국 신경증적 과정에 내재된 자기로부터의 소외로 찾을 수 있다. 자기가 제거되어 버리면 내적 갈등 역시 의식에서 제거되어 버리는 것은 당연하다. 그러나 타인 앞에서 자기 자신을 더욱 비난하고 자신을 보복적인 사람인 것처럼 보이게 하여 타인으로 하여금 두려워하도록 만듦으로써 외현화는 자기 안의 내적 갈등을 외적인 갈등으로 대체한다. 구체적으로 말하면, 처음의 갈등을 전체적인 신경증적 과정으로 크게 악화시키는 것이다. 개인과 외부 세계 간의 갈등으로 말이다.

인위적 조화로의 보조적 접근 8

한 가지 거짓말로 다른 거짓말을 하게 되고 그것을 감추기 위해 또 다른 거짓말을 하다가 결국 얽히고설킨 관계 속에서 들통이 나고 마는 것은 흔히 있는 일이다. 이런 유(類)의 일은 근원을 파헤치겠다는 결단이 없는 개인이나 집단의 삶 속에서는 어떤 상황에서든지 일어날 수밖에 없다. 대충 넘어가는 것이 어느 정도 도움이 되기는 하겠지만, 이것은 새로운 문제를 만들어서 또다시 임시변통이 필요하도록 만들 것이다. 그러므로 이것은 근본적인 갈등을 해소하려는 신경증적인 시도인 셈이다. 여기에는 다른 것처럼 정말로 아무것도 소용이 없고, 다만 원래의 어려움을 야기한 조건의 근본적인 변화가 필요할 뿐이다. 신경증 환자가 대신 하는 것은—그리고 하지 않을 수밖에 없는 것은—한 가지 거짓 해결책을 다른 거짓 해결책 위에 더하는 것이다. 그는 우리가 봐 온 것처럼 그 갈등의 일면을 더 돋보이게 하려고 애쓸 수도 있고, 여전히 심란한 채로 놓아 둘 수도 있다. 또한 자신을 타인에게서 전적으로 고립시키는 극적인 조치를 취할 수도 있다. 그러나 그 갈등을 제쳐 두었다손 치더라도 그의 삶 전체는 불안정한 기초 위에 놓일 수밖에 없다. 그는 당당하고 통합되어 보이는 이상화된 자기를 구축하지만, 동시에 새로운 균열을 만들기도 한다. 그는 자신의 내적 자기를 그 전쟁터에서 제거함으로써 균열을 없애려고 노력하지만, 결국 더욱 견디기 힘든 역경 속에 빠진 자신을 발견하게 될 뿐이다.

평정이라는 것은 너무도 불안정해서 그것을 지탱할 만한 다른 조치가 여전히 필요하게 된다. 그래서 맹목(盲目, blind spot), 구분(compartmentalizing), 합리화(rationalizing), 과도한 자기통제(excessive self control), 임의적 정당성(arbitrary rightness), 회피(elusiveness) 그리고 냉소주의(cynicism)라는 여러 무의식적인 장치 중 하나에 의지하게 된다. 여기에서 이들 현상 자체를 논의하지는 않겠지만—너무 깊이 들어가게 되므로—그것이 갈등과 관련하여 어떻게 이용되는지에 대해서는 보여 줄 것이다.

＊＊＊

신경증 환자의 실제 행동과 그의 이상화된 자기 이미지 간의 격차는 아주 분명해서 그가 어떻게 그것을 보지 못하는지 의아할 정도다. 그러나 환자는 그것을 보기는커녕 정면으로 보이는 그 모순을 의식하지 않은 채 지낼 수도 있다. 가장 분명한 모순도 보지 못하는 이 맹목은, 나로 하여금 앞서 기술한 갈등의 존재와 그 관련성에 주목하게 한 최초의 관심사 중 하나였다. 예를 들어, 한 환자는 순종형의 모든 특성을 가진 사람이었고, 자신을 그리스도처럼 여기는 사람이었는데, 임원 모임에서는 종종 엄지손가락을 살짝 튕겨서 동료를 한 사람씩 차례로 쏘는 시늉을 하곤 한다고 아주 아무렇지도 않게 말했다. 사실 이러한 비유적인 살상을 촉발하는 파괴적인 열망은 당시에는 무의식적이다. 그러나 요점은 그가 '놀이'라고 부른 그 총살이 자신의 그리스도적 이미지를 조금도 상처 입히지 않는다는 것이다.

다른 환자는 자신을 자신의 일에 진지하게 헌신한 사람으로 믿고, 또한 자기 분야에서 혁신가라고 여기는 과학자였는데, 게재 논문을 선정하는 데 있어 순전히 기회주의적인 동기로 자신에게 가장 찬사가 돌아올직 한 논문만 제시하였다. 그는 이를 위장하려는 시도조차도 하지 않았다—단지 내포된 모순에 대한, 똑같이 행복한 망각만이 있었다. 이와 유사하게 자신의 이상화된 이미지가 선함과 정직 자체였던 한 남자는, 한 여자에게서 갈취한 돈을 다른 여자를 위해 썼다.

이들 각각의 사례에서 맹목의 기능은 기저의 갈등이 의식되지 못하도록 하는 것이었다. 주목할 만한 것은 이것이 어느 정도까지 가능한가 하는 것이었는데, 문제의 환자가 똑똑할 뿐 아니라 심리학적 지식이 있었다는 점에 더욱 놀랄 수밖에 없었다. 이는 우리 모두 자신이 보고 싶지 않은 것에는 등을 돌리는 경향이 있다고 말하는 것만으로 분명 충분한 설명이 되지 못하며, 머릿속에서 지워지는 정도는, 그렇게 하고자 하는 관심이 얼마나 큰가에 좌우된다는 것을 덧붙여야만 한다. 모든 경우, 이러한 인위적인 맹목은 우리가 갈등을 인식하는 것을 얼마나 싫어하는가를 단적으로 입증해 준다. 그러나 진짜 문제는, 우리가 앞서 인용한 것처럼 분명히 드러나는 모순을 과연 간과할 수 있는가 하는 것이다. 사실 여기엔 없어서는 안 되는 특별한 조건이 있다. 그중 하나는 자신의 정서적 경험에 대한 극단적인 마비감이며, 다른 조건은 스트렉커(Strecker)[1)]가 이미 지적하였듯이 구분 상태에서 살아가는 현상이다. 맹목에 대한 실례를 제시했던 스트렉커는 논리적인 구분하기와 분리에 대해서도 언급하였는데, 친구를 위한 구획과 적을 위한 구획, 가족과 외부 사람, 직업과 사생활 그리고 사회적으로 동등한 사람과 열등한 사람을 위한 구획이 각각 따로 있었다. 따라서 신경증 환자에게는 한 구획에서 일어나는 일이 다른 구획에서 일어나는 일과 모순되는 것처럼 보이지 않는다. 그러나 자신의 갈등 때문에 통합의 감각을 상실했을 때에는 그런 식으로 살아가는 것이 가능할 수 있다. 그러므로 구분하기는 자신의 갈등으로 인해 분열된 결과로서 그것을 인식하지 않으려는 하나의 방어라고 할 수 있다. 이 과정은 이상화된 이미지를 가진 사례에서 설명한 것과 다르지 않다. 모순은 여전하지만 갈등은 사라져 버린다. 이러한 이상화된 이미지가 구분하기나 다른 방식의 원인이 되는지는 말하기 어렵다. 그러나 아마도 구분 상태에서 살기는, 사실은 좀 더 근본적인 것이며, 만들어진 상의 종류를 설명해 줄 수 있는 것으로 보인다.

이 현상을 이해하기 위하여 문화적 요인을 고려해 보지 않으면 안 된다. 인간은 아주 엄청난 정도로 복잡한 사회조직 속에서 톱

1) Strecker(1943), 앞의 책에서 인용.

니 같은 존재가 되어 버림으로써 자기로부터의 고립이 거의 보편적이 되었으며, 인간적 가치 자체는 쇠퇴해 버렸다. 우리 문명 가운데 무수히 두드러진 모순의 결과로, 도덕적 지각의 전반적인 마비가 생겼다. 도덕적 기준은, 예컨대 한 사람이 어느 날 경건한 기독교인 혹은 헌신된 아버지였다가 다음 날은 갱단처럼 행동하여도 아무도 놀라지 않을 만큼, 아무렇지도 않게 간주된다.[2] 우리 자신의 산만함을 대비시켜 줄 만큼 온전하고 성의가 있는 사람이 우리 주위에는 너무 적다. 분석 상황에서 프로이트가 도덕적 가치를 폐기해 버린 것—심리학을 자연과학으로 본 결과이리라—은 분석가 역시 환자만큼이나 이런 유의 모순에 맹목되어 버리도록 만들었다. 분석가는 자신이 도덕적 가치를 지니거나 환자의 도덕적 가치에 관심을 갖는 행위를 '비과학적'이라고 간주한다. 사실, 많은 이론 구성에서 모순을 받아들이는 것이 꼭 도덕적 영역에만 제한되는 것은 아닌 것 같다.

* * *

합리화는 추론을 통한 자기기만이라고 정의할 수 있다. 이것이 주로 자신을 정당화하기 위해, 혹은 받아들인 이데올로기에 자신의 동기와 행위를 짜맞추기 위해 사용된다고 하는 일반적 생각은 어느 정도 타당하다. 여기서 함의하는 바는, 동일한 문화권에 사는 사람은 모두 동일한 노선을 따라 합리화하지만 실제로 그 방법과 무엇을 합리화하느냐 하는 데에 있어서는 광범위한 개인차가

2) Lin Yutang, *Between Tears and Laughter*(John Day, 1943).

있다는 것이다. 이는 우리가 합리화를 인위적인 조화를 이루려는 신경증적인 시도를 지지하는 하나의 방식이라고 본다면 당연시될 수밖에 없으며, 기저의 갈등 주위로 구축된 방어적인 단계마다 그 과정이 작용하고 있는 것을 볼 수 있다. 두드러진 태도는 추론에 의해 강화되는데, 갈등을 드러나게 하는 요인이 최소화되거나 그 틀에 잘 들어맞도록 리모델링되는 것이다. 이 자기기만적인 추론하기가 어떻게 인격의 효율화에 일조하는가 하는 것은 순종형과 공격형을 대비해 보면 잘 드러난다. 전자는 지배하고자 하는 강력한 경향이 존재함에도 불구하고, 이러한 욕구를 자신의 호의적 감정의 탓으로 돌린다. 만일 이 지배욕이 너무 현저하면 그는 이를 염려에서 비롯된 것이라고 합리화한다. 후자는, 도움이 된다면 어떤 동정의 감정도 부인하고 자신의 행동을 순전히 편의 때문으로 돌린다. 이상화된 이미지는 언제나 자신을 지지하기 위하여 많은 합리화를 필요로 하며, 실제적 자기와 이상적 이미지 간의 괴리는 존재하지 않는 것으로 추론하여야 한다. 외현화에 있어서는 이것이 외부 환경과 관련이 있음을 입증하거나, 자신에게 용납하기 어려운 특질이 단순히 타인의 행동에 대한 '자연스러운' 반응에 지나지 않는다는 것을 입증하는 데 전력한다.

＊＊＊

과도한 자기통제의 경향은 내가 한 때 원래의 신경증적 경향 중의 하나로 간주했을 정도로 강력하다.[3] 그 기능은 모순된 감정에

3) Karen Horney, *Self Analysis*, 앞의 책.

압도되지 않도록 댐과 같은 역할을 한다. 처음은 의식적인 의지적 행위로 시작하지만, 시간이 지나면서 다소 자동화된다. 이러한 통제를 행사하는 사람은 자신이 열정이나 성적 흥분, 자기동정 혹은 분노에 의해 휩쓸려 가는 것을 용인하려 하지 않는다. 분석에서 그는 자유롭게 연상하는 데에 커다란 어려움을 갖는다. 기분을 전환하기 위해 술을 마시지 않으며, 종종 마취보다는 통증을 참는 것을 더 선호한다. 요약하면, 그는 모든 자발성을 검열하려고 한다. 이러한 특질은 갈등이 상당히 공공연히 드러나는 사람에게서 강하게 발달해 있는데, 이들은 그 갈등을 가라앉히는 데 일상적으로 도움이 되는 조치를 취하지 않으며, 어느 하나의 태도에도 분명한 우위를 보이지 않고, 갈등이 작용하지 않도록 충분한 고립도 발달시키지 못하였다. 이런 사람은 단지 자신의 이상화된 이미지 때문에 함께 모인다. 그리고 분명 그 결속력이란, 내적 단합을 이루려는 한두 가지 주된 시도의 도움이 없이는 충분하지 않다. 이상화된 이미지가 모순된 요소의 혼합이라는 형태를 띠고 있을 때에는 특히 부적절하다. 그렇다면 의식적으로든 무의식적으로든, 그 갈등을 일으키는 충동을 통제하에 두기 위해서 의지력의 행사가 필요하다. 분노로 촉발된 폭력이 가장 파괴적인 충동이기 때문에 가장 큰 에너지가 분노를 통제하는 데로 향한다. 이 과정에서 악순환이 되풀이된다. 억압되었다는 이유 때문에 분노는 폭발적인 힘을 얻고 다시 그것을 막기 위해서는 더욱 큰 자기통제가 필요하다. 만일 환자의 과도한 통제가 자신의 주의를 끌게 된다면, 그는 그것이 문화인의 덕목이며 자기통제는 필수라고 방어할 것이다. 그가 간과하고 있는 것은 자신의 통제가 강박적인 성질을 갖고 있다는 것이다. 그는 가장 경직된 방식으로 통제를 가하지 않을 수 없으며, 그것에 실패할 때에는 아무런 이유 없이 공포에 사로잡히게 된다. 이 공황상태는 미치는 것에 대한 두려움으로 보이는데, 이는 통제의 기능이 분열되는 위험을 차단하려는 것임을 선명하게 암시하는 것이다.

***

임의적 정당성은 내부의 의심과 외부의 영향을 모두 제거하는 두 가지 기능을 가지고 있다. 의심과 우유부단함은 미해결된 갈등의 공존물로써 모든 행동을 마비시킬 만큼 강력한 정도에 이를 수도 있다. 이런 상태에서는 자연히 영향력에 민감해지게되는데, 그렇다고 하더라도 우리가 진정한 확신을 가지고 있을 때에는 쉽게 동요하지 않을 것이다. 그러나 우리의 모든 삶이 교차로에 선 것 같고 어느 방향으로 가야 할지 결정되어 있지 않다면 일시적으로라도 외부의 영향력이 쉽게 결정인이 되어 버릴 수 있다. 더욱이 우유부단함은 행동이 가능한 경로에만 적용되는 것이 아니고, 자신과 자신의 권리 그리고 자신의 가치에 대한 의심까지도 적용된다.

이 모든 불확실성은 삶을 다루는 우리의 능력을 손상시킨다. 그러나 분명 이것이 모든 사람에게 똑같이 견디기 어려운 것은 아니다. 인생을 무자비한 전쟁같이 여기면 여길수록 이런 사람은 의심을 위험천만한 약점으로 간주할 것이며, 더 고립되어 있고 독립적일수록 외부 세력에 대한 민감성은 동요의 원천이 될 것이다. 내가 관찰한 바는 모두, 두드러진 공격적 성향과 고립 경향이 결합되면 경직된 정당성이 가장 잘 발달하는 비옥한 토양이 된다는 사실을 지적해 준다. 그리고 공격성이 표면 위에 더 가까이 있을수록 정당성은 더욱 호전적이 된다. 이는 자신이 변함없이 옳다는 것을 임의로 그리고 독단적으로 천명함으로써 단번에 갈등을 해결하려는 시도를 포함한다. 합리성에 의해 지배되는 조직에서 감정은 내부의 반역자가 될 수 있고, 그래서 확고한 통제로 저지되어야만 한다. 이렇게 되면 평화는 얻을 수 있지만 이것은 무덤 속의 평화인 셈이다. 예측할 수 있듯이 이런 사람은 분석을 받는다는 생각조차도 싫어하는데, 이는 이것이 논리정연한 상태를 교란시키도록 위협하기 때문이다.

***

마찬가지로 경직된 정당성과는 거의 정반대이면서도 갈등을 인지하지 못하도록 하는 효율적인 방어기제로는 회피가 있다. 이런 유의 방어 경향이 있는 환자는 종종 쫓기면 물고기로 변해 버리는 동화 속의 주인공과 비슷하다. 이런 위장이 안전하지 않으면, 그는 사슴으로 변한다. 사냥꾼이 붙잡으면 이번엔 새처럼 날아가 버린다. 그는 결코 어떤 말로도 딱히 묘사할 수 없다. 그는 자신이 했던 말을 부인하거나 혹은 그런 식으로 말한 것은 아니라고 주장한다. 그는 주제를 흐려 놓고 타인을 당황스럽게 하는 능력이 있다. 그가 어떤 사건에 대해서든지 구체적인 보고를 하는 것은 흔히 불가능한 일이다. 설혹, 그가 그렇게 해 보려고 노력한다 할지라도 듣는 사람은 결국엔 무슨 일이 일어났다고 하는 것인지 확신할 수 없게 된다.

또한 동일한 혼란이 그의 삶을 지배한다. 그는 한 순간에는 악의에 차 있고 그 다음 순간엔 동정적일 수 있다. 때때로 지나치게 배려하다가도 다음 순간에는 무자비하게 냉정해진다. 어느 면에서는 지배적이다가도 다른 면에서는 자기소멸적이다. 그들은 지배적인 동료를 구하지만 그것은 다만 그를 '신발 닦개'로 만들기 위해 그런 것이며, 곧 이전의 다양성으로 돌아간다. 어떤 이를 심하게 다룬 다음에는 후회하고, 관계가 회복되어서 보상을 하려고 시도하다가, '속는 것' 같아 다시 학대를 시작하는 모양을 되풀이한다. 그들에겐 어떤 것도 진심어린 것이 없다.

이로 인해 분석가가 혼란스러워지고 낙담하게 되는 것도 당연하며, 분석가는 무엇을 붙잡고 작업해야 할지 막막하게 느끼게 된다. 여기에 오해가 있다. 이들은 통례적인 통합의 과정을 제대로 습득하지 못한 환자일 뿐인 것이다. 그는 자신의 갈등의 일부를 억압하는 데 실패했을 뿐만 아니라 명확하게 이상화된 이미지도 전혀 확립하지 못하였다. 어떤 점에서는 이러한 시도의 가치를 그가 입증한 것이라고 말할 수 있다. 결과가 아무리 괴롭더라도, 그만큼 나아간 사람은 더 잘 조직화되어 있고 회피적인 유형처럼 그렇게까지 난감해하지는 않을 것이다. 다른 한편으로, 분석가 역시 갈등이 드러나 보이고 그래서 숨겨진 데를 파헤쳐 볼 필요가 없다는 사실 때문에 작업이 쉽다고 여긴다면, 마찬가지로 잘못 판단한 것이다. 그럼에도 불구하고 그는 어떠한 투명성도 회피하는 환자에게 대항하는 자신을 발견하게 되며, 만일 이것이 진정한 통찰을 차단하려는 환자의 방식이라는 것을 분석가 자신이 이해하지 못하는 한, 이 사례는 실패할 가능성이 있는 것이다.

* * *

갈등을 인지하는 것에 대한 마지막 방어는 냉소주의로 도덕적 가치를 부인하고 비웃는 것이다. 도덕적 가치에 대한 뿌리 깊은 불확실성은, 자신이 용납할 만한 기준의 특정 측면에 얼마나 집착하든지 간에 모든 신경증에서 존재하게 마련이다. 냉소주의의 발단은 다양하지만, 그 기능은 변함없이 도덕적 가치의 존재를 부인하고, 그럼으로써 그가 실제로 신봉하는 것이 무엇인지를 스스로에게 분명히 해야 할 필요에서 자신을 구해 주는 것이다.

냉소주의는 의식적일 수 있으며, 그때는 마키아벨리식의 원칙이 되어서 또 그렇게 방어된다. 중요한 것은 오로지 외양이다. 들통나지만 않는다면 당신이 좋을 대로 할 수 있다. 근본적으로 멍청이가 아닌 바에 모든 사람은 위선자라고 보는 것이다. 이런 유의 환자는, 맥락과 무관하게, 프로이트 시대에 성에 대한 언급이 그러했듯이, 분석가가 도덕적 용어를 사용하는 것에도 민감할 것이다. 그러나 냉소주의는 무의식에 남아 있을 수도 있으며, 우세한 이데올로기에 말로만 충성하면서 감추어져 있을 수도 있다. 자신의 냉소주의가 그에게 미치는 영향력은 의식하지 못하면서, 그가 살아가는 방식, 자신의 삶에 대해 말하는 방식은 이러한 원칙에 의거해 행동한다는 것을 드러낸다. 혹은 그는 자신도 모르게 모순에 연루될 수도 있는데, 자신이 정직과 고결함을 숭상한다고 확신하면서, 동시에 사악한 전략에 몰두하는 사람을 부러워하고, 자신은 절대로 그런 유의 일을 '무사히 해내지 못한다.'는 사실에 분개하는 환자와 같다. 치료에서는 환자의 냉소주의를 적절한 시간에 완전히 의식시켜서 그가 그것을 이해하도록 돕는 것이 중요하다. 또한 자신의 도덕적 가치를 확립하는 것이 왜 바람직한가를 설명해 주는 것도 필요하다.

* * *

앞서 서술한 것은 근본적인 갈등의 핵 주변에 구축된 방어에 관한 것이다. 단순하게 말하자면, 나는 전체 방어체계를 방호구조로 간주하고 싶다. 방어의 결합은 모든 신경증에서 생성되며, 종종 활성화된 정도는 다를지라도 그 모두가 존재한다.

제2부
해결되지 않은 갈등의 결과

공포 9

신경증의 보다 깊은 의미를 이해하려고 노력하다 보면, 복잡한 사고(思考)의 미로 속에 빠지기 쉽다. 이것은 이상한 일이 아니다. 왜냐하면 신경증의 복잡함에 직면하지 않고서는 신경증을 이해하기를 바랄 수 없기 때문이다. 또한 생각을 정리하기 위해 때때로 한쪽으로 물러서 있는 것은 신경증을 이해하는 데 도움이 되는 일이다.

우리는 이미 방어구조의 발달 과정을 하나씩 살펴보았다. 그리고 비교적 정적인 체계가 세워지기까지 방어가 하나씩 연달아 형성되는 과정을 보았다. 이 모든 것 중에 가장 인상적인 요소는 방어구조의 발달 과정에 투입된 엄청난 노력이다. 이 노력의 치열함은 우리를 "도대체 무엇 때문에, 인간은 모든 짐을 혼자서 지고 가야 하는 이 험난한 길을 걸어가는가?"라는 의문에 빠뜨린다. 방어구조를 이렇듯 고형화하여, 변하기 어렵도록 만드는 힘은 과연 무엇인가? 이 모든 과정을 이끌어 가는 원동력은 그저 기본적인 갈등에 내재된 파괴성에 대한 공포인가? 이 질문에 대한 답을 설명하기 위해 한 가지 비유를 생각해 볼 수 있다. 다른 비유가 다 그렇듯이 이 비유도 정확히 딱 맞아떨어지는 것은 아니지만, 대체적으로 잘 맞아떨어진다. 그늘진 과거를 가진 사람이 거짓된 모습으로 꾸며서 어떤 사람의 공동체 속에 살게 되었다고 가정해 보자. 물론 그는 자신의 과거가 드러날까 봐 두려워하면서 살 것이다. 그러나 시간이 지남에 따라 그의 상황은 점점 호전되어 간다. 그에게 친구도 생기고, 안정된 직업도 생기고, 가족도 생긴다. 새로운 삶을 아끼는 마음에 그는 새로운 공포에 사로잡힌다. 그가 지금 가지고 있는 이 모든 것을 잃을지도 모를까 봐 두려워하는 것이다. 그의 새로운 삶에 대한 자부심은 그로 하여금 자신의 좋지 못한 과거를 지워 버리려고 노력하게 만든다. 그는 자선단체에 많은 돈을 기부하고, 심지어는 과거를 지우기 위해 옛 친구에게까지 많은 금품을 제공한다. 그러는 사이에 그에게 일어나는 변화는 계속 진행되고, 새로운 갈등을 겪게 된다. 결국, 새로운 갈등으로 인해 거짓된 모습으로 현재의 삶을 시작했다는 불안한 마음은 그의 의식 밑바닥으로 가라앉아 버리고 만다.

신경증 환자가 형성한 체계 속에 기본적인 갈등이 존재하기는 하지만, 그 형태는 변형된다. 기본적인 갈등은 어떤 측면에서는 완화되고, 또 다른 측면에서는 강화되기도 한다. 그러나 이 과정 자체에 내포된 악순환적 성격 때문에 나중에 나타나는 갈등은 더욱 심각한 것이 되고 만다. 이 갈등이 더욱 날카로워지도록 만드는 것은 새로운 방어적 행동이 자기와 자기 자신과의 관계는 물론 자기와 타인과의 관계—우리가 보아 온 것처럼 이것은 갈등이 자라는 토양이다—를 더욱 악화시킨다는 사실이다. 더욱이 어떤 환상—사랑, 성공, 초연함, 신망—속에 싸여 있건 간에, 새로운 요소는 그의 삶에 중요한 역할을 하게 되고, 새로운 종류의 공포—이 모든 보물이 위협받을지도 모른다는 공포—가 생기게 된다. 그는 점점 더 자기 자신과 멀어진다. 이것은 그에게 있어 자기 자신에 관해 생각하고 자신의 문제를 해결할 수 있는 능력을 빼앗아 버리고 만다. 그리하여 그에겐 내적인 성장 대신에 타성이 자리 잡는다.

***

방어구조는 단단하기는 하지만 깨어지기가 대단히 쉽고, 그 자체가 새로운 공포를 만든다. 이 공포 중의 한 가지는 방어구조의 균형이 깨어질지도 모른다는 공포다. 방어구조는 균형이 있다는 느낌을 주기는 하지만, 정작 이 균형은 쉽게 깨지고 만다. 인간은 이 위협을 의식하지 못하고 있지만, 결국 다양한 방식으로 이 위협을 느끼게 된다. 특별한 이유 없이 일이 뜻대로 되지 않을 때, 그리고 그것을 전혀 예상하지 못하거나 기대하지 않은 경우에는 격노하거나, 격앙되거나, 의기소침해지거나, 지치거나, 주저하게 된다는 것을 인간은 경험을 통해 알고 있다. 이러한 경험이 모여서 인간에게 불확실함이라는 느낌—자기 자신을 믿을 수 없다는 느낌—을 주게 된다. 이것은 마치 얇은 얼음 위에서 스케이트를 타고 있는 것과 같은 느낌이다. 이런 불균형은 걸음걸이나 자세, 또는 균형을 잘 잡아야 하는 활동에서 서투른 행동 등으로 표현될 수 있다.

이 공포의 가장 구체적인 표현은 광기에 대한 공포다. 이 공포가 상당한 정도로 나타날 때, 이것은 인간으로 하여금 정신과 의사를 찾게 만드는 가장 주된 요인이 된다. 이런 경우에 그 공포는 전혀 책임감을 느끼지 못한 채, 온갖 광기 어린 행동—특히, 파괴적인 성격의 행동—을 하고 싶어 하는 충동에 크게 영향을 받는다. 그러나 광기에 대한 공포를 정신이상의 징후로 간주해서는 안 된다. 보통 이것은 일시적이며, 극심한 근심 상태에서만 나타난다. 인간이 광기를 가장 심하게 자극받는 상황은 자신의 이상적 이미지에 대해 위협을 느끼거나, 엄격한 자기통제력을 위협하는 긴장—주로 무의식적 분노 때문에 발생한—이 증가하는 상황이다. 예를 들면, 자기 자신이 차분하고, 용감하다고 믿는 여성은 무기력하거나, 불안하거나, 격렬한 분노의 감정에 사로잡혔을 때에 공포가 엄습해 옴을 느낀다. 그녀의 이상화된 이미지—그녀를 쇠줄로 묶듯이 구속해 오던—는 갑자기 무너지고, 그녀는 통제력을 잃을지도 모른다는 공포에 사로잡히게 된다. 우리는 이미 공포에 관해 이야기했다. 이 공포는 초연한 듯이 행동하는 사람을 그의 안식처에서 끌어내고 타인 가까이 데려갔을 때—예를 들면, 군에 입대하거나, 친척과 함께 살아야 하는 상황—에 그에게 엄습해 올지도 모를 공포였다. 이 공포도 역시 광기의 공포로 표현할 수 있다. 그리고 이 경우에 발작소동이 실제로 벌어질 수도 있다. 또한 타인과의 조화로운 삶을 이루기 위해 인위적으로 막대한 노력을 기울인 사람이 자신이 분열되어 있다는 것을 갑작스럽게 자각할 때에도 비슷한 공포가 엄습해 올 것이다.

광기에 대한 공포가 주로 무의식적 분노에 의해 조장된다는 것은 이 공포가 가라앉고, 공포의 찌꺼기가 불안—자신을 통제할 수 없는 상황이 오면, 타인을 모욕하고, 구타하고, 심지어 죽일지도 모른다는 불안—을 형성하는 시기를 분석해 보면 이해할 수 있다. 수면 중이나, 취했을 때, 마취되었을 때, 성적인 흥분 상태에서 폭력적인 행동을 저지르는 것은 두려운 일일 것이다. 분노 그 자체는 의식되거나 또는 다른 감정과 연관되지 않으면서 폭력에 대한 과도한 충동으로써 의식 속에 나타날지도 모른다. 다른 한편, 분노는 전혀 의식되지 않을 수도 있다. 이런 경우에 갑작스럽게 다가오는 막연한 공포를 느끼게 된다. 이 공포는 땀이나 현기증 또는 기절할지도 모른다는 두려움을 동반한다. 이것은 폭력적인 충동을 통제하지 못할지도 모른다는 공포가 잠재되어 있음을 보여 준다. 무의식적인 분노가 표출될 때, 인간은 천둥, 유령, 강도, 뱀 등등—말하자면, 자신의 외부에 존재하는 파괴적 힘—에 대해 두려움을 느끼게 될지도 모른다.

그러나 결국 광기에 대한 공포는 상대적으로 드물게 나타난다. 광기에 대한 공포는 균형을 잃는 것에 대한 공포를 가장 두드러지게 표현해 주고 있을 뿐이다. 보통 균형을 잃는 것에 대한 공포는 보다 은밀한 방법으로 작용한다. 이것은 모호하고 불분명한 형태를 띠며, 일상의 조그만 변화에도 자극을 받을 수 있다. 변화로 인해 자극을 받기 쉬운 사람은 여행, 이사, 직업 바꾸기, 새 종업원 고용 등 새로운 변화에 대해 대단히 불안감을 느낀다. 그는 가능하면 이러한 변화를 피해 가려고 노력한다. 안정에 대한 위협은 환자를 분석하지 못하도록 막는 요인 중 하나다. 이것은 그가 나름대로 자신을 잘 기능하도록 해 주는 생활방식을 발견했을 때에 특히 그러하다. 정신분석의 적절성에 관해 이야기할 때, 그들은 얼른 보기에 그럴듯한 질문에 관심을 가질 것이다. 이러한 질문의 예를 들면 다음과 같다.

- 정신분석은 그의 결혼을 파국으로 몰고 갈 것인가?
- 정신분석은 일시적으로 그가 일할 수 없도록 만들 것인가?
- 정신분석은 그를 화나게 할 것인가?
- 정신분석은 그의 종교생활을 방해할 것인가?

나중에 이야기하겠지만, 이러한 질문은 어느 정도 환자의 무기력함에 의해 결정되는 부분이 있다. 환자는 어느 경우에나 위험을 무릅쓰는 일을 가치 있게 여기지 않는다. 그러나 환자의 관심 뒤에는 불안도 존재한다. 그러므로 정신분석이 환자의 균형을 무너뜨리지 않을 것이라는 것을 재차 확신시켜 줄 필요가 있다. 이런 경우에 균형은 대단히 흔들리기 쉬운 것이고, 정신분석을 받는 것은 상당히 힘이 드는 일이라고 생각해도 좋다.

정신분석가는 환자에게 환자가 원하는 것을 보장해 줄 수 있는가? 그렇지 않다. 정신분석을 할 때에는 항상 일시적인 심적 혼란이 발생한다. 이때 정신분석가가 할 수 있는 것은 이런 의문의 뿌리까지 내려가서, 환자에게 그가 정말로 두려워하고 있는 것이 무엇인가를 설명해 주고—정신분석이 진행되는 동안은 현재의 균형이 흔들릴지도 모르겠지만—정신분석이 끝나고 나면, 보다 확고한 균형을 얻게 될 것이라는 것을 말해 주는 것이다.

***

방어구조에서 나온 또 하나의 공포는 노출의 공포다. 노출 공포의 근원은 구조 자체의 발전과 존속을 위해 동원되는 많은 가식이다. 이것은 해결되지 않은 갈등에 의해 발생한 도덕성의 손상과 연관하여 설명될 것이다. 현재로서는 신경증 환자가 자신과 타인 모두에게 실제의 자기와는 다르게—이를테면, 보다 조화롭게, 보다 이성적이게, 보다 관대하게 또는 보다 냉혹하게—보이고 싶어 한다는 것을 지적할 필요만 있을 뿐이다. 아직은 그가 자신 또는 타인에게 노출되기를 두려워한다고 말하기는 어렵다. 의식적으로 그는 타인에게 신경을 가장 많이 쓴다. 그리고 그의 공포가 표출되면 될수록 그는 타인이 자신을 발견하지 못하기를 갈망한다. 이런 경우에 그는 자기가 생각하는 자신의 모습은 중요하지 않다고 말할 것이다. 그리고 다른 사람이 모르고 지나가기만 한다면, 스스로 쉽게 극복할 수 있는 자신의 단점을 이야기할 것이다. 이것은 그가 의식적으로 어떻게 자신을 느끼고 있는가를 말해 주는 것이며, 외현화가 존재하는 정도를 가리키는 것이다.

노출의 공포는 불분명한 감정으로 나타날지도 모른다. 예를 들면, 자신이 허세를 부리는 인간이라고 생각하거나, 실제로 자기가 고민하고 있는 것과는 거리가 먼 일에 집착하는 것을 이야기할 수 있다. 또한 그는 자신이 타인이 생각하는 것보다 똑똑하지 못하고, 유능하지 못하고, 교육받지 못하고, 매력적이지 못할지도 모른다고 두려워한다. 그래서 이 두려움을 자신의 인격에 악영향을 미치지 않는 다른 특질로 전가시키는 것이다. 이렇게 해서 환자는 자신의 초기 사춘기 때의 경험—자기가 학급에서 일등을 한 것이 순전히 허세부리기에 의한 것이었을지도 모른다는 두려움에 사로잡혀 있었던 것—을 회상해 낸다. 전학을 갈 때마다 그는 이번에는 반드시 자신을 들킬 것이라고 확신했고, 이것에 대한 공포는 그가 다시 일등을 차지했을 때에도 계속되었다. 그는 종잡을 수 없이 혼란스러웠고, 왜 이런 일이 일어나는지에 대해 아무것도 할 수가 없었다. 그는 자신의 문제에 대한 통찰을 얻을 수가 없었다. 왜냐하면 그의 사고방식에 문제가 있었기 때문이다. 그가 가진 노출의 공포는 그의 지적 능력과는 전혀 관계가 없었다. 다만, 그것이 지적 능력으로 전가되었을 뿐이다. 실제로 그가 가진 공포는 무의식적으로 자신이 성적에 연연하지 않는 좋은 사람인 척하는 것과 연관되어 있었다. 하지만 실제로 그는 타인을 이기고 말겠다는 파괴적 욕구에 사로잡혀 있었다. 이 설명은 적절하게 일반화할 수 있다. 허세부리는 사람이 될지도 모른다는 공포는 항상 모종의 객관적인 요인과 관련되어 있다. 그러나 이것은 보통 자신이 생각하는 것과는 다르다. 증상을 보았을 때, 이것이 가장 두드러지게 표현되는 것은 얼굴이 빨개지는 것 또는 얼굴이 빨개지는 것에 대한 공포다. 이것은 환자 스스로가 들키게 될까 봐 두려워하는 무의식적 가식이기 때문에 들킬까 봐 두려워하는 환자의 공포에 주목하여 환자의 수치스러워하거나 숨기고 있다고 생각되는 경험을 찾으려고 한다면, 정신분석가는 심각한 실수를 저지르게 될 것이다. 실제로 환자는 정신분석가가 생각하는 종류의 어떤 것도 숨기고 있지 않을 수도 있다. 이때 환자는 자신에게 대단히 잘못된 무엇인가가 있으며, 자신은 그것을 무의식적으로 숨기고 싶어 하고 있음에 틀림없다는 생각을 점점 더 하게 된다. 이런 상황은 건설적인 것이 되기보다는 자기비하적인 자아탐색으로 이어지기 쉽다. 아마도 환자는 성과 관련된 사건이나 파괴적인 충동에 관해 더욱 자세히 생각하게 될 것이다. 그러나 환자가 갈등 상황에 있으며, 정신분석가 자신은 환자가 가진 갈등의 한 국면만을 다루고 있다는 사실을 인식하지 못하는 한 노출의 공포는 계속 남아 있을 것이다.

신경증 환자에게 노출의 공포는 시험에 놓인다는 인상을 주는 모든 상황에 의해 자극받을 수 있다. 이런 상황에는 새로운 일을 시작하기, 새로운 친구를 만나기, 새로운 학교에 입학하기, 시험, 사교모임 또는 환자를 눈에 띄게 만드는 모든 종류의 활동—심지어는 토론에서 발언하기—이 포함된다. 의식적으로는 실패의 공포로 여겨지는 것이 실제로는 노출과 관련을 맺고 있으며, 그렇기 때문에 성공에 의해 완화되지 않는 경우가 자주 있다. 환자는 다만 이번에는 "잘 넘겼다."라고 느낄 뿐이다. 그러나 다음번에는 어떻게 할 것인가? 그리고 만일 환자가 실패한다면, 환자는 자신은 항상 허세부리는 사람이고, 이번에는 그것을 들킨 것이라고 더욱 확신하게 될 것이다. 이런 느낌이 가져오는 결과 중 하나는 수줍음—특히, 모든 새로운 상황에서 보여 주는 수줍음—이다. 다른 한 가지는 타인의 호감을 사거나 칭송을 받는 것에 대한 경계심이다. 환자는 의식적으로 또는 무의식적으로 다음과 같이 생각할 것이다.

> 그들은 지금 나를 좋아한다. 그러나 그들이 정말로 나를 알게 된다면, 그들은 달라질 것이다.

이 공포는 '밝혀내기'를 분명한 목표로 삼고 이루어지는 정신분석에서 중요한 역할을 한다.

새로운 공포는 새로운 방어체계를 요구한다. 노출의 공포에 대항하여 세워졌던 방어체계는 정반대의 범주에 속하고, 전체 인격구조에 따라 결정된다. 한편으로는 모든 종류의 시험 상황을 회피하고, 만약에 회피할 수 없다면 소극적이 되거나, 자신을 통제하거나, 뚫을 수 없는 가면을 쓰는 경우도 있으며, 다른 한편으로는 무의식적으로 철저히 허세를 부려서 노출을 두려워할 필요가 없도록 하는 경우도 있다. 후자의 태도가 방어적이기만 한 것은 아니다. 대리만족적인 삶을 사는 공격적인 유형의 사람은 이용하려는 대상에게 감명을 주기 위한 수단으로 허세부리기를 능수능란하게 사용하며, 그에게 의혹을 제기하려는 시도는 곧장 교활한 반격을 받게 될 것이다. 감히 말하건대, 이런 유형의 사람은 가학적인 인간이다. 이 특질이 전체 구조와 어떻게 맞아떨어지는지에 관해서는 나중에 살펴볼 것이다.

* * *

노출의 공포를 이해하려면 다음의 두 가지 질문에 대답해야 한다. 인간이 노출하기를 두려워하는 것은 무엇 때문인가? 그리고 노출을 하고 난 후에 인간이 두려워하는 것은 무엇인가? 첫 번째 질문에 관해서 우리는 이미 대답을 했다. 두 번째 질문에 대답하기 위해서 우리는 방어구조에서 나온 다른 공포를 다루어야 한다. 이것은 무시, 굴욕, 조롱의 공포다. 구조의 불안정성은 균형 상실의 공포에 대해 책임이 있고, 무의식적인 기만은 노출의 공포를 조장하는 반면, 굴욕의 공포는 손상된 자아존중감에서 기인한다. 우리는 다른 것과 관련시켜서 이 문제를 다루어 왔다. 이상화된 이미지의 창조와 외현화의 과정 모두는 손상된 자아존중감을 회복하기 위한 시도다. 그러나 지금까지 보았듯이 두 가지 모두 자아존중감에 더욱 상처를 줄 뿐이다.

신경증의 발달 과정에서 자아존중감에 무슨 일이 일어났는가를 대략적으로 살펴본다면, 우리는 두 쌍의 시소 과정과 마주치게 된다. 현실적인 자아존중감의 수준은 하락하는 반면, 비현실적인 자부심은 상승한다. 이것은 대단히 뛰어나고, 대단히 공격적이고, 대단히 독특하고, 전지 또는 전능한 것에 대한 자부심이다. 다른 한 가지 시소 과정은 신경증 환자가 실제 자아를 축소시키는 것인데, 타인을 거인의 키 높이로 끌어올림으로써 균형을 맞추는 시소 과정을 형성한다. 억압, 억제, 이상화, 외현화 등에 의해 자아의 넓은 영역을 감춤으로써 환자는 자아감각을 상실하게 된다. 이를테면, 자신을 무게나 실체가 없는 그림자처럼 느끼거나, 실제로 그림자가 되어 버리는 것이다. 그리고 환자는 타인을 필요로 하면서도 두려워하기 때문에 타인을 더욱 두려운 존재로 만들 뿐만 아니라 더욱 필요한 존재로 만든다. 그러므로 그의 관심은 주로 자기 자신보다는 타인에게 가게 되고, 자신의 정당한 특권을 다른 사람에게 양보한다. 그 결과는 자신에 관한 타인의 평가를 지나치게 중요시하고, 자신에 대한 자신의 평가는 의미 없는 것이 되어 버리는 것이다. 이로 인해 그는 타인의 의견에 압도적인 힘을 부여하게 된다.

앞서 언급한 일련의 과정은 신경증 환자가 무시, 굴욕, 조롱에 대해 얼마나 무기력한가를 설명해 준다. 그리고 이 과정은 모든 종류의 신경증에 공통적인 부분이라서, 이 측면에 대한 과도한 민감성은 어느 경우에나 공통적으로 나타난다. 우리가 무시에 대한 공포의 다양한 원인을 알고 있다 하더라도, 이것을 제거하거나, 감소시키는 것은 간단한 일이 아니다. 즉, 무시에 대한 공포는 신경증 전체가 사라질 때에만 치유될 수 있다.

대체로 이 공포의 결과는 신경증 환자를 타인과 분리시키고, 적대적으로 만든다. 그러나 더욱 중요한 것은 이 공포가 이것에 사로잡힌 환자를 철저히 구속할 수 있다는 것이다. 그는 감히 타인에게서 무엇인가를 기대하지 못하거나 자신에 대한 높은 목표를 세우지 못한다. 그는 자신보다 어느 측면에서든 뛰어나 보이는 사람에게 감히 다가가지 못한다. 그는 실질적인 기여를 할 수 있을 때에도 감히 자기의 의견을 표현하지 못하며 창조적인 능력이 있어도 감히 그것을 발휘하지 못한다. 또한 감히 자신을 매력적으로 만들지 못하고, 타인에게 어떤 인상을 남기지도 못하며, 더 나은 직책을 추구하지도 못한다. 그리고 그는 이 방향 중의 어느 한 방향으로 나아가도록 유혹받을 때에 무섭도록 조롱을 두려워한다. 그렇기 때문에 자제력을 동원하면서, 소극적임과 위엄 속에 안식처를 찾는다.

* * *

지금까지 설명한 공포보다 더욱 감지하기 어려운 공포는 신경증의 발달 과정에서 나타나는 모든 공포를 응축시켜 놓은 것이라고 표현할 수 있는 성격의 것이다. 이것은 변화의 공포다. 환자는 변화라는 개념에 대해 두 가지 극단 중 어느 한 가지를 선택함으로써 반응한다. 환자는 변화란 막연한 미래에 기적적인 무엇인가에 의해 일어나는 것이라고 느끼면서 변화를 불분명한 상태로 내버려 두거나, 별다른 생각 없이 지나치게 빨리 변화하려고 노력한다. 첫 번째 경우 환자는 문제를 슬쩍 들여다보거나, 문제를 인정하기만 하면 될 것이라는 심리적 유보의 태도를 취한다. 그들에게 있어서 자아를 실현하기 위해서 자신의 태도와 욕구를 변화시켜야 한다는 생각은 충격으로 받아들이게 되며, 그를 불안하게 만든다. 그는 변화의 타당성을 알고 있기는 하지만, 항상 무의식적으로 거부한다. 이것과 정반대의 입장은 무의식적으로 변화하는 척하는 것이다. 이것은 환자가 스스로의 불완전성을 참지 못한 것에서 기인한 막연한 바람으로 볼 수 있고, 환자의 무의식적인 전능감—어려움이 사라지기를 바라기만 하면 어려움이 사라질 것이라는 느낌—에서 기인한 부분도 있다.

변화의 공포 뒤에는 다음의 세 가지 공포가 있다.

첫째, 나쁘게 변화할지도 모른다는 공포다. 말하자면, 자신의 이상적 이미지를 잃어버린다거나, 타인이 받아들 일 수 없는 인간이 되어 버린다거나, 타인처럼 되어 버린다거나, 정신분석을 받고 나면 빈 껍데기로 남지나 않나 하는 것에 대한 공포다.

둘째, 미지에 대한 공포, 즉 해결을 약속하는 허상을 쫓기 시작한 이후 지금까지 얻은 안전장치와 만족을 포기하는 것에 대한 공포다.

셋째, 변화할 수 없음에 대한 공포가 있다. 이것은 신경증 환자의 절망에 관해 토론할 때 잘 이해될 수 있다.

이 모든 공포는 해결되지 않은 갈등에서 튀어나온다. 그러나 궁극적인 통합을 이루기 위해 우리는 이 갈등에 우리 자신을 노출시켜야만 하므로, 이 갈등은 우리의 자아를 직면하는 데에 방해물 역할을 한다. 이 갈등은 구원을 얻기 전에 방황해야만 하는 연옥과도 같은 것이다.

성격피폐 10

해결되지 않은 갈등의 결과를 탐구하는 것은 사람이 가 본 적 없는 무한해 보이는 영토에 들어가는 것이다. 아마도 우리는 우울증, 알코올 중독, 간질, 정신분열 등과 같은 특정한 증상에 관해 토론하고, 이해의 깊이를 증가시킴으로써 이 영토에 들어갈 수 있을 것이다. 그러나 나는 이것을 보다 포괄적인 관점에서 조사하고자 하며, 다음과 같은 질문을 제기하고 싶다.

> 해결되지 않은 갈등은 우리의 에너지, 인격적인 통합 그리고 행복에 어떤 영향을 미치는가?

나는 포괄적인 접근방식을 선택할 것이다. 왜냐하면 인간의 근본에 대한 이해 없이는 증상의 중요성을 제대로 이해할 수 없다는 것이 나의 신념이기 때문이다. 기존의 증후군을 설명하는 편리한 이론을 수립하려는 현대 심리치료의 경향은, 직접 증후군을 다루는 임상의사의 관점에서 보면 이상한 일이 아니다. 그러나 그렇게 하는 것은 건축기사가 기초도 짓지 않고, 옥상을 지으려고 하는 것만큼이나 말도 안 되는 일이다.

우리의 질문과 관련된 요소 중의 몇 가지는 이미 언급이 되었으며, 다만 여기에서는 언급되지 않은 것에 대해 부연하고자 한다. 다른 요소는 이전의 토론에 내포되어 있으나, 몇 가지는 추가되어 이야기 되어야 할 것이다. 우리의 목표는 해결되지 않은 갈등이 해롭다는 막연한 개념만을 독자에게 이야기하려는 것이 아니라, 해결되지 않은 갈등이 성격에 가하는 피해에 대한 명확하고 포괄적인 개념을 전달하려 하기 때문이다.

해결되지 않은 갈등을 가지고 사는 것은 갈등 자체만이 아니라 갈등을 제거하려는 그릇된 시도에 의해 발생한 인간 에너지의 막대한 소모를 가져온다. 분열된 인간은 자신의 에너지를 어떤 한 가지에 집중시키지 못한 채, 항상 서로 양립할 수 없는 여러 가지 목표를 동시에 추구하려 한다. 이것은 그가 자신의 에너지를 흩어버리거나 적극적으로 자신의 노력을 무력화할 것을 의미한다. 전자는 페르 귄트(Peer Gynt' s)와 같이 자신의 이상적 이미지가 자신으로 하여금 모든 일을 잘 할 수 있다고 생각하도록 유혹하는 사람에게 해당된다. 이런 경우에, 여성은 이상적인 어머니, 완벽한 주부가 되기를 원하면서, 옷을 잘 입고, 사회적 · 정치적으로 중요한 역할을 하기를 바라며, 헌신적인 아내이면서도 혼외정사를 하기를 원하고, 게다가 스스로 생산적인 일을 하기를 희망한다. 말할 것도 없이, 이것은 이루어질 수 없다. 그녀는 자신이 추구하는 이 모든 것을 이루지 못할 것이다. 그리고 그녀의 에너지는, 그녀가 아무리 뛰어난 재능을 가진 사람이라 할지라도 소모되어 버릴 것이다.

보다 일반적인 경우는, 양립할 수 없는 동기가 서로를 방해하며 한 가지 일을 추구하다가 결국 아무것도 이루지 못하는 것이다. 좋은 친구가 되기를 원하면서도, 지나치게 뻐기고 많은 것을 요구하고 싶어 하는 사람은 결코 자신의 잠재력을 실현할 수 없다. 또 어떤 사람은 자신의 아이가 세상에서 잘 되기를 바라면서도, 자신의 개인적인 권위와 자기만이 옳다는 태도 때문에 힘들어 한다. 책을 쓰기를 원하면서도, 생각을 즉시 언어로 구체화할 수 없을 때마다 머리가 깨지게 아프거나, 심한 피로를 느끼는 사람도 있다. 이런 경우의 책임은 또 다시 이상화된 이미지로 돌아간다. 예를 들면, 다음과 같다.

그는 위대한 지력의 소유자인데, 도대체 왜 찬란한 생각이 그의 펜 끝에서 폭포수처럼 쏟아져 나오지 않는가? 그럴 때마다 그는 자신에게 분노한다. 어떤 사람은 회의에서 발표하고 싶은 정말로 가치 있는 아이디어를 가지고 있을지도 모른다. 그러나 그는 이 아이디어를 대단히 인상적이고, 다른 사람을 보잘것없게 만드는 방식으로 표현하고 싶어 할 뿐만 아니라 사람에게 호감을 사고, 적대감정은 피하고 싶어 한다. 그러나 이와 동시에 그는 자기멸시의 외현화로 인해 조롱거리가 될 것을 예상한다. 결과적으로 그는 전혀 사고를 할 수가 없으며, 그가 생산해 내었을지도 모를 적절한 사유는 결코 결실을 맺을 수 없게 된다. 여전히 상황을 훌륭히 조직할 수는 있지만, 그의 가학적인 경향을 고려할 때, 자신 주변의 모든 사람을 적으로 만들고 만다. 더 이상의 예를 드는 것은 불필요하다. 왜냐하면 우리 자신이나 우리 주변의 다른 사람을 관찰해 보면 수많은 예를 발견할 수 있기 때문이다.

분명한 방향의 부재에는 분명히 예외가 있다. 때때로 신경증 환자는 이상하게도 한 가지 목적에만 전념하는 모습을 보인다. 예를 들면, 자신의 야망을 위해 모든 것을 포기하는 남성도 있고, 사랑밖에 모르는 여성도 있으며, 자식에게 모든 관심을 쏟는 부모도 있다. 이런 사람은 우리에게 전심전력으로 산다는 인상을 준다. 그러나 우리가 봐 왔듯이 그들은 실제로 자신의 갈등을 해결해 줄 것처럼 보이는 신기루를 쫓고 있는 것이다. 전심전력인 듯 보이는 이것은 통합이라기보다는 절박함이다.

에너지를 소모하고 흐뜨러트리는 것은 서로 충돌하는 필요와 충동만이 아니다. 방어구조 속의 다른 요인도 똑같은 영향력을 발휘한다. 그리고 기본적 갈등의 부분을 억압함으로써 성격의 전 영역이 피폐해지는 경우도 있다. 피폐해진 부분은 여전히 간섭을 할 수 있을 만큼 활동적이기는 하지만, 건설적인 용도로 사용할 수는 없다. 이 과정은 에너지가 상실되는 과정 중의 한 가지를 구성한다. 상실되지만 않았다면 이 에너지는 자기주장, 협동, 원만한 대인관계 등을 위해 사용되었을 것이다.

다른 한 가지 요인만 더 이야기하자면, 자아로부터의 분리를 말할 수 있다. 이것은 인간의 삶의 원동력을 앗아가 버린다. 그는 여전히 좋은 근로자일 수 있으며, 심지어는 외부 압력 아래에 놓였을 때에 엄청난 노력을 할 수 있을지도 모른다. 그러나 그를 자기 뜻대로 하도록 내버려 두었을 때에는 무너져 버리고 만다. 이것은 한가할 때에 건설적이거나 즐거운 일을 할 수 없다는 것을 의미할 뿐만 아니라 그의 창조적 힘이 모두 소모되어 버림을 뜻한다.

대체로, 다양한 요인은 서로 결합하여 넓은 영역에 걸쳐 억제를 만든다. 한 가지 억제를 이해하고, 결과적으로 제거하기 위해서는 우리가 논의했던 모든 각도에서 이 문제를 다루면서 반복하여 이것에 다가가야만 한다.

* * *

에너지의 소모 또는 그릇된 방향은 세 가지 주요 장애에서 기인한다. 이 장애는 모두 해결되지 않은 갈등을 보여 준다. 이것 중 한 가지는 일반적인 우유부단함이다. 이것은 사소한 일에서 개인적으로 중요한 일까지 광범위하게 모든 일에 나타난다. 환자는 이 요리를 먹을까, 저 요리를 먹을까, 이 가방을 살까, 저 가방을 살까, 영화를 보러 갈까, 라디오를 들을까 등등 끊임없는 머뭇거림 속에 빠질지도 모른다. 그에게 직업을 선택하거나, 직장 내의 어떤 직책을 선택하는 일, 두 여자 사이에서 선택하는 일, 이혼할지 말지를 결정하는 일, 살지 죽을지를 결정하는 것은 불가능한 일일지도 모른다. 반드시 해야 하고, 번복할 수도 없는 결정을 내리는 일은 환자에게 참으로 시련이며, 환자를 공포에 빠뜨리거나 소진시켜 버릴 수도 있다.

자신의 우유부단함이 눈에 띄는데도 불구하고, 환자는 종종 이것을 깨닫지 못한다. 왜냐하면 환자는 결정을 내리는 것을 회피하기 위해 무의식적으로 온갖 노력을 다 하기 때문이다. 그는 늑장을 부리며, '갈망해 오던 일' 을 하지 않는다. 그는 자신을 운에 맞기거나 다른 사람의 결정에 맡긴다. 혹은 결정을 내릴 근거가 생기지 않을 만큼 문제를 흐리게 만들지도 모른다. 흔히 여기에서 따라오는 목표 부재를 이 사람은 제대로 의식하지 못하고 있다. 만연된 우유부단함을 감추기 위해 사용되는 많은 무의식적 장치는 실제로는 흔히 발생하는 이 장애에 관해 환자가 불평을 하는 일을 거의 들어 볼 수 없도록 만든다.

분열된 에너지를 보여 주는 또 한 가지 전형적인 상황은 일반적인 비효율성이다. 이것은 연습이나 관심 부족으로 인해 특정 분야에 서투른 것을 이야기하는 것이 아니며, 윌리엄 제임스가 자신의 글[1]—에너지의 저장고는, 인간이 피로의 첫 번째 신호 또는 외부 환경의 압력에 굴복하지 않을 때에 사용할 수 있게 된다고 지적함—을 통해 이야기한 사용되지 못한 에너지의 문제도 아니다. 우리가 이야기하는 맥락의 비효율성은 내부의 갈등 때문에 최선의 노력을 다할 수 없음에서 비롯되는 것이다. 이것은 브레이크를 밟은 채로 차를 몰고 가는 것과 같으며, 차는 필연적으로 속력이 줄어들 것이다. 때때로 이것을 문자 그대로 적용할 수 있는 경우도 있다. 하고자 하는 모든 일이 자신의 능력이나 업무의 난이도에 비해 훨씬 더디게 진행될지도 모른다. 이것은 충분한 노력을 하지 않아서가 아니라, 그와는 반대로 하는 일마다 비정상적으로 많은 노력을 하기 때문이다. 예를 들면, 어떤 사람은 간단한 리포트를 쓰거나 단순한 기계의 사용법을 익히는 데에 몇 시간이 걸릴 수도 있다. 물론 그를 방해하는 요인은 다양하다. 그러나 그는 강

1) William James, Memories and Studies, *Longmans*(Green, 1934).

압으로 느껴지는 것에 대해 무의식적으로 반발하고 있을지도 모르며, 세세한 것까지 완벽하게 해야 한다는 생각에 사로잡혀 있는지도 모른다. 또, 그는 타인 앞에서 처음 하는 어떤 일을 멋지게 해내지 못한 것에 대해 스스로에게 분개할지도 모른다. 비효율성은 일처리가 더디게 되는 것에서만 나타나는 것이 아니라 서투름이나 건망증에서도 나타날 수 있다. 마음속으로 자기가 집안일을 해야 하는 것이 부당하다고 느끼는 주부는 집안일을 잘하지 못할 것이다. 그리고 그녀의 비효율성은 집안일에만 국한되는 것이 아니라 그녀가 하는 모든 일로 확산될 것이다. 환자의 관점에서 보았을 때, 이것은 긴장한 상태로 일을 하기 때문에 필연적으로 쉽게 지치고, 많은 잠을 자야만 하는 상황이 벌어질 수 있다. 이런 상태에서 하는 일은 사람에게서 필요 이상의 에너지를 소모시키는 법이며, 이것은 마치 브레이크를 채운 채로 달리는 자동차의 경우와 같다.

무기력함과 내적 긴장은 일에서만 나타나는 것이 아니라 대인관계에서도 눈에 띌 정도로 나타난다. 만약 어떤 사람이 친절하게 하고 싶기는 하지만, 이것을 알랑거리는 것이라고 생각하여 친절해지는 것에 대해 혐오감을 느낀다면, 이 사람은 형식적이고 부자연스러운 사람이 될 것이다. 무엇인가를 부탁하고 싶어 하면서도 자신이 마땅히 그것을 받아야 한다고 느끼는 사람은 감사할 줄을 모를 것이다. 또한 자기주장을 하고 싶으면서도 순응하고 싶어 하는 사람은 머뭇거릴 것이며, 사람과 접촉하기를 원하지만, 거절당할 것을 생각하는 사람은 부끄러움을 잘 탈 것이다. 그리고 그들은 성적 관계를 가지고 싶어 하면서도, 상대방을 실망시키고 싶어 하는 사람은 냉랭할 것이다. 이런 갈등이 만연하면 만연할수록 삶의 긴장은 더욱 심해진다.

어떤 사람은 이러한 내적 긴장을 알고 있다. 그는 흔히 긴장이 증가하는 특별한 상황에서만 긴장을 인식한다. 그리고 때때로 아주 가끔씩 긴장을 풀고, 편안히 쉴 수 있는 경우와 대조되어서 사람의 인식 속에 등장하기도 하며, 결과적으로 나타나는 피로의 원인이 다른 요인에 있다는 생각을 흔히 한다. 이를테면, 건강이 나쁘다든가, 과로 탓이라든가, 수면이 부족한 탓이라고 생각한다. 이것은 어느 정도 일리가 있는 생각이기는 하지만, 보통 생각하는 것처럼 그렇게 커다란 역할을 하는 것은 아니다.

세 번째 증상은 일반적인 무력증이다. 무력증을 앓고 있는 환자는 때때로 자신이 게으르다고 자책한다. 그러나 실제로 그는 게으른 것이 아니다. 그는 어떤 종류의 노력에 대해서도 의식적인 혐오감을 가지고 있으며, 자신은 아이디어를 생각해 내는 것만으로 충분하고, 세부사항을 실천하는 것, 즉 일을 하는 것은 다른 사람의 몫이라고 자신을 합리화한다. 노력에 대한 혐오는 노력이 자신에게 해를 입힐 수 있다는 공포로 나타날지도 모른다. 이 공포는 자신이 쉽게 지쳐 버린다는 사실을 알고 있다는 점에서 어느 정도 납득할 수 있는 부분이 있다. 그리고 이 공포는 쉽게 지친다는 사실을 액면 그대로 받아들이는 내과의사의 충고에 의해 강화될 수도 있다.

신경증적 무력증은 동기와 행동의 마비를 의미한다. 대체로 말하자면, 이것은 자아의 심각한 분리며 목표의 부재다. 이처럼 긴장되고 불만족스럽게 노력해 온 오랜 경험은 신경증 환자를 온통 활기 없는 상태에 빠뜨린다. 하지만 가끔은 열정적인 활동을 하는 경우도 있다. 무력증에 기여하는 요인 중 가장 강력한 것은 이상화된 이미지와 가학적인 경향이다. 끊임없이 노력해야 한다는 냉엄한 현실은 신경증 환자에게 자신이 이상화된 이미지가 아니라는 굴욕적인 증거로 느껴진다. 반면에 그저 평범한 일을 해야 한다는 생각은 환자에게 참으로 실망스러운 일이라서 환자는 차라리 아무것도 하지 않는 것을 선택하며, 멋지게 일하는 것을 상상한다. 이처럼 환자를 끊임없이 괴롭히는 자기혐오감은 이상화된 이미지에서 기인하는 것이며, 환자로부터 자신이 무엇인가 가치 있는 일을 할 수 있다는 확신을 빼앗아 버린다. 이렇게 함으로써 일에 대한 의욕과 기쁨을 모두 모래밭에 묻어 버리는 것과 같은 결과가 되어 버린다. 가학적인 경향, 특히 억압된 형태의 것(반전된 가학증)은 인간을 조금이라도 공격적인 모든 것에서 극단적인 반대의 입장을 취하도록 만든다. 결과적으로 거의 완전한 심리적 마비가 뒤따르게 된다. 일반적인 무력증은 행동과 감정 모두를 포괄하기 때문에 특히 중요하다. 해결되지 않은 신경증적 갈등의 결과로 소모되는 에너지의 양은 측량할 수 없을 만큼 거대하다. 신경증은 결국 특정한 문명의 산물이기 때문에 인간의 자질과 능력이 방해받고 있음은 해당 문화의 심각성을 보여 주는 것이다.

* * *

해결되지 않은 갈등을 안고 살아가는 것은 에너지의 분산뿐만 아니라 도덕성의 분열을 의미하기도 한다. 말하자면 이것은 대인관계와 자아 발전에 관련된 도덕 원칙, 모든 감정과 태도, 행동에 있어서의 분열을 의미한다. 에너지 분열이 소모로 이어지는 것처럼 도덕적인 문제에 있어서도 이것은 도덕성의 상실 또는 도덕성의 손상으로 나타난다. 이러한 손상은 모순적인 입장과 그 입장의 모순을 감추려는 시도에 의해 발생한다. 양립할 수 없는 도덕적 가치는 기본적 갈등에서 나타나는데, 아무리 그것을 조화시키려고 해도, 각각이 독립적으로 작용하게 된다. 이것은 어떤 도덕적 가치도 심각하게 받아들일 수 없다는 것을 의미한다. 이상적 이미지, 이것은 참된 이상의 요소를 포함하기는 하지만 필연적으로 거짓된 것이다. 그리고 그중 참된 것과 거짓된 것을 가려내는 일은 위조지폐와 진짜지폐를 구별하는 것만큼이나 어렵다. 신경증 환자는 우리가 봐 왔듯이 자신은 이상을 좇는다고 확신하며, 실수할 때마다 자책을 한다. 이렇게 함으로써 목표를 추구함에 있어 지나치게 양심적이라는 인상을 주며, 그렇지 않으면 가치와 이상에 관한 사고와 대화에 자신을 도취시킨다. 환자가 자신의 이상을 결코 심각하게 받아들이지 않는다는 나의 주장은 그가 결코 이상을 위해 죽을 힘을 다하지 않을 것이라는 점에서 뒷받침된다. 그는 편리하거나 유용할 때에만 이상에 관해 이야기하고, 다른 때에는 편리하게 그것을 지워 버린다. 우리는 약점과 분리에 관해 논의하면서 이것의 예를 보았다. 이 예는 자신의 이상을 심각하게 생각하는 사람에게는 생각할 수도 없는 것이다. 만약 이상이 진실한 것이라면 그렇게 쉽게 버릴 수는 없을 것이다. 그 예로, 대의명분에 대한 열렬한 헌신을 주장하던 사람이 유혹에 쉽게 넘어가서 반역자가 되는 것을 이야기할 수 있다.

대체로 도덕성의 손상이 보여 주는 특징은 진실성의 감소와 자기중심성의 증가다. 이것과 선불교의 책에서는 진실성이 전심전력과 동일시되고 있으며, 우리가 임상적 관찰의 기초 위에서 도달한 결론—자아가 분열된 사람은 결코 진실할 수 없다는 결론—을 똑같이 지적하고 있다는 것은 흥미로운 일이다.

구도자: 저는 사자가 먹이를 잡을 때, 그것이 토끼건 코끼리건, 자신의 온힘을 다한다는 것을 알고 있습니다. 스승이시여, 이 힘은 무엇입니까?

스　승: 진실함이니라(문자 그대로 말하자면, 속이지 않는 것).

진실성, 달리 말하면 속이지 않는 것은 '자기의 전 존재를 내어놓는 것'이다. 엄밀히 말하자면 아무것도 주저함이 없고, 가식적임이 없고, 소모됨이 없는 '행동하는 전 존재'인 것이다. 이런 삶을 사는 사람을 황금색을 가진 사자라고 말할 수 있으며, 그는 활력, 진실함, 전심전력의 상징이다. 그는 신성한 인간이다.[2)]

* * *

다른 사람을 자신에게 도움이 되도록 이용한다는 점에서 자기중심성은 도덕적인 문제다. 그는 자신이 다른 사람에게 인간으로서 정당하게 대접받기보다는 단지 자신의 목적을 위한 수단으로 그를 이용하는 편을 택한다. 자신의 불안을 덜기 위해 다른 사람을 달래고 좋아해야만 한다. 자신의 자존심을 높이기 위해 다른 사람

2) D. T. Suzuki, *Zen Buddhism and It's Influence on Japanese Culture*, The Eastern Buddhist Society(Kyoto, 1938).

은 감명을 받아야만 하며, 자신은 책임을 질 수가 없기 때문에 비난은 다른 사람이 받아야만 한다. 또한 자신이 이기기 위해서는 다른 사람은 패배해야만 한다.

이러한 손상이 나타나는 방식은 사람에 따라 다르다. 대부분은 이미 다른 것과 연관되어 다루어졌으므로, 여기에서는 단지 좀 더 체계적으로 살펴보고자 한다. 나는 전력을 다하여 이야기하려 하지는 않을 것이다. 우리가 단지 아직 가학적인 경향에 관해 이야기하지 않았고, 이것은 신경증 발달의 최종단계로 여겨지기 때문에 가학증에 대한 논의를 미루어 두어야 하는 것이라면, 전력을 다하기는 어려울 것이다. 가장 명확한 것에서 시작하자면, 신경증이 어떤 경로를 따르든지 무의식적 가식은 항상 한 가지 요인이 된다. 다음을 살펴보자.

사랑의 가식　사랑이라는 단어로 포괄할 수 있거나 주관적으로 그렇게 느끼는 다양한 감정과 노력은 놀랍다. 이것은 스스로가 독립적인 삶을 살아가기에 너무나도 나약하다고 또는 허전하다고 느끼는 사람이 언제나 하는 기대를 포괄하는 말이다.[3] 사랑은 보다 공격적인 형태로, 파트너를 자기의 이익을 위해 이용하려고 하는 욕구, 파트너를 통해 성공·명예·권력을 쟁취하려는 욕구를 포함한다. 이것은 누군가를 정복하고, 그를 패배시키려는 욕구 또는 파트너와 하나가 되어—아마도 가학적인 방식으로—그를 통해 살고 싶어 하는 욕구를 표현한다. 이것은 숭배받고 싶은 욕구

3) Cf. Karen Horney, *Self-Analysis*, 앞의 책, Chapter 8, Morbid Dependency.

를 나타내며, 결국에는 이것을 통해 자신의 이상적 이미지를 확인하게 된다. 우리 문명에서 사랑은 진실한 애정인 경우가 거의 없기 때문에 학대와 배신이 만연하며, 그래서 우리는 사랑이 경멸, 증오 또는 무관심으로 변한다는 생각에 빠져 있다. 그러나 사랑은 그렇게 쉽게 돌아서는 것이 아니다. 거짓된 사랑을 조장하는 감정과 노력은 결국 겉으로 드러나고 만다. 두말할 필요 없이 가식은 부모와 자식 간의 관계에서, 우정에서, 그리고 성적 관계에서 그 모습을 드러낸다.

선량함의 가식 사리사욕이 없는 것, 동정 그리고 이와 비슷한 것은 사랑의 가식과 유사하다. 이것은 순응적인 유형의 특징이며, 공격적인 충동을 지워 버리려는 필요에 의해서, 그리고 특정한 종류의 이상적 이미지에 의해서 강화된다.

관심과 지식의 가식 자신의 감정에서 분리되어 있으며, 삶을 지적 능력 한 가지만으로 파악할 수 있다고 믿는 사람에게 가장 잘 나타난다. 그는 자기가 모든 것을 알고 있는 듯, 모든 일에 관심이 있는 듯 행동을 해야만 한다. 이것은 보다 교활한 방식으로 나타나게 되는데, 이를테면 특정한 소명에 헌신하고 있는 것처럼 보이는 사람이 자신도 모르는 사이에 자기의 관심을 성공, 권력, 물질적 이익을 위한 발판으로 사용할 수도 있다.

정직과 정당함의 가식 공격적인 유형에게 주로—특히, 현저히 가학적인 경향을 가지고 있을 때—나타난다. 그는 다른 사람 속에 있는 사랑과 선량함의 가식을 꿰뚫어 보고 자신은 거짓된 관대함, 애국심, 독실함 등과 같은 다른 사람의 위선에 찬성할 수 없기 때문에, 자기 자신은 대단히 정직하다고 생각한다. 실제로 그는 독특한 자기만의 위선에 빠져 있다. 지금 그에게 편견이 없는 것은 전통적인 가치에 대한 맹목적이고, 부정적인 저항일 수 있다. 그가 '아니다' 라고 말할 수 있는 것은 자신의 강인함 때문이 아니라 다른 사람을 낙담시키고 싶어 하는 소망 때문일 수도 있다. 그의 솔직함은 타인을 조롱하고, 모욕하고 싶어 하는 소망일 수도 있다. 그리고 타인을 이용하고자 하는 욕망은 스스로 인정하는 정당한 이기심 뒤에 존재할 수도 있다.

고통의 가식 이것은 훨씬 더 자세히 논의되어야 한다. 이는 고통의 가식을 둘러싸고 있는 혼란된 견해 때문이다. 프로이트의 이론을 고집하는 정신분석가와 비전문가의 경우 신경증 환자가 학대받고 싶어 하고, 근심하고 싶어 하고, 처벌받고 싶어 한다고 생각한다. 이와 같이 신경증 환자가 고통받고 싶어 한다는 것을 지지하는 자료는 잘 알려져 있다. 그러나 '~하고 싶어 한다.' 는 용어는 실제로는 다양하게 존재하는 지적인 과실을 포괄하는 표현이다. 이론을 제안하는 학자는, 신경증 환자가 생각보다 훨씬 커다란 고통을 받고 있으며, 회복기에 들어서야 자신이 고통받고 있다는 사실을 깨닫게 된다는 것을 이해하지 못한다. 더 적절하게 이야기하자면, 학자는 해결되지 않은 갈등으로 인한 고통이 필연적이며, 개인의 소망과는 전혀 관계없다는 사실을 이해하고 있는 것처럼 보이지 않는다. 만약 신경증 환자 스스로가 자신이 산산조각으로 분열되도록 허락한다면, 환자는 결코 자발적으로 자신에게 그러한 해를 끼치려고 하지는 않을 것이다. 다만, 내적인 필요가 환자에게 그렇게 하도록 강제해서 그렇게 될 뿐이다. 만약 그가 자신을 내세우지 않고, 모든 것을 감수한다면, 그는—적어도 무의식적으로는—그렇게 하는 것을 싫어하고, 이것에 대해 자신을 책망할 것이다. 그러나 그는 자신의 공격성에 대한 공포에 사로잡혀 있어서, 그것과는 반대되는 극단적인 행동을 하고, 여러 가지 방식으로 스스로를 학대받도록 할 것이다. 고통에 대한 지향이라는 개념에 기여하는 또 한 가지 특성은 고통을 과장하는 경향이다. 이면의 동기 때문에 고통이 느껴지고, 표현된다는 것은 사실이다. 이것은 관심 또는 용서에 대한 탄원인 것이다. 이것은 무의식적으로 타인을 이용하려는 목적으로 사용될 수 있으며, 억압된 복수심의 표현일 수도 있고, 처벌의 수단으로도 사용할 수 있다.

그러나 내면을 살펴보았을 때, 이것은 단지 신경증 환자가 어떤 목적을 달성하기 위해 사용할 수 있는 방법에 불과하다. 그는 때때로 자신의 고통의 원인을 그릇되게 판단하여 별다른 이유 없이 고통을 탐닉하고 있다는 인상을 준다. 이렇게 해서 그는 비탄에 잠기기도 하고, 고통의 원인을 자신의 과오로 돌리기도 한다. 그러나 실상은 스스로가 자신의 이상적 이미지가 되지 못한 것에서 고통을 느끼는 것이다. 그는 사랑하는 사람과 분리되었을 때에 상실감을 느낄지도 모른다. 그는 자기가 느끼는 감정이 깊은 사랑 탓이라고 생각하지만, 실상은 혼자 사는 것을 견딜 수가 없기 때문에 그러한 감정을 느끼는 것이다. 결국, 그는 자신의 감정을 거짓되게 하고, 자신이 분노에 가득 차 있으면서 고통받고 있다고 생각한다. 예를 들면, 어떤 여성은 자기의 연인이 약속한 때에 편지를 쓰지 않으면 고통스럽다고 생각할지 모른다. 그러나 실상 그녀는 화가 나 있다. 왜냐하면 그녀는 모든 일이 기대하는 대로 되지 않을 때, 자신이 충분한 관심을 받지 못하다고 느낄 때에 굴욕감을 느끼기 때문이다. 이 경우에 신경증 환자는 자신의 분노와 그 분노의 원인인 신경증적 충동을 인정하기보다는 무의식적으로 자신에게 가해지는 고통을 선호하게 된다. 이러한 고통은 모든 대인관계와 관련된 자신의 이중성을 은폐하기 때문에 더욱 과장되게 된다. 그러나 이 예 중 어느 것에서도 신경증 환자가 고통스러워하고 싶어 한다는 것을 추론할 수는 없으며, 표현되는 것은 무의식적인 고통의 가식이다.

* * *

보다 특별한 손상은 무의식적 거만함의 발달이다. 이것은 자신이 가지고 있지 않거나 가지고 있어도 대단치 않은 정도의 특성을 자신이 가지고 있다고 생각하는 것이며, 이런 이유로 자신은 마땅히 다른 사람을 경멸하고, 그에게 지시적 태도를 가질 수 있다고 무의식적으로 생각하는 것이다. 모든 신경증적 거만함은 환자가 자신의 그릇된 주장을 깨닫지 못하고 있다는 점에서 무의식적이다. 여기에서 구별하고자 하는 것은 의식적인 거만함과 무의식적인 거만함이 아니라 겉으로 드러나는 거만함과 지나친 겸손과 미안해하는 태도 뒤에 숨어 있는 거만함이다. 어떤 경우, 공개적으로 특권을 요구하는 사람도 있으며, 특권이 자연스럽게 자신에게 주어지지 않았을 때 마음 상해하는 경우도 있다. 두 가지 경우 모두에 결핍되어 있는 것은 실제적인 겸손이라고 부를 수 있는 것이다. 말하자면, 실제적인 겸손이란 인간으로서 그리고 한 개인으로서 가지는 한계와 불완전성을 말로만이 아니라 진실한 마음으로 인정하는 것이다. 나의 경험에 의하면 모든 환자는 자신의 한계에 관해 생각하거나 듣는 것을 싫어한다. 이것은 감추어진 거만함을 가진 환자에게 특히 그렇다. 그는 자신의 지식이 단편적이라는 것을 인정하기보다는 무엇인가를 간과하고 지나간 자신을 매정하게 자책한다. 또한 모두가 똑같이 생산적일 수 없다는 것을 인정하기보다 스스로가 부주의했거나 게을렀다고 질책한다. 숨겨진 거만함을 가장 확실하게 보여 주는 것은 미안해하는 태도로 자신을 질책하는 것과 어떤 비난이나 외부의 무시에 대한 내적 분노를 느끼는 것 사이의 모순이다. 이 상처받은 감정을 발견하기 위해서는 세밀한 관찰이 필요하다. 왜냐하면 지나치게 겸손한 유형은 이 감정을 억누를 것이기 때문이다. 그러나 사실 그는 공개적으로 거만한 사람과 마찬가지로 지시적인 태도를 가지고 있다. 그가 다른 사람을 비난하는 것은 겉으로 보기에는 자신을 내세우지 않는 찬사로 보이지만 그 통렬함에 있어서는 결코 덜하지 않다. 그는 다른 사람에게도 은밀히 자신에게 했던 것과 마찬가지로 완벽함을 기대하는데, 이것은 다른 사람의 독특한 개성에 대한 참된 존중이 부재함을 의미한다.

또 한 가지 도덕적 문제는 분명한 태도를 취하지 못하는 것과 그것에 수반한 못미더운 태도다. 신경증 환자는 인간의 사고와 명분의 객관적인 장점과 조화로운 태도를 취하지 못하고, 자신의 감정적인 필요에 근거하여 사고한다. 그러나 이것은 서로 모순되기 때문에 쉽게 태도를 바꿀 수 있다. 그래서 많은 신경증 환자는 더욱 큰 애정, 더욱 좋은 명목, 인정, 권력 또는 '자유'에 의해 쉽게 마음이 동요된다—말하자면, 이것은 무의식적으로 유혹되는 것이다. 이것은 개인적으로든 집단의 일원으로든, 그의 대인관계 전반에 걸쳐 적용된다. 그는 다른 사람의 감정이나 견해에 따를 수 없지만, 확증 없는 풍문에는 의견을 바꿀지도 모른다. 그리고 그에겐 약간의 실망이나 결례도 친한 친구와 결별하는 충분한 이유가 될 수 있는데, 이처럼 약간의 어려움에도 그의 열정은 무기력함으로 바뀔 수가 있다. 그는 개인적인 애착이나 분노 때문에 자신의 종교적, 정치적 또는 과학적 견해를 바꿀 수 있으며, 개인적인 대화에서는 입장을 분명히 취하지만, 윗사람이나 집단의 조그만 압력에는 쉽게 굴복할지 모른다. 그리고 자신이 왜 자기의 의견을 바꾸게 되었는지를 알지 못하며, 심지어는 자신이 의견을 바꾸었다는 사실조차도 전혀 인식하지 못한다.

신경증 환자는 우선 어떤 결정도 내리지 않고, 모든 대안에 대해 문을 열어 놓은 채, 분명히 드러나는 마음의 동요를 무의식적으로 회피한다. 그는 상황의 복잡함을 지적하면서 이러한 태도를 합리화하거나 또는 강박적인 공평무사함에 사로잡하기도 한다. 의심할 여지없이 진실로 공평무사해지려는 노력은 가치가 있다. 물론 많은 경우에 있어서 공평무사해지려는 양심적인 소망이 명확한 입장을 취하는 것을 더욱 어렵게 만드는 것이 사실이다. 그러나 공평무사함은 이상적 이미지의 강박적 부분일 수 있다. 그리고 이것은 앞서 이야기했듯이 편견에 사로잡힌 채 분투하고 있는 환자로 하여금 자신이 신성한 일을 하고 있다고 느끼도록 기능하며, 환자가 어떤 입장을 취하는 것이 불필요하도록 만든다. 이런 경우에 무조건 두 가지 관점이 서로 크게 모순되지 않는다고 생각하거나, 논쟁에서 두 사람의 주장 모두 일리가 있다고 생각하는 경향이 나타난다. 이것은 문제의 핵심을 파악하지 못하도록 방해하는 사이비 객관주의다.

이런 이유로 다양한 유형의 신경증 사이에는 커다란 차이가 있다. 고결함 또는 인격적 통합은 진실로 초연한 사람에게서 발견된다. 그는 신경증적 경쟁과 신경증적 애착의 소용돌이 밖에 서 있으며, '사랑' 또는 야망에 쉽게 유혹되지 않는다. 그리고 그의 삶에 대한 관찰자적 태도는 그에게 대단히 객관적인 판단을 할 수 있게 해 준다. 그러나 모든 초연한 사람이 명확한 의사를 취할 수 있는 것은 아니다. 그는 논쟁이나 헌신에 대해 거부감을 느껴서, 자신의 마음속에서조차 분명한 입장을 취하지 못하고, 문제를 복잡하게 만들거나 기껏해야 좋고 나쁨, 유효와 무효만을 구별할지도 모른다.

반면에 공격적인 유형은 신경증 환자가 보통 분명한 입장을 취하는 데에 어려움을 겪는다는 나의 주장과 반대되는 것처럼 보인다. 특히, 이 유형의 사람이 완고하게 올바른 것을 좇는 경향이 있을 때는 명확한 입장을 견지하는 데에, 즉 자신의 입장을 방어하고 고수하는 데에 남다른 능력을 가진 것처럼 보인다. 그러나 이 유형이 타인에게 주는 인상과 실제 상태는 다르다. 이 유형이 명확한 입장을 견지하는 것은, 이 유형의 사람이 편견에 사로잡혀 있어서이지 그에게 참된 신념이 있어서 그런 것은 아니다. 그는 자신의 입장에 대해 어떤 의문도 품으려 하지 않기 때문에 그의 입장은 독단적이거나 광신적 성격을 가지기 쉽다. 더욱이 그는 권력이나 성공에 쉽게 유혹될 수 있다. 우리는 그의 지배와 인정에 대한 욕망으로 인해, 그를 신뢰하는 데에 한계를 가진다.

* * *

책임에 대한 신경증 환자의 태도는 혼란스러운 면이 있다. 이것은 부분적으로는 책임이라는 단어의 다양한 의미 탓이다. 책임은 임무나 의무를 수행하는 데 있어서 양심을 의미하기도 한다. 이런 의미에서 신경증 환자가 책임감 있는 사람인지의 여부는 환자의 독특한 성격 구조에 달려 있다. 이것은 모든 신경증에 공통되는 것이 아니다. 다른 사람에 대한 책임은 자신의 행동이 다른 사람에게 영향을 끼칠 때 자신의 행동에 대해 책임감을 느끼는 것을 의미할 수 있다. 그러나 이것은 다른 사람에 대한 지배를 완곡하게 표현한 것일 수도 있다. 책임을 지는 것이 스스로의 과오를 인정하는 것을 의미할 때, 이것은 단지 자신이 가진 이상적 이미지의 모습으로 살지 못하는 것에 대한 분노일 뿐이며, 책임과는 전혀 관계가 없게 된다.

만일 자신에 대해 책임을 지는 것이 정확히 무엇을 의미하는지 명확히 알고 있다면, 신경증 환자가 책임을 진다는 것이 얼마나 어려운 것인지를 이해할 수 있을 것이다. 이것은 자신과 타인에게 자신의 의도, 말 또는 행동을 있는 그대로 인정하고, 기꺼이 그것에 대한 결과를 받아들이는 것을 의미한다. 이것은 거짓말을 하는 것 또는 책임을 타인에게 전가하는 것과 정반대되는 것이다. 이런 의미에서 자신에 대해 책임을 진다는 것은 신경증 환자에게 어려운 일이다. 왜냐하면 환자는 보통 자기가 무엇을 하고 있는지, 또는 왜 이것을 하고 있는지를 알지 못하며, 알고 싶어 하지도 않기 때문이다. 그렇기 때문에 환자는 종종 부인, 망각, 멸시 등을 통해 상황에서 빠져나가려고 하며, 자기도 모르는 사이에 다른 동기나, 오해를 받았다는 느낌, 또는 어리둥절하다는 느낌을 전달하게 된다. 그는 자신을 배제하거나 자신은 책임이 없다고 생각하는 경향이 있기 때문에 어떤 어려움이 발생하든지 그것은 자기의 부인이나 동료, 정신분석가의 탓이라고 쉽게 생각한다.

자신의 행동에 대해 책임을 지지 못하는 것, 그리고 심지어는 무엇을 했는지 알지도 못하는 것에 기여하는 또 다른 요인은 그의 내부에 숨겨진 전능감이다. 이러한 근거를 통해 환자는 자기가 하고 싶은 일은 무엇이든 하고, 그것에 대한 책임은 지지 않으려고 하는 것을 알 수 있다. 피할 수 없는 결과를 인정하는 것은 그의 전능감을 산산이 무너뜨릴 것이다.

그리고 마지막 요인은 원인과 결과라는 관점에서 생각할 때, 얼핏 보기에는 지적인 무능력처럼 보이는 것이다. 신경증 환자는 공통적으로 태어날 때부터 과실과 처벌이라는 관점에서만 생각한다는 인상을 준다. 그리고 거의 모든 환자는 정신분석가가 자신을 비난하고 있다고 느낀다. 하지만 정신분석가는 환자가 가진 어려움과 그 어려움의 결과를 환자에게 직면시키고 있을 뿐이다. 평상시에 환자는 항상 자신을 의심과 공격을 받고 있는 범죄자처럼 느끼며, 그렇기 때문에 항상 방어적인 태도를 취하는 것인지도 모른다. 실제로 이것은 심리 내적 과정의 외현화다.

지금까지 봐 왔듯이 이러한 의심과 공격이 갈라져 나오는 근원은 환자 자신의 이상화된 이미지다. 환자가 자신이 관련된 원인과 결과를 이해하는 것을 거의 불가능하도록 만드는 것은 흠잡기, 방어 그리고 그것의 외현화라는 내적 과정이다. 그러나 자신의 어려움이 관련되지 않을 때 환자는 다른 사람과 똑같아 질 수 있다. 만약에 비가 와서 길이 온통 질퍽해진다면, 환자는 이것이 누구의 잘못인지 따지지 않는다. 다만, 우연하게 일어난 일로 받아들일 뿐이다.

자신에 대해 책임을 지는 것은, 덧붙여 말하면, 자신이 옳다고 믿는 것을 주장하는 능력과 자신의 행동이나 결정이 잘못된 것으로 드러났을 때 그 결과를 기꺼이 감수하는 자세를 의미한다. 그러나 이것은 인간이 갈등에 의해 분열되었을 경우에는 어려운 일이다. 갈등하게 만드는 생각 중에서 도대체 무엇을 주장해야 하는가? 그리고 무엇을 주장할 수 있는가? 이에 대한 생각 중 어느 것도 환자가 진실로 원하거나 믿는 것을 표현해 주지는 못하며, 환자가 주장할 수 있는 것은 오직 자신의 이상적 이미지뿐이다. 그러나 이것은 자기가 틀릴 수 있다는 가능성을 용납하지 않기 때문에 자신의 결정이나 행동으로 인해 말썽이 일어날 때마다 환자는 문제를 왜곡하거나 타인에게 책임을 전가한다.

이 문제는 비교적 간단한 예를 통해 설명할 수 있다. 어떤 조직의 최고 위치에 있는 사람이 있는데, 그는 무한한 권력과 명예를 갈망한다. 그는 자신이 없으면 그 조직의 어떤 일도 진행되거나 결정될 수 없다고 생각한다. 사실은 다른 사람이 어떤 일에 더욱 적격일 수 있지만, 그는 다른 사람에게 일을 맡기지 못한다. 그는 자기가 모든 일을 가장 잘 알고 있다고 생각하며, 다른 사람이 스스로를 중요한 인물로 여기거나, 실제로 중요하게 되는 것을 원하지 않는다. 그가 못하는 일이 있다면, 그것은 시간과 에너지의 한계 때문이다. 그러나 이 특별한 사람은 지배하기만을 원하는 것이 아니다. 그는 유순하기까지 하고, 인간의 한계를 넘어서고자 한다. 그는 해결되지 않은 내적 갈등 때문에 우리가 지금까지 설명한 모든 증상—무기력, 수면 부족, 우유부단, 지지부진—을 가지고 있다. 그래서 그는 자신의 시간을 조직할 수가 없다. 그는 약속을 지키는 것을 참을 수 없는 구속으로 느끼기 때문에 다른 사람을 기다리게 하는 것을 은밀히 즐긴다. 게다가 그는 오직 자신의 허영심을 채우기 위해, 여러 가지 불필요한 일을 한다. 결국, 헌신적인 아버지와 남편이 되고자 하는 그의 욕구는 그의 시간과 사고의 많은 부분을 소모시킨다. 그리하여 당연히 그는 제대로 기능하지 못하는 사람이 되고 만다. 그러나 자신의 결점을 보지 못하기 때문에 그는 타인에게 책임을 전가하거나 예기치 못한 상황을 탓하게 된다.

다시 생각해 볼 때, 그는 자신의 성격 중 어떤 부분에 대해 책임을 받아들이는가? 타인을 지배하려는 경향에 대해서인가? 아니면 순응하고, 타인을 달래고, 비위 맞추는 경향에 대해서인가? 실은 그 자신도 그것을 모르고 있다. 그러나 비록 우리가 알고 있다고 하더라도, 그는 한 가지를 지키고 다른 한 가지를 포기하지 못한다. 왜냐하면 두 가지 모두가 있어야 하기 때문이다. 더욱이 이상화된 이미지는, 그에게 자신을 보지 못하고, 오직 이상적인 미덕이나 무한한 능력만을 보도록 한다. 이렇게 해서 그는 자신의 갈등으로 인해 필연적으로 나타난 결과에 대해 책임을 지지 못한다. 이와 같이 결과에 대해 책임지지 않는 행위는 자신이 감추고 싶어 하는 모든 것을 안전하게 감추어 줄 것이다.

일반적으로 신경증 환자는 무의식적으로 자신의 행동에 대해 책임을 지는 것을 싫어한다. 그는 아주 명백한 상황에서조차 눈을 감아 버린다. 비록, 그는 매우 유능한 사람이지만 자신의 갈등을 제거해 버릴 수 없기 때문에 그 갈등에 잘 대처해야 한다고 또다시 무의식적으로 주장한다. 그는 다른 사람에게는 결과에 책임을 져야 하는 일이 일어날지 모르지만 자신에게는 그런 일이 일어나지 않는다고 생각한다. 그렇기 때문에 그는 계속해서 원인과 결과의 법칙을 인정하는 것을 회피해야만 한다. 만약 그가 조금이라도 마음을 연다면, 원인과 결과의 법칙은 그에게 많은 것을 가르쳐줄 것이다. 그것은 바보라도 알 수 있는 방식으로 그의 생활방식이 바람직하지 않다는 것을 가르쳐줄 것이며, 그가 무의식적으로 시도하는 교활한 속임수에도 불구하고, 우리의 정신생활을 움직이는 법칙은 물질세계의 법칙과 마찬가지로 조금도 동요하지 않을 것이라는 것을 말해 줄 것이다.

사실 책임성이라고 하는 주제는 그에게 별로 호소력 있게 다가가는 주제가 아니다. 그는 오직 책임성의 부정적인 측면만을 보거나 전체 중 일부분만을 희미하게 감지하게 되며, 그가 보지 못하는 것, 그러다가 나중에 그가 조금씩 지각하는 것은 책임을 회피함으로써 독립성에 대한 자신의 열망을 무너뜨리고 있다는 것이다. 그는 결사적으로 모든 책임을 외면하면서 독립을 쟁취하기를 희망한다. 그러나 실상 자신에 대한 책임을 받아들이는 것은 진정한 내적 자유의 필수 조건이 된다.

***

자신의 문제와 자신의 고통이 자신의 내적 갈등 때문이라는 것을 인정하지 않기 위해서 신경증 환자는 다음의 세 가지 방법 중 하나에 의존하게 되며, 때로는 세 가지 모두에 의존하는 경우도 있다. 음식, 날씨, 성격에서 부모, 아내, 운명에 이르기까지 모든 것을 재앙의 탓으로 돌리는 경우, 철저히 외현화를 사용한다. 환자는 자신의 잘못은 없기 때문에 자기에게 불행한 일이 일어나는 것은 부당하다는 식의 태도를 가질 수 있으며, 늙고, 병들고, 죽는 것은 부당한 일일 수 있다. 그리고 결혼생활이 행복하지 못한 것, 자식이 말썽을 부리는 것, 다른 사람에게 인정받지 못하는 것 또한 부당한 일일 수 있다. 이런 종류의 사고방식은 의식적일 수도 있고 무의식적일 수도 있지만, 어찌되었든 잘못된 사고방식이다. 왜냐하면 이런 사고방식은 자신의 문제에 대한 자신의 몫을 제거할 뿐만 아니라 자신의 삶과 관련을 맺고 있지만, 그 자신과는 관계가 없는 다른 모든 요인을 제거해 버리기 때문이다. 그럼에도 불구하고 이런 사고방식은 나름대로의 논리를 가지고 있다. 이것은 배타적인, 자기중심적 사고이며, 이런 자기중심성은 자신이 거대한 체인의 작은 연결고리라는 점을 보지 못하게 만든다. 이러한 사고는 고립된 인간의 전형적인 사고며, 그는 자신이 특정한 시대와 특정한 사회체계의 온갖 혜택을 받는 것을 당연하다고 생각한다. 그리고 그들은 좋은 것이든, 나쁜 것이든 다른 사람과 연관되는 것에 분노하며, 그런 이유로 왜 자신과 상관없는 일 때문에 자신이 고통을 받아야 하는지를 이해하지 못한다.

세 번째 방법은 원인-결과의 관계를 인정하지 않으려는 것과 관련되어 있다. 그가 생각하기에 일의 결과는 자기나 자기의 어려움과는 무관하게 그냥 일어난 것이다. 예를 들면, 의기소침 또는 공포증은 난데없이 자신에게 찾아오는 것처럼 느껴진다. 이것은 물론 심리적 무지 또는 관찰 부족 때문일지도 모른다. 그러나 정신분석을 통해 우리는 환자가 구체적이지 않은 연관성을 인정하는 데에도 대단히 끈질긴 저항을 보여 준다는 것을 알고 있다. 그는 그것을 계속 믿지 않거나 잊어버리며, 정신분석가가 골치 아픈 문제는 얼른 해결해 주지 않고 엉뚱하게 자기만 나무라면서 체면만 차린다고 생각할 수도 있다. 한편, 환자는 치료를 통해 자신의 무력증과 연관된 요인을 잘 알게 될지도 모른다. 그러나 자신의 무력증이 정신분석을 더디게 할 뿐만 아니라 그가 하는 모든 일을 더디게 하고 있다는 명백한 사실을 회피하려고 할지도 모른다. 또 다른 환자는 자신이 타인에게 공격적이고, 경멸적으로 행동한다는 것을 자각하면서도, 왜 자기가 종종 타인과 싸우고, 미움을 받는지를 이해하지 못할지도 모른다. 문제는 환자 안에 존재한다. 그러나 그가 실제로 날마다 겪고 있는 문제는 앞 문장의 진술과는 다른 문제가 되며, 환자의 내적 갈등과 그것이 환자의 생활에 가져오는 결과 사이의 분리는 구획화의 주요 원인이 된다.

신경증적 태도와 욕구의 결과를 인정하는 것에 대한 저항은 주로 깊숙이 감추어 있게 된다. 그리고 정신분석가는 자신에게는 매우 분명하게 갈등과 결과 사이의 관련성이 감지된다는 이유만으로 이 사실을 간과하기 쉽다. 이것은 불행한 일이다. 왜냐하면 환자 자신은 스스로가 결과에 대해 눈멀게 하고 있다는 것과 자기가 왜 그러한 행동을 했는지, 그 이유를 알지 못하기 때문이다. 따라서 그것을 환자에게 일깨워 주지 않으면, 그는 자신이 스스로의 삶을 얼마나 방해하고 있는지를 이해할 수 없게 된다. 결과에 대한 자각은 오직 자신 내부의 무엇인가를 변화시킴으로써만 자유를 획득할 수 있다는 사실을 환자의 마음에 각인시킨다는 점에서, 정신분석의 가장 강력한 치료적 요인이 된다.

* * *

만약 신경증 환자에게 그가 가진 가식, 거만, 자기중심성, 책임회피에 대한 책임을 물을 수 없다면, 도덕성에 관한 문제는 전혀 이야기할 수 없는 것인가? 내과의사처럼 우리는 오직 환자의 병과 그것의 치료에만 관심을 갖는 것이 당연하다. 따라서 도덕성은 우리가 관여할 영역이 아니라는 주장이 제기될 수 있다. 그리고 프로이트 이론의 가장 큰 장점으로 손꼽히는 것도 내가 옹호하는 것처럼 보이는 도덕적인 관점을 배제하였기 때문이라는 지적이 제기될 수 있을 것이다.

이런 주장은 과학적이라고 여겨진다. 그러나 그렇다고 하여 이러한 주장이 정당화될 수 있는가? 인간행동의 문제에서 옳고 그름에 관한 판단을 과연 배제할 수 있는가? 만약 정신분석가가 무엇에 정신분석적 조사가 필요한가의 여부를 결정한다면, 그는 자신이 의식적으로 거부하는 바로 그 판단의 기초 위에서 분석을 진행하고 있는 것은 아닐까? 그러나 이런 맹목적인 판단에는 위험성이 있다. 이런 판단은 지나치게 주관적이거나 지나치게 전통적인 근거 위에서 내릴 수 있다. 이렇게 해서 정신분석가는 남자가 여자를 희롱하는 것은 분석할 필요가 없고, 여자만 조사를 받을 필요가 있다고 느낄지도 모른다. 만약 어떤 정신분석가가 성적인 충동에서 자유로운, 구속되지 않는 삶을 추구한다면, 그는 남자건 여자건 정절이 분석의 대상이라고 생각할 것이다. 그러나 사실, 판단은 환자가 앓고 있는 신경증의 기초 위에서 내려져야 한다. 고민해야 할 문제는 환자가 취하는 태도가 환자의 발달과 대인관계에 해를 끼치느냐의 문제이기 때문이다. 만약에 그렇다면 환자의 태도는 잘못된 것이며, 분석되어야 한다. 정신분석가가 내리는 결론의 근거는 환자가 문제에 대한 명확한 판단을 내릴 수 있도록 분명하게 진술되어야 한다. 앞의 반론은 환자의 사고에 나타나는 오류—말하자면, 도덕은 단지 판단의 문제지, 결과와 짝지워지는 현실의 문제는 아니라는 사고—와 같은 것이 아닌가? 신경증적 거만함의 예를 들어 보자. 환자가 거만함에 대해 책임이 있건 없건 간에 이것은 존재한다. 정신분석가는 거만함이 환자가 자각하고, 극복해야 할 문제라고 생각한다. 이 정신분석가는 주일학교에서 거만함은 죄악이고, 겸손함은 미덕이라고 배웠기 때문에 이런 위험한 입장을 취하는 것인가? 아니면, 거만함은 비현실적인 태도며, 좋지 않은 결과—이 결과는 환자가 책임이 있건 없건 간에 환자가 피할 수 없는 짐이 된다—를 가져온다는 사실에 의해 내려진 결론 때문에 이러한 입장을 취하는 것인가? 거만함의 경우, 이 결과는 환자가 자신에 대해 알게 되는 것을 막고, 그것은 다시 환자의 발달을 저해한다. 거만한 환자는 타인에게 부당한 행동을 하기 쉽고, 이것은 또다시 환자의 대인관계에 영향을 미친다. 환자는 때때로 다른 사람과 다툴 뿐만 아니라 자신을 사람들과 분리하기도 하는데, 이것은 환자를 더욱 깊은 신경증으로 몰고 간다. 결과적으로 환자의 도덕성은 부분적으로 신경증에서 일어나고, 신경증의 지속에도 관여하기 때문에 정신분석가는 환자의 도덕성에 관심을 갖지 않을 수 없다.

절망 11

내적 갈등에도 불구하고, 신경증 환자는 때때로 만족하기도 하고, 자신의 마음에 맞는 것을 즐기기도 한다. 그러나 자주 행복해하기에는 환자가 필요로 하는 행복의 조건이 지나치게 많다. 예를 들면, 혼자 있지 않거나, 누군가와 함께 기쁨을 나누지 않거나, 자신이 주인공이 아니거나, 모든 면에서 인정받지 못하거나, 그는 어떤 일에도 기뻐할 수 없을 것이다. 그의 행복의 조건은 서로 대립되는 경우가 많기 때문에 그가 기쁨을 느낄 수 있는 가능성은 더욱 희박하게 된다. 그는 기꺼이 타인이 앞서 가도록 해 주고 나서, 그것에 대해 화를 낼지도 모른다. 남편의 성공에 기뻐하면서도 남편을 시기할지도 모른다. 파티를 좋아하지만 완벽하게 준비해야겠다고 생각하다가 파티가 시작하기도 전에 지쳐 버릴 수도 있다. 이처럼 신경증 환자는 일시적으로 행복을 느낄 수 있지만, 이 행복은 환자의 나약함과 공포로 인해 너무나도 쉽게 동요될 수 있다.

더욱이 그의 마음속에는 일상적인 가벼운 불상사가 지나치게 많은 자리를 차지하고 있다. 어떤 사소한 실패일지라도 그를 의기소침하게 만들 수 있는데, 왜냐하면 이것은 그에게 자신이 가치 없는 존재라는 생각을 하도록 만들기 때문이다. 이것은 자신이 통제할 수 없는 요인에 의해 일어난 일이라 하더라도 마찬가지다. 악의 없이 던지는 비판조의 말도 그가 걱정하게 하거나, 수심에 잠기게 할 수 있는 것이다. 결과적으로 그는 환경이 허락하는 것보다도 덜 행복해하고, 덜 만족해한다.

이것만으로도 충분히 좋지 못한 상황인데, 심각한 사고는 이 상황을 더욱 악화시킨다. 인간은 희망이 있는 한 놀라울 정도로 끔찍한 삶을 견딜 수 있다. 그러나 신경증적 혼란은 언제나 약간의 절망감을 가져온다. 그리고 이 혼란이 심각할수록 절망감은 더욱 커진다. 신경증적 혼란은 깊숙이 감추어져 있지만 표면적으로는 신경증 환자가 상황을 호전시킬 조건을 상상하거나 계획하는 데에 여념이 없는 것처럼 보인다. 예를 들면, 결혼을 한다면, 더 큰 아파트가 있다면, 직장상사가 바뀐다면, 다른 여자가 나의 아내라면(이상은 남성에게 해당), 내가 남자라면, 내가 좀 더 나이가 든다면, 내가 좀 더 젊다면, 좀 더 키가 크다면, 키가 조금만 작아진다면(이상은 여성에게 해당), 모든 일이 잘 되었을 것이라고 생각하는 것이다. 그리고 마음속으로 걱정을 하게 하였던 요인의 제거는 실제로 환자에게 도움이 되는 경우가 종종 있다. 그러나 대부분의 경우에 이러한 희망은 환자의 내적 갈등을 드러내 보이는 것뿐이며, 결국은 환자를 실망하게 만든다. 신경증 환자는 외적 변화를 통해 좋은 세상이 올 것이라고 생각한다. 그러나 환자 스스로 새로운 상황 속에 자신의 신경증을 필연적으로 이끌고 들어간다.

외적인 것에 의존하는 희망은 당연히 어린이에게서 많이 나타난다. 바로 이것 때문에 어린 환자를 분석하는 것은 생각보다 간단치 않은 작업이 된다. 나이가 들고, 희망이 하나씩 사라져 감에 따라 사람은 내적 갈등의 원인이 자신에게 있다는 것을 더욱 기꺼이 받아들일 수 있게 되기 때문이다.

일반적인 절망감이 무의식적인 것이기는 하지만, 이것의 존재와 강도는 다양한 단서를 통해서 추측할 수 있다. 이에는 부적절하리만큼 지나치게, 강렬하게, 그리고 오랫동안 지속되던 실망감에 대해 한 인간이 어떻게 반응하였는가를 보여 주는 삶의 에피소드가 있을 수 있다. 이런 식으로 인간은 겉으로 보기에 유년시절에 경험한 짝사랑 때문에, 친구의 배신 때문에, 직장에서 해고된 것 때문에, 그리고 시험을 망친 것 때문인 것처럼 보이는 절대 절망과 마주치게 된다. 당연히 인간은 우선 이렇게 심각한 반응에 대한 이유가 무엇인지를 이해하려고 노력할 것이다. 마찬가지로 흥분해 있건, 무덤덤하건, 죽음이나 자살충동에 사로잡혀 있는 사람은, 그가 아무리 낙천적인 겉모습을 보여 주고 있을지라도 실제로는 절망감에 빠져 있다. 그리고 일반적인 경솔함, 즉 어떤 일이든 심각하게 받아들이기를 거부하는 것은, 정신분석 상황이건 일상이건 간에 난관에 직면해서 쉽게 낙담해 버리는 사람의 또 다른 징후가 된다. 프로이트가 부정적 치료반응이라고 정의했던 것 중의 대부분이 여기에 속한다. 고통스럽기는 하지만 탈출구를 제공해 주는 새로운 통찰은 새로운 문제를 해결해 나가기 위해 겪어야 할 역경 앞에서 또다시 낙담하고 주저하도록 만들 뿐이다. 때때로 환자는 자신이 특정한 난관을 극복할 수 있다고 믿지 않는 것처럼 보이는데, 그러나 실제로 이것은 자신을 믿지 않는 것이 아니라 극복할 수 있다는 희망을 가지고 있지 못한 것이다. 이런 상황에서 환자에게 합리적으로 느껴지는 것은 특정한 통찰이 자신을 다치게 하거나 두렵게 한다고 불평하든지, 정신분석가 때문에 당황스럽다고 화를 내는 것뿐이다. 미래에 대한 예측이나 예언에 집착하는 것도 역시 절망감의 신호라고 할 수 있다. 겉으로 보기에는 환자의 상태가 그저 삶에 대한 불안이나, 자기도 모르는 사이에 무엇인가를 들켜 버릴 것에 대한 불안, 또는 실수를 저지를 것에 대한 불안에 휩싸인 것처럼 보이지만 실제로 환자의 상태는 좀 더 심각하다. 이런 상황에서 환자의 인생관은 필연적으로 염세주의적 색깔을 띠게 된다. 이렇게 인생의 밝은 면보다 어두운 면에 초점을 맞추는 것은, 아무리 지적으로 합리화하려고 하여도, 부정적 상황이 환자 자신을 심각한 절망감에 빠뜨리고 말기 때문이다. 결국, 이것은 쉽게 자각할 수 없는 잠행성의 고질적인 의기소침이 되고 만다. 그러나 이렇게 시달리고 있는 사람도 실제 삶은 그런 대로 잘 기능할 수 있다. 그는 활기 있게 살 수도 있고, 즐거운 시간을 가질 수도 있다. 하지만 그가 아침에 자신을 깨우려면, 소생시키려면, 말하자면 다시 삶을 견디도록 만들려면 많은 시간이 걸린다. 삶은 영구적인 짐이기 때문에 그는 삶을 거의 짐으로 느끼지 않으며, 삶에 대해 불평하지도 않는다. 그러나 그의 기분은 영구적으로 침체되어 있다.

절망의 원인은 항상 무의식적이지만, 느낌 자체는 상당히 의식적이다. 어떤 사람은 온통 파멸에 관한 생각에 사로잡혀 있을 수도 있다. 그렇지 않으면 좋은 것은 전혀 기대하지 않고, 삶이란 그저 견디어 내야 할 것이라고 느끼면서, 삶에 대해 대체로 소극적인 입장을 취할지도 모른다. 어떤 사람은 철학적인 용어를 사용해 이런 태도를 표현할지도 모른다. 이를테면 삶이란 근본적으로 비극이며, 오직 바보만이 인간의 불가역한 운명에 관해 자신을 속이고 있는 것이라고 말할 것이다.

정신분석가는 이미 사전 면담을 통해 환자의 절망감을 짐작할 수도 있다. 환자는 조그만 희생을 하는 것, 아주 사소한 불편이라도 겪는 것, 미미한 위험이라도 감수하는 것을 꺼려할 것이다. 그리하여 타인에게 지나치게 자기 멋대로 행동한다는 인상을 줄 것이다. 그러나 실상, 그는 아무것도 기대할 것이 없을 때, 굳이 무엇인가를 희생할 이유를 찾지 못하여 그럴 뿐이다. 일상생활에서도 이와 비슷한 태도를 관찰할 수 있다. 그는 조금만 노력하고, 조금만 적극성을 보이면 더 나아질 수 있는데도 철저히 불만스러운 상태에 안주하며, 스스로의 절망감에 의해 몸과 마음이 마비되어 사소한 어려움도 극복할 수 없는 장애물이라고 단정해 버린다.

때때로 우연한 말이 이런 상태를 표면으로 끌어낼 것이다. 정신분석가가 단순히 아직 문제가 해결되지 않았고, 좀 더 작업을 해 보아야겠다는 말을 하였을 때, 환자는 "가망 없다고 생각하지 않으세요?"라는 질문으로 반응할지도 모른다. 그리고 자신의 절망감을 깨닫게 되었을 때 환자는 보통 자신의 절망에 책임을 지지 못한다. 그는 여러 가지 외부적 요인에 그 탓을 돌릴 것이다. 이런 외부적 요인은 직업이나 결혼에서 시작하여 정치적 상황에 이르기까지 매우 다양하다. 그러나 이것은 어떤 구체적이거나 일시적인 상황 때문이 아니라, 환자가 자신의 삶에서 무엇인가를 해낸다는 것에 대해, 언젠가 행복하고 자유롭게 된다는 것에 대해 절망감을 느끼고 있는 것이다. 그리하여 환자는 자신의 삶을 의미 있게 만들 모든 것에서 영구히 분리되어 있다고 느끼게 된다.

이 부분에 대해서는 아마도 키에르케고르가 가장 심오한 대답을 해 주지 않았나 하는 생각이 든다. 그는 『죽음에 이르는 병』[1]에서 모든 절망이 근본적으로 자기 자신이 되는 것에 대한 절망이라고 이야기하였다. 모든 시대의 철학자는 자기 자신이 되는 것의 절대적 중요성과 그것으로의 접근이 방해받았을 때에 수반되는 절망을 강조해 왔다. 이것은 선불교 서적의 핵심 주제이기도 하다. 존 맥머레이(John Macmurray)의 글[2]을 인용해 보겠다.

> 우리의 존재는 완전하게 우리 자신이 되는 것 이외에 다른 어떤 가치를 소유할 수 있겠는가?

절망은 해결되지 않은 갈등의 최종 산물이다. 이것의 가장 깊은 뿌리는 분열되지 않은 성실한 삶을 살지 못할 것이라는 절망 속에 자리 잡고 있다. 갈수록 심각해지는 신경증은 이 상태에 도달하게 만들고, 환자는 누구나 그물에 걸린 새처럼 탈출할 가능성이 전혀 없는 갈등에 사로잡혀 있다는 느낌을 갖게 된다. 이것에 더해서

1) Soren Kierkegaard, 앞의 책.
2) John Macmurray, *Reason and Emotion*(Appleton-Century, 1938).

해결을 추구하는 온갖 노력이 동원된다. 그러나 이 노력은 결국 실패할 뿐만 아니라 환자를 자신에게서 더욱 분리시키고 만다. 이런 일이 반복되다 보면 절망감은 더욱 심각해지고, 재능이 있어도 결코 성취에 이르지 못하게 된다. 이러한 결과가 빚어진 이유는 다음의 두 가지 중 하나다.

첫째, 에너지가 여러 방향으로 흩어지는 일이 되풀이되기 때문이다.

둘째, 창조적인 활동의 과정에서 발생하는 어려움이 환자를 쉽게 좌절시키기 때문이다.

이것은 연쇄적으로 무너져 내리는 사랑, 결혼, 우정에도 해당될 수 있다. 이렇게 실패가 반복되는 것은, 특정한 구멍으로 점프를 해야만 먹이를 먹을 수 있도록 조건화된 실험실 쥐가 점프를 반복하지만, 결국은 구멍이 막혀 있음을 발견하고 마는 것과 같이 사람을 낙담하게 만든다.

게다가 인간에게는 이상화된 이미지에 도달하려고 하는, 실질적으로 희망 없는 도전정신이 있다. 그러나 이것이 절망감을 만드는 가장 강력한 요인이라고 말하기는 어렵다. 그렇더라도 환자가 자신이 상상하는 특별하고 완벽한 존재가 아니라는 것을 깨닫게 될 때 절망감이 현저히 나타나게 된다는 것에는 의혹의 여지가 없다. 이런 때에 환자는 자신의 허구적인 수준에 도달할 수 없는 것에 대해 낙심할 뿐만 아니라 자신의 한계에 대한 자각에 대해 자기멸시의 태도를 나타내게 된다. 자기멸시의 태도는 사랑이건 일이건 무엇인가를 성취하는 데에 부정적인 영향을 끼친다.

신경증에 기여하는 요인 중에서 최종적인 것은 인간의 무게중심을 인간 내부에서 외부로 이동시키며, 인간 스스로가 삶의 추동력이 되지 못하도록 만든다. 이러한 결과로 인간은 자신에 대한 믿음과 인간으로서의 자기 발전에 대한 믿음을 상실하게 되고 언제나 포기하는 습관을 갖게 된다. 이런 태도는 알아채지 못한 채 지속될 수도 있는데, 그 결과는 심리적 사망라고 부를 만큼 심각하다. 키에르케고르는 다음과 같이 말했다.[3)]

> 그러나 이 사실(절망)에도 불구하고…… 그는 완벽하게 잘 살 수도 있고, 남자다울 수도 있고, 현실세계에 몰입하고 있는 것처럼 보일 수도 있고, 결혼할 수도 있고, 아이를 낳을 수도 있고, 명예와 찬사를 얻을 수도 있다. 그리고 깊은 의미에서 보았을 때, 그에게 자아가 결핍되어 있다는 것은 아마 아무도 알아차리지 못할 것이다. 이러한 일에 대해 시끄럽게 문제를 삼는 일은 세상에 없다. 왜냐하면 자아라고 하는 것은 세상이 의문을 품을 수 있는 일이 아니며, 내가 자아를 가지고 있다고 하는 것을 세상 사람에게 알리는 것은 가장 위험한 일이기 때문이다. 가장 큰 위험, 즉 자아 상실은 마치 아무 일도 없었다는 듯이 조용히 일어날 것이다. 그러나 이 밖의 다른 상실—예를 들면, 팔, 다리, 5달러, 아내 등—은 분명히 인식될 것이다.

나의 슈퍼비전 경험에 의하면 정신분석가가 절망이라는 문제를 분명하게 포착하는 경우는 많지 않으며, 그렇기 때문에 이 문제를 제대로 다루는 경우도 드물다. 내 동료 중에는 환자의 절망감—그들은 이것을 지각하였지만 문제로 파악하지는 않았다—에 압도

3) Soren Kierkegaard, 앞의 책.

되어, 자기도 절망감에 사로잡히게 된 사람도 있다. 이런 태도는 정신분석에 치명적이다. 왜냐하면 테크닉이 아무리 훌륭하고, 노력이 아무리 적극적이어도, 환자는 정신분석가가 자신을 포기했다고 느끼기 때문이다. 이와 똑같은 상황은 일상생활에서도 발생하는데, 예를 들어 상대방의 잠재력을 믿지 않는 사람은 결코 상대방에게 건설적으로 유용한 친구나 배우자가 될 수 없다.

가끔은 이것과 반대의 실수를 저질러 환자의 절망감을 대수롭지 않게 받아들이는 사람들도 있다. 그들이 판단하기에 환자에게 필요한 것은 격려였고, 그래서 실제로 격려를 해 주었다. 이것은 칭찬할 만한 일이기는 하지만, 이것만으로는 부족하다. 이런 일이 일어났을 때 환자는 정신분석가의 좋은 의도를 이해하면서도 정신분석가에게 당연하다는 듯이 화를 내게 된다. 왜냐하면 환자는 자신의 절망감이 친절한 격려에 의해 흩어 버릴 수 있는 단순한 기분이 아니라는 것을 내면 깊숙한 곳에서 알고 있기 때문이다.

문제를 정면에서 직접 다루기 위해서는 앞에서 설명한 바와 같이 환자가 절망감을 느끼는 간접적인 단서와 환자가 느끼는 절망감의 정도를 인지하는 것이 필요하다. 그리고 환자의 절망감의 원인이 환자의 내적 갈등에 있음을 이해해야만 한다. 정신분석가는 현상태가 계속되고, 또 환자가 현상태를 바꿀 수 없는 것으로 간주하는 한, 환자의 상황에는 희망이 없다는 것을 이해하고, 이것을 환자에게 분명히 전달해 주어야만 한다. 이 문제는 체호프(Chekhov)의 『체리농장』 속 한 장면에 단순한 형태로 잘 설명되어 있다. 파산에 직면한 가족은 사랑하는 체리농장과 땅을 떠나야 한다는 생각 때문에 절망에 빠져 있다. 한 사람은 이 가족에게 땅의 일부분에 작은 임대주택을 하나 짓는 것이 어떻겠느냐는 그럴싸한 제안을 한다. 그러나 이 가족의 편협한 관점으로는 이런 계획에 찬성할 수가 없고, 또한 다른 어떤 해결책도 없기 때문에 이들은 아무런 희망도 없이 가만히 있을 뿐이다. 이들은 마치 이전의 제안을 듣지 못했던 것처럼 누군가가 조언이나 도움을 줄 수 있는지를 무기력하게 묻는다. 만일 이들에게 조언을 해 준 사람이 훌륭한 정신분석가였다면 그는 이렇게 말했을 것이다.

> 물론 지금의 상황은 대단히 어렵습니다. 그러나 상황을 더욱 절망적으로 만드는 것은 여러분의 태도입니다. 삶에 대한 여러분의 바람을 바꾸어 본다면, 절망적으로 느낄 필요도 없을 것입니다.

환자가 정말로 변화할 수 있다는 믿음, 즉 환자가 정말로 자신의 갈등을 해결할 수 있다고 믿는 믿음은, 치료자가 문제를 다룰 수 있는가 없는가와 얼마만큼의 성공 가능성을 가지고 이 일을 처리할 수 있을 것인가를 결정하는 요인이다. 나와 프로이트의 차이점은 바로 여기에서 분명해진다. 프로이트의 심리학과 철학은 염세적이다. 이것은 치료[4]에 대해서뿐만이 아니라 인류의 미래[5]에 대해 프로이트의 관점이 가지는 특색이다. 그리고 그의 이론적 전제의 기초 위에서 그는 염세적일 수밖에 없다. 프로이트에 의하면 인간은 기껏해야 승화에 의해 변형되는 것이 고작인 본능에 따라 움직이기 때문이다. 만족에 대한 인간의 본능적 욕망은 사회에 의해

4) Sigmund Freud, "Analysis Terminable and Interminable," *International Journal of Psychoanalysis*(1937).

5) Sigmund Freud, "Civilization and its Discontents," *International Psychoanalytical Library*, Vol. XVII(Leonard and Virginia Woolf, 1930).

필연적으로 좌절되며, 인간의 '자아'는 본능적 욕구와 '초자아' 사이에서 무기력하게 이리저리로 흔들린다. 초자아는 주로 금지하고 파괴하는 역할을 한다. 진정한 이상은 존재하지 않는다. 개인적인 성취에 대한 소망은 '자아도취적'이다. 인간은 근본적으로 파괴적이다. 그리고 '죽음의 본능'은 타인을 파멸시키거나 스스로가 고통받도록 강요한다. 이 모든 이론은 변화에 대한 긍정적인 태도를 보여 주는 법이 없으며, 프로이트가 창시한 잠재력 높은 요법의 가치를 손상시킨다. 이와 대조적으로 나는 신경증에 있어서 충동적 경향은 본능적인 것이 아니라 혼란된 대인관계에서 기인한다고 믿는다. 그리고 이 충동적 경향은 이러한 갈등이 진실로 해결될 수 있을 때 변화될 수 있다고 생각한다. 이것은 내가 옹호하는 원리에 기초한 요법에 한계가 없다는 것을 의미하는 것이 아니다. 한계를 명확히 결정하기 위해서는 아직 많은 작업이 이루어져야 한다는 것뿐이다. 그러나 우리는 우리의 주장에 대해 타당한 근거를 가지고 있으며, 급진적 변화의 가능성을 신뢰하고 있다.

그렇다면 환자의 절망감을 지각하고 다루는 것이 왜 그렇게 중요한가? 우선, 이 접근법은 의기소침이나 자살충동과 같이 특별한 문제를 다루는 데에 가치가 있으며, 우리는 단지 특정한 갈등을 밝혀내는 것만으로도 환자의 의기소침을 완화시킬 수 있다고 본다. 그리고 이 갈등은 환자가 자신의 절망감을 알아차리지 못했음에도 이미 환자와 연루되어 있는 것이다. 그리고 의기소침의 재발을 막기 위해 환자의 절망감은 반드시 다루어야만 한다. 왜냐하면 절망감은 의기소침이 시작되는 깊숙한 원천이기 때문이다. 또한 잠행성의 고질적 의기소침도 바로 이 절망감이라는 근본 원인을 다루지 않고는 치료할 수가 없다.

자살충동에 대해서도 똑같은 설명이 가능하다. 우리는 깊은 절망, 반항, 복수 등과 같은 요인이 자살충동으로 이어진다는 것을 알고 있다. 그러나 환자의 자살충동이 분명히 드러난 후에 자살을 막으려고 하면, 이미 돌이킬 수 없는 상황이 되어 있는 경우가 종종 있다. 그러므로 보다 미미한 절망의 신호에 세심한 주의를 기울이고, 적절한 때에 환자의 문제를 다루어 자살을 보다 많이 예방하여야 한다.

보다 일반적인 중요성을 가지는 사실은, 환자의 절망감이 모든 종류의 심각한 신경증 치료에 장애가 된다는 것이다. 프로이트는 환자의 진전을 방해하는 모든 것을 저항이라고 부르는 경향이 있다. 그러나 이 관점에서는 절망에 관한 고려를 전혀 할 수가 없다. 정신분석을 할 때 우리는 저항적으로 후퇴하는 힘과 의욕적으로 전진하는 힘의 상호작용을 다루어야 한다. 여기에서 저항은 현 상태를 유지하기 위해 작용하는 환자 내부의 모든 힘을 포괄하여 부르는 용어다. 반면에 환자의 의욕은 내적 자유를 향해 환자를 충동하는 건설적인 에너지에 의해 생산된다. 이것은 우리가 무엇인가를 할 때에 필요한 원동력이며, 우리는 이것 없이는 아무것도 할 수 없다. 이것은 환자가 저항을 극복하도록 지원해 주는 힘이다. 또 이것은 환자가 보다 생산적으로 연상을 할 수 있도록 하며, 결과적으로 정신분석가가 환자를 더욱 잘 이해할 수 있도록 만든다. 이것은 환자에게 회피할 수 없는 성숙의 고통을 견딜 내적인 강건함을 부여해 주기도 하며, 환자로 하여금 지금까지 안정감을 주었던 태도를 포기하고, 자기 자신과 타인을 향한 새로운 자세,

즉 미지의 세계로 도약하도록 만든다. 그러나 정신분석가가 이 과정 내내 환자를 끌고 다닐 수는 없다. 환자 스스로가 이 과정을 가고 싶어 해야 한다. 이것은 절망감이라는 조건에 의해 마비되었던 말할 수 없이 소중한 힘이다. 이것을 인지하고, 다루어 주지 못하는 정신분석가는 신경증과의 전쟁에서 가장 소중한 동맹군을 스스로 제거해 버리는 어리석음을 범하게 되는 것이다.

환자의 절망감은 한 가지의 해석으로 해결할 수 있는 문제가 아니다. 환자 스스로 자신의 문제가 변할 수 없다고 생각하고 무기력하게 주저앉는 것이 아니라, 이것이 결국은 해결할 수 있는 문제라고 생각하기 시작한다면, 이미 실질적인 소득이 있는 것이다. 이 과정은 환자를 자유롭게 하고, 더 나아갈 수 있도록 한다. 물론 여기에는 기복이 있다. 도움이 되는 통찰을 얻었을 때에는 낙관적인, 심지어는 지나치게 낙관적이 되었다가 난관에 마주치게 되면 또다시 절망에 빠져 버리는 경우도 있는 것이다. 이런 경우마다 문제를 새롭게 다루어야 한다. 그러나 환자 자신이 정말로 변할 수 있다는 것을 깨달을 때, 환자가 붙들고 있던 절망은 그 고삐가 느슨해지고, 따라서 환자의 의욕도 커질 것이다. 환자를 가장 괴롭히는 증상을 제거한다는 것은 정신분석의 초기단계에서는 그저 소망에 불과할 것이다. 그러나 환자가 자신을 죄고 있는 족쇄를 점점 더 깨달아 갈수록, 그리고 자유의 맛을 알아갈수록 점점 더 현실에 가까워지게 될 것이다.

가학적 경향 12

신경증적인 절망감에 사로잡힌 사람은 나름대로의 방법을 동원해서 근근이 삶을 지속해 나간다. 그의 독창력이 신경증에 의해 크게 손상되지만 않았다면, 그는 상당히 의식적으로 현재의 삶을 수용하고, 스스로가 생산적일 수 있는 분야에 집중할 것이다. 그는 사회운동이나 종교운동에 또는 어떤 단체의 일에 스스로를 몰입시킬지도 모른다. 그의 일은 유용할지도 모르며, 그에게는 부족하다는 것보다 사리사욕이 없다는 게 더 중요하다.

어떤 사람은 특정한 삶의 틀에 자신을 맞추면서, 그 틀에 관해 의문을 제기하지도 않고, 많은 의미를 부여하지도 않으면서 그저 자신의 의무만을 수행하기도 한다. 존 마퀀드(John Marquand)는 『아주 적은 시간(So Little Time)』에서 이런 종류의 삶을 묘사한다. 내가 보기에 이것은 에릭 프롬[1)]이 신경증과 대비하여 결손상황이라고 설명한 상황이다. 그러나 나는 이것을 신경증 진행 과정의 결과라고 해석한다.

반면에 어떤 사람은 심각하거나 장래성이 있어 보이는 일을 포기하고, 삶의 가장자리로 돌아서 버리고는, 삶의 가장자리에 서서 사소한 즐거움을 낚아채려고 한다. 그래서 그는 맛있는 음식을 먹는다거나, 파티에서 술을 마신다거나, 이성을 유혹하는 등의 취미나, 우연한 쾌락에서 즐거움을 찾으려고 한다. 그렇지 않으면 그들은 여기저기 떠다니면서 쇄락해 가고, 결국은 산산조각이 나고 말 것이며, 아무 일도 꾸준히 할 수 없기 때문에, 술마시기, 도박하기, 창녀촌 다니기에 전전하게 된다. 찰스 잭슨(Charles Jackson)이 『잃어버린 주말(The Lost Week-End)』에서 설명한 알코올 중독의 종류는 알코올 중독의 최종단계를 표현해 주고 있다. 이것과 연관하여 스스로 파멸하려는 무의식적 결정이 결핵이나 암과 같은 난치병에 얼마나 강력한 심리적 영향력을 행사하는지를 연구해 보는 것은 재미있는 일이다.

우선, 희망을 갖고 있지 않은 사람은 파괴적이 됨과 동시에 이것에 대한 보상으로서 대리만족적 삶을 살아갈지도 모른다. 나는 이것이 바로 가학적 경향의 의미라고 생각한다.

프로이트는 가학적인 경향이 본능이라고 생각했기 때문에 정신분석의 관심이 주로 가학적 도착에 맞추어져 왔다. 일상생활의 대인관계에서 가학적인 유형이 무시된 것은 아니지만, 엄격하게 정의되지는 못하였으며, 자기주장 또는 공격적인 행동은 본능적인

1) Erich Fromm, "Individual and Social Origins of Neurosis", *American Sociological Review*, Vol. IX, No.4(1944).

가학적 경향의 변형 또는 승화로 여겨졌다. 예를 들면, 프로이트는 권력에 대한 욕망을 승화로 간주하였다. 권력에 대한 욕망이 가학적일 수 있다는 것은 사실이지만, 삶을 온통 투쟁으로만 보는 사람에게 권력에 대한 욕망은 단순히 생존을 위한 욕망에 불과할 수도 있다. 이것을 구별하지 못한다면, "가학적인 태도 유형에는 어떤 것이 있는가?" 그리고 "엄밀한 의미에서 가학적인 것과 아닌 것을 판단할 준거는 무엇인가?"라는 문제에 대한 포괄적인 이해를 할 수 없다. 그렇기 때문에 "무엇이 가학성이고, 무엇이 가학성이 아닌가?"라는 문제를 결정하는 것은 순전히 개인적인 직관의 몫이 되어 버리고 만다. 이런 상황에서 올바른 관찰이 이루어지기를 기대하기란 어렵다.

단순히 타인에게 해를 끼치는 행동 자체만으로는 가학적 경향의 신호라고 이야기하기 어렵다. 어떤 사람은 자기의 적과 동지 모두에게 손해를 끼쳐야만 하는 상황에서 갈등하고 있을지도 모르며, 타인에 대한 적대적 태도 역시 무엇인가에 대한 반작용에 불과할지도 모른다. 어떤 사람은 감정이 상했거나, 또는 두려운 마음에 힘껏 되받아 치고 싶어 할 수도 있다. 물론 타격의 강도는 객관적으로 보기에 지나칠 수도 있지만, 그 사람의 주관으로는 아주 타당한 것일 수도 있다. 그러나 이런 이유로 자신을 속이기는 쉽다. 이를테면, 실제로는 가학적 경향이 발동한 것인데, 이것을 정당한 반응이었다고 주장하는 경우가 부지기수이기 때문이다. 그러나 구별하기가 어렵다고 해서 적대적 반응이 존재하지 않는 것은 아니다. 결론짓자면, 생존을 위해 싸운다고 느끼는 공격적 유형의 사람이 사용하는 공격 전략에는 여러 가지가 있다. 나는 이런 공격 전략의 어느 것도 가학적이라고 부르지는 않는다. 물론 이런 와중에 사람이 다칠 수도 있으나, 타인에게 상처를 주는 것은 주된 의도였다기보다는 피할 수 없는 부산물이었다고 보아야 한다. 간단히 이야기하자면, 우리가 여기에서 언급하는 행동은 공격적이고, 심지어는 적대적으로 보일지도 모르지만, 비열하게 저질러진 것은 아니라는 것이다. 타인에게 상처를 준다는 사실 자체에서 오는 만족은 의식 속에서건 무의식 속에서건 존재하지 않는다.

이와 대조적으로, 전형적인 가학적 태도를 생각해 보자. 이 태도는 자신이 의식하건, 그렇지 않건 간에 스스로의 가학적 경향을 억제하지 않고 표현하는 사람에게서 관찰할 수 있다. 다음에 내가 가학적인 사람을 언급한다면, 이는 타인에 대한 태도가 현저하게 가학적인 사람을 의미할 것이다.

가학적인 사람은 타인을 노예로 만들고 싶어 한다. 특히, 배우자를 대할 때는 더욱 그러하다. 이 사람의 희생자는 슈퍼맨의 노예, 즉 자신의 소망, 감정, 동기가 없을 뿐만 아니라 주인에게 어떤 요구도 하지 않는 존재가 되어야만 한다. 이런 경향은, 마치 피그말리온(pigmalion)의 히긴스(Higgins) 교수가 일라이자(Eliza)를 만들어 낸 것처럼 희생자를 자기가 원하는 인간으로 만드는 형태, 즉 교육하는 형태를 띤다. 이것은 기껏해야 부모와 자녀, 교사와 학생과 같이 일부의 경우에만 건설적인 모습을 보여 줄 수 있다. 때때로 이런 측면은 성적인 관계에서 나타나곤 한다. 특히, 가학의 상대가 가학하는 사람보다 성숙한 경우에는 더욱 그렇다. 이것은 서로 나이 차이가 있는 동성애 관계에서도 두드러지게 나타난다. 그러나 노예가 자기의 뜻대로 행동하려 하거나, 친구를 가지거나, 자기만의 관심사를 갖게 되면, 주인은 악마의 뿔을 드러내고야 말 것이다. 항상 그런 것은 아니지만 주인은 소유하지 못한다는 질투심에 사로잡혀서 피해자를 학대하는 경우가 자주 있다. 이것은 특히 피해자에 대한 지배가 자신의 삶 자체보다도 더 중요하다고 여기는 가학적 관계에서 나타난다. 그는 자신의 인생에는 관심을 두지 않으며, 상대에게 독립을 허락하기보다는 타인을 만나서 생기는 즐거움과 장점을 포기하도록 할 것이다.

상대를 노예상태로 유지시키는 방식에는 몇 가지 유형이 있다. 이 유형들은 상대적으로 제한되어 있으며, 주인과 노예 양자의 성격 구조에 따라 결정된다. 가학적인 사람은 상대에게 둘의 관계가 가치 있게 보일 만큼만 줄 것이다. 심리학적 측면에서 최소 생계 수준 이상을 넘도록 하는 법은 거의 없지만, 그는 상대의 요구 중 약간을 이행할 것이다. 그리고 그는 자기가 준 것이 특별한 가치가 있다는 것을 상대에게 각인시킬 것이다. 그는 자신 이외의 다른 어떤 사람도 이런 이해와 지지, 성적인 만족, 많은 즐거움을 줄 수 없다고 주장할 것이며, 다른 어떤 사람도 너같은 사람을 받아줄 수 없을 것이라고 말할 것이다. 그러고는 더 좋은 것을 주겠다는 말로 상대를 유혹하여 붙들어 놓을 것이다. 이를테면 그는 암시적으로든 직접적으로든, 사랑, 결혼, 더 나은 경제적 상황 등을 약속할 것이다. 때때로 그는 상대에 대한 자신의 요구를 강조하고, 상대에게 그것을 호소하는데, 이 모든 전략은 대단히 소유적이고, 냉소적이기 때문에 상대를 타인으로부터 더욱 분리시키게 된다. 이런 의미에서 이 전략은 더욱 효율적이 될 것이다. 만약 상대가 충분히 의존적이 되면 그는 결국 상대가 떠나도록 위협하게 되고, 이때 더욱 심한 위협의 수단이 사용될 수 있다. 그러나 이 수단은 각각의 특색이 매우 뚜렷하므로 새로운 맥락에서 하나씩 논의하고자 한다. 상대의 특성을 고려하지 않고서는 이러한 관계에서 무슨 일이 일어나고 있는지 이해할 수 없다. 그는 보통 불평하는 유형이며, 버림받을지도 모른다는 두려움을 느끼고 있다. 그렇지 않으면 그는 자신의 가학적 경향을 심각하게 억압하고 있는 사람이며, 나중에 이야기하겠지만, 이런 이유로 인해 무기력한 사람이 될 수도 있다.

이런 상황에서 발생하는 상호 의존은 피해자와 박해자 양자 모두에게 분노의 감정을 일으키게 한다. 박해자가 결별의 필요성을 밝히는 순간, 박해자는 상대방이 자신의 사고와 에너지를 고갈시키고 있음에 대한 분노를 표현하는 것이다. 그는 자기 스스로 속박의 끈을 만들었다는 것을 깨닫지 못한 채, 상대방에게 매달리지 말라고 나무랄 것이다. 그가 이렇게 분리해 나가고 싶어 하는 것은 공포와 분노의 표현일 뿐만 아니라 협박의 한 가지 수단이라 할 수 있다.

모든 가학적 욕구가 상대방의 예속을 목표로 하는 것은 아니다. 어떤 사람은 마치 악기를 다루듯이 타인의 감정을 조종하는 데에서 만족을 찾는 경우도 있다. 키에르케고르는 자신의 소설, 『유혹자의 일기(Diary of the Seducer)』에서 자신의 삶에 대해 아무것도 기대하지 않는 사람이 어떻게 이 게임에 완전히 몰입되는지를 설명하고 있다. 그는 언제 관심을 보이고, 언제 무관심해야 할지를 알고 있다. 그는 여성의 반응을 예상하고 관측하는 데에 극도로 민감하다. 그는 무엇이 여성의 애욕을 자극하고, 무엇이 여성의 애욕을 자제하게 하는지를 알고 있다. 그러나 그의 민감성은 가학적 놀이의 요구사항에 제한된다. 그는 이 경험이 여성의 삶에 무엇을 의미하게 될지에 대해서는 전혀 관심이 없다. 키에르케고르의 소설 속에서 의식적이고, 빈틈없는 계산으로 묘사되는 것은 무의식적으로 이루어지는 경우가 더욱 많다. 그러나 이것은 똑같이 유혹과 거절의 게임이다.

세 번째 특징은 상대를 착취하는 것이다. 상대를 착취하는 것이 꼭 가학적 기질을 의미하는 것은 아니다. 단순히 이득을 위해 착취를 하는 경우도 있다. 가학적 착취에서도 이득은 관심사가 될 수 있으나 이런 경우의 이득은 허구적이며, 투입된 열정에 비해 지나치게 커다란 이득이다. 가학적인 사람에게는 착취하는 것 그 자체가 열광적으로 추구하는 바가 된다. 중요한 것은 오직 타인을 이겨서 승리를 경험하는 것뿐이다. 착취의 가학적 색깔은 착취에 사용되는 수단에 나타난다. 상대는 직접 또는 간접적으로 증가하는 요구에 직면하게 되고, 이것을 이행하지 못하면 죄책감이나 굴욕감을 느끼게 된다. 가학적인 사람은 불만스럽다거나 부당한 대우를 받았다는 느낌을 정당화할 수 있으며, 그렇기 때문에 더욱 많은 것을 요구하는 것도 항상 정당화할 수 있다. 입센(Ibsen)의 『헤다 가블러(Hedda Gabler)』는 어떻게 해서 이러한 요구을 충족시키는 것이 만족을 가져오지 못하는지, 그리고 어떻게 이러한 요구가 타인에게 상처를 주고 무안을 주려는 욕구에 의해 조장되는지를 묘사하고 있다. 이 욕구는 물질적인 것이나 성적인 욕구 또는 출세하는 것과 관련이 있다.

이것은 특별한 관심, 배타적 헌신, 끝없는 인내에 대한 요구일지도 모른다. 내용 자체에는 특별히 가학적인 것이 없다. 가학성과 직결되는 것은 상대가 어떻게 해서든지 공허한 삶을 채워 주기를 기대하는 것이다. 이것도 역시 『헤다 가블러』에 잘 묘사되어 있다. 책 속에서 그녀는 싫증이 난다면서 자극과 흥분이 필요하다고 끊임없이 불평을 한다. 타인의 감정적 활력을 마치 흡혈귀처럼 빨아먹으려는 욕구는 보통 무의식적이다. 그러나 이것은 착취하고자 하는 갈망의 밑바닥에 존재하고 있으며, 밖으로 표현된 요구가 양분을 섭취하는 토양일지도 모른다.

가학적인 사람에겐 타인을 실망시키려는 경향도 함께 존재하고 있음을 이해할 때, 착취의 성격은 더욱 분명해진다. 가학적인 사람은 아무것도 주려고 하지 않는다고 말하는 것은 실수다. 그는 특정한 상황에서는, 심지어 너그럽기까지 하다. 가학증의 전형적인 특성은 주려고 하지 않는 인색함이 아니라 무의식적이기는 하지만 훨씬 더 활동적인 충동이다. 이것은 타인의 기분을 상하게 하고, 타인을 실망시키려는 충동, 말하자면 타인을 좌절시키려는 충동이다. 상대가 보여 주는 만족감이나 쾌활함은 가학적인 사람에게 어떻게 해서든지 이것을 반드시 망쳐 놓도록 충동질한다. 만약 상대가 그를 만나고 싶어 하면, 그는 습관적으로 기분이 언짢아질 것이다. 만약 상대가 성관계를 원한다면 그는 냉랭하게 행동을 하거나, 발기가 되지 않을 것이다. 그는 어떤 긍정적인 일을 해야 할 필요도 없고, 그래서 그 일에 실패하는 경우조차 없을지도 모른다. 단순히 우울함을 내뿜음으로써 그는 마치 진정제와도 같은 역할을 하고 있을지도 모른다. 엘더스 헉슬리(Aldous Huxley)

의 글[2)]을 인용해 보겠다.

> 그는 어떤 일도 할 필요가 없었다. 그는 그저 존재하는 것만으로 충분하였다. 감염되기만 하면, 그의 몸은 오그라들고, 검게 변했다.…… 권력을 향한 의지의 얼마나 멋진 정수인가! 얼마나 우아한 잔인함인가! 가장 큰 기쁨도 잠재워 버리고, 기쁨의 가능성마저 질식시켜 버리는 전염병과도 같은 우울함이라니, 이 얼마나 놀라운 재능인가!

우리는 가학적 인간이 타인을 비난하고, 타인에게 굴욕감을 주는 경향에도 주목할 필요가 있다. 그는 타인의 단점을 발견하고 그것을 지적하는 데에 놀라울 정도로 날카롭다. 그는 타인의 민감한 부분이 어딘지, 상처받기 쉬운 곳이 어딘지를 직관적으로 알고 있으며, 타인을 경멸하고 비난하기 위해 자신의 직관력을 무자비하게 사용하는 경향이 있다. 이것은 솔직함이나 도움이 되려는 바람 등으로 합리화할지도 모른다. 그리고 타인의 능력이나 성실함에 대한 의문 때문에 마음이 괴롭다고 생각할지도 모른다. 그러나 그의 의문이 진실한 것인가에 관한 질문을 받으면, 그는 대단히 당황할 것이다. 이것은 그저 단순한 의심처럼 보일지도 모르며, 다음과 같이 환자가 말할지도 모른다.

> "내가 저 사람을 믿을 수만 있다면!"

꿈속에서는 그 사람을 바퀴벌레, 쥐 등 온갖 혐오스러운 것으로 상상해 놓고서, 어떻게 그 사람을 믿고 싶어 한다고 말할 수 있단

2) Aldous Huxley, *Time Must Have a Stop*(Harper and Brothers, 1944).

말인가? 다른 말로 하면, 의심은 단순히 타인을 마음속에서 비난하고 있는 것의 결과일 수도 있다. 가학적인 사람이 자신의 비난조의 태도를 깨닫지 못하고 있다면, 비난조적인 태도에서 기인한 타인에 대한 의심만을 지각하고 있을지도 모른다. 그렇다면 이제는 단순히 경향에 관한 것이 아니라, 타인의 흠을 잡는 것에 대한 일종의 열광에 관해 이야기하는 것이 더욱 적절할 듯하다. 환자는 타인의 단점을 발견하는 데에 능숙할 뿐만 아니라 자신의 결점을 노출시킨 후, 상대에게 불리한 상황을 만드는 데에도 놀랍도록 뛰어나다. 예를 들면, 그의 행동이 누군가를 당황스럽게 만들었다고 하자. 이 경우, 그는 상대방의 감정불안에 대해 관심을 보이거나, 심지어는 경멸의 태도를 나타낼 것이다. 그리고 만약에 위협을 받은 상대가 자기에게 전적으로 솔직한 태도를 보이지 않는다면, 그는 상대가 숨기기를 좋아한다거나, 거짓말을 한다고 나무랄 것이다. 또 그는 상대가 자신에게 의존하도록 모든 일을 다 해 놓고서는 상대에게 의존적이라고 비난을 하기도 할 것이다. 이런 식의 가학성은 단순히 말의 문제로 끝나는 것이 아니라 온갖 조소적 행동이 뒤따르게 된다. 굴욕적이고, 변태적인 성행위는 이것의 한 가지 예가 될 수 있다.

이 충동 중의 어느 한 가지가 좌절되었을 때, 또는 갑자기 상황이 바뀌어 가학적이었던 인간이 오히려 지배당하고, 착취당하고, 조롱당한다고 느낄 때 그는 발작을 하듯 거의 미친 듯이 분노하게 된다. 그는 자신을 공격한 사람에게 어떤 고문을 가해도 충분하지 않다고 느낄 것이며, 상대를 걷어차고, 주먹으로 치고, 조각조각 썰어 버리는 상상을 할지도 모른다. 이런 가학적 분노의 발작이 하나씩 억압되고 나면, 환자는 극심한 공포상태에 빠지거나 신체 기능상의 장애를 나타낼 수 있다. 이것은 내적 긴장의 증가를 보여 주는 것이다.

***

그러면 이런 경향은 무엇을 의미하는가? 인간이 이토록 잔인하게 행동하도록 강요하는 내적 필요는 과연 무엇인가? 가학적 경향이 변태성욕의 표현이라는 가정은 사실 근거가 없다. 가학적인 경향이 성적인 행동에서 나타날 수 있는 것은 사실이다. 그러나 이것은 모든 성격 특성이 성적인 차원에 나타난다는 일반규칙의 예외가 아니며, 이는 성격 특성이 일하는 방식, 걸음걸이, 필체에도 나타나는 것과 마찬가지다. 많은 가학적인 행동은 흥분한 상태에서 또는 반복해 이야기했듯이 열광적으로 이루어진다. 그러나 이런 흥분의 감정이 실제로 그렇게 느껴지지 않을 때에도, 근본적으로 성적이라는 결론은 모든 흥분이 근본적으로 성적이라는 전제에 근거하고 있을 뿐이다. 그러나 이러한 전제를 증명할 증거가 없다. 하지만 분명 현상학적으로 보았을 때, 가학적 쾌감과 성적인 포기라는 두 가지 감정은 근본적으로 완전히 다른 것이다.

가학적 충동이 유년기의 경향이 지속되는 것이라는 주장은 어린 아동에게는—동물이나 자기보다 어린아이에게 잔인한 행동을 하고, 그것에서 쾌감을 느끼는 것처럼 보이는—어느 정도 타당성이 있는 말이다. 이런 표면적인 유사성을 토대로, 어른의 경우 아동의 초보적 잔인성이 단순히 순화된 것뿐이라고 말하는 사람이 있을지도 모른다. 그러나 이것은 순화된 것이 아니다. 어른의 가학적 잔인성은 전혀 종류가 다른 것이다. 우리가 봐 왔듯이 이것에는 아동의 솔직한 잔인성에서는 볼 수 없는 특성이 있다. 아동의 잔인성은 억압받거나 굴욕감을 느낄 때 상대적으로 단순한 반응이며, 아동은 자신보다 약한 대상에게 복수를 하는 것뿐이다. 가학적인 경향은 훨씬 복잡하다. 게다가 현재의 이상행동을 초기경험에 직접 연관시켜서 설명하려는 여타의 시도처럼 이것은 대단히 중요한 질문을 남겨 놓는다. 잔인성을 유지하고 발전시키는 요인은 과연 무엇인가?

앞의 가설은 모두 가학증의 한 가지 측면에만 초점을 맞추고 있다. 예를 들면, 어떤 경우에는 성행위에만, 다른 경우에는 잔인성에만 초점을 맞추고 있다. 그렇기 때문에 기존의 가설에서는 가학증에 대해 제대로 된 설명을 하지 못하고 있다. 다른 설명보다는 보다 핵심에 다가가 있는 에릭 프롬[3)]의 설명도 이 점에서는 마찬가지 결점을 가지고 있다. 프롬은 다음과 같이 설명한다.

> 가학적인 사람은 자신이 애착을 느끼는 사람을 파괴하고 싶어 하지 않는다. 그는 자기 자신의 삶을 살 수 없기 때문에 상대방을 공생적 존재로 이용할 뿐이다.

이것은 분명히 사실이다. 그러나 그것만으로는 왜 인간이 충동적으로 타인의 삶을 간섭하는지, 그리고 간섭이 왜 이렇게 특별한 형태를 갖추게 되는지에 대해서는 여전히 설명이 부족하다.

만약 가학증을 신경증의 증상으로 간주한다면, 증상을 설명하려

3) Erich Fromm, *Escape from Freedom*(Farrar and Rinehart, 1941).

고만 할 것이 아니라, 우선 가학증을 발전시키는 성격 구조를 이해해야만 할 것이다. 이런 각도에서 문제에 접근하였을 때, 자기 자신의 삶이 쓸모없다는 느낌을 가지고 있는 사람만이 여기서 이야기한 가학적인 경향을 발전시킨다는 것을 알 수 있다. 시인은 우리가 이 문제를 임상적 연구를 통해 파헤칠 수 있게 되기 훨씬 전부터 이 잠재적인 조건을 직관적으로 파악하고 있었다. 『헤다 가블러』와 『유혹자』의 경우, 모두 그들 자신에서 또는 그들의 삶에서 무엇인가를 만들어 낼 가능성은 다소 희박한 상태였다. 이런 상황하에서 체념할 수 없는 사람은 필연코 격분하게 되며, 자신이 영원히 소외되고, 영원히 패배했다고 느낄 것이다.

그러므로 그는 자신의 삶을 증오하고, 삶 속의 모든 긍정적인 것을 증오하기 시작할 것이다. 그러나 그는 열렬히 갈망하는 것을 가지지 못하도록 저지당한 인간의 불타는 질투심으로 삶을 증오하게 된다. 이것은 삶이 자신에게 아무것도 주지 않는다고 느끼는 인간의 씁쓸한 질투다. 니체(Nietzsche)는 이것을 '삶에 대한 질투(Lebensneid)' 라고 불렀다. 그는 타인도 역시 이런 슬픔을 가지고 있을 것이라 생각하지 않는다. '그' 는 그가 굶주리고 있을 때에 식탁에 앉아 있다. '그' 는 사랑하고, 창조하고, 즐기고, 평온함에 젖어 있으며, 무엇인가에 속해 있다. 타인의 행복과 타인의 기쁨에 대한 '순박한' 기대는 그를 분노하게 한다. 그는 행복하고 자유로울 수 없는데, 왜 타인은 행복하고 자유로운가? 도스토예프스키의 『바보(Dostoevsky' s Idiot)』에 나오는 말에 의하면, 그는 타인의 행복을 용서할 수 없는 것이다. 그는 타인의 즐거움을 짓밟아야만 한다. 결핵에 걸려 죽을 운명에 처해 있는 교사가 학생의 샌

드위치에 침을 뱉고, 그것을 으깨 버릴 수 있는 자신의 힘에 즐거워한다는 이야기는 가학증 환자의 태도를 묘사하고 있는 것이다. 이것은 보복적인 질투심의 의식적인 발로였다. 가학증에서 타인의 마음을 낙담시키고, 으깨어 버리는 경향은 보통 대단히 무의식적이다. 그러나 이 의도만큼은 앞의 교사의 의도만큼이나 악의에 찬 것이다. 이것은 자신의 고통을 타인에게도 나누어 주는 것이다. 만약 타인도 자기만큼 처참하다면, 그의 비참한 심정은 누그러질 것이다. 그는 이제 더 이상 혼자만 고통받고 있다고 느끼지 않기 때문이다.

끊임없는 질투심을 달래는 또 한 가지 방법은 '신포도' 전략이다. 이 전략에 완벽할 정도로 숙달이 되어 있는 환자는 훈련된 관찰자조차도 쉽게 속이고 만다. 사실 그의 질투는 워낙 깊숙이 묻혀 있는 것이라, 그는 누가 이것을 이야기하더라도 비웃어 버릴 것이다. 그가 인생의 고통스럽고, 짐스럽고, 추한 측면만을 바라보는 것은 씁쓸한 마음의 표현일 뿐만 아니라 자기가 아무것도 손해 보고 있지 않다는 것을 스스로에게 증명해 보이려는 노력의 표현이다. 그가 끊임없이 흠을 잡고, 헐뜯는 것은 부분적으로 이것에서 기인한다. 예를 들면, 그는 아름다운 여성의 신체에서 완벽하지 못한 부분에 주목할 것이다. 방에 들어가면 그의 눈은 주변과 어울리지 않는 어느 한 가지 색깔이나 가구에 사로잡힐 것이며, 훌륭한 연설에서 한 가지라도 흠을 찾아내려고 할 것이다. 이와 마찬가지로 타인의 삶이나 성격, 마음가짐에서 무엇인가 잘못된 것이 있기만 하다면, 그에게는 상당히 큰 것으로 느껴질 것이다. 만약 그가 교양 있는 사람이라면, 그는 이런 태도를 불완전성에 대한 자신의 민감성 탓으로 돌릴 것이다. 그러나 사실을 이야기하자면, 그는 다른 모든 것을 제쳐놓은 채 오직 단점만을 바라보고 있는 것이다.

비록 그가 질투심을 달래고, 분노를 진정시키는 데에 성공한다 하더라도 흠을 잡으려는 그의 태도는 영구적인 실망과 불만의 감정을 가져온다. 예를 들면, 만약 그에게 아이가 있다면 그는 주로 그에 따르는 부담과 의무만을 생각할 것이다. 만약 그에게 아이가 없다면 그는 가장 중요한 인간 경험이 자신에게는 결핍되어 있다고 생각할 것이다. 만약 그에게 성 경험이 없다면 그는 박탈감을 느끼며, 성욕을 주체하지 못할까 봐 걱정할 것이다. 만약 그가 성관계를 가진다면 그는 굴욕감과 수치심을 경험할 것이다. 만약 그에게 여행을 할 기회가 있다면 그는 불편함 때문에 기분이 상한다고 생각할 것이다. 만약 그가 여행을 할 수 없다면 그는 집에 있는 것이 부끄러운 일이라고 생각할 것이다. 그는 고질적인 불만의 근원이 자기 자신에게 있다는 것을 생각하지 못하기 때문에 타인이 자신에게 마땅히 해 주어야 할 것을 해 주지 않고 있다고 생각하여 그것을 타인에게 인식시키려고 하며, 더욱 커다란 요구를 할 것이다. 그러나 이 요구가 충족된다고 해도 그는 결코 만족할 수 없다.

* * *

씁쓸한 질투, 흠을 잡으려는 경향 그리고 이에 따르는 불만은 가학적 경향을 어느 정도 설명해 준다. 우리는 왜 가학증 환자가 타인을 좌절시키고, 타인에게 고통을 주고, 흠을 잡고, 결코 충족

될 수 없는 요구를 하는지를 이해하고 있다. 그러나 우리는 환자의 절망이 환자와 환자 자신과의 관계에 어떤 영향을 주고 있는지를 생각하지 않고서는 환자가 보여 주는 파괴성과 오만한 독선의 심각성을 이해할 수 없다.

그는 인간존엄성의 가장 기본적인 요구 사항을 위반하면서도, 대단히 높고 엄격한 도덕적 기준의 이상적 이미지를 마음속에 품고 있다. 이전에 이야기했듯이 그는 이런 기준에 맞춰 살기를 포기하였기 때문에 의식적으로든 무의식적으로든 가능한 한 악해지려고 결심한 것이다. 그는 악해지는 데에 성공하고, 일종의 절망적인 기쁨을 느끼며, 이 감정에 탐닉할지도 모른다. 그러나 이렇게 함으로써 이상적 이미지와 실제 자아 사이의 틈은 채울 수 없는 것이 되고 말며, 그는 자신을 고칠 수도 용서받을 수도 없다고 느끼고, 절망이 더욱 깊어져 더 이상 아무것도 잃을 것이 없는 사람의 무모함만 더욱 커져 간다. 이런 상태가 지속되는 한, 사실상 그는 자신에 대해 건설적인 태도를 취할 수 없다. 그를 건설적으로 변화시키려는 직접적인 시도는 결실을 거둘 수 없으며, 이런 시도는 그의 상태에 대한 무지함을 보여 줄 뿐이다.

그의 자기혐오는 자신을 쳐다보기조차 싫어 하는 정도에까지 이른다. 그는 이미 존재하는 독선의 갑옷을 더욱 강화하여, 자기혐오를 견뎌 내야만 한다. 사소한 비판, 무시, 관심의 부재도 그의 자기혐오를 자극할 수 있으며, 그는 이것을 부당한 것으로 받아들이고, 끝내는 거부하게 된다. 그러므로 그는 자기혐오를 표출하고, 타인에게 욕하고, 고함치고, 모욕해야만 한다. 그러나 이것은 그를 악순환에 빠뜨리고 만다. 타인을 증오하면 증오할수록 자기가 스스로를 혐오하고 있다는 사실을 깨달을 가능성이 적어지며, 자기혐오가 심해질수록 그는 더욱 절망에 빠지고 만다. 타인에게 적대적으로 행동하는 것은 이제 자기 보호의 문제가 되며, 이러한 과정은 앞에서 인용한 환자의 예를 통해 설명되었다. 그 환자는 자기 남편의 우유부단함에 대해 불만을 토로했었는데, 사실은 자기 자신의 우유부단함에 대해 화가 나 있었다는 것을 깨닫고는 심각한 자책감을 느꼈다.

이런 측면에서 우리는 가학적인 사람이 왜 타인을 헐뜯어야만 하는지를 이해하기 시작한다. 그리고 우리는 이제 타인을, 적어도 가학의 상대를 변화시키려는 충동적이고, 때로는 광적인 욕구의 내적 논리도 이해할 수 있게 된다. 그는 자신의 이상화된 이미지에 맞추어 살 수 없기 때문에 가학의 상대라도 그렇게 살아야 한다고 생각한다. 그리고 상대가 조금이라도 이상적 이미지에서 어긋나는 행동을 하면, 자신에 대한 분노가 배우자에게 인정사정 없이 분출되는 것이다. 때때로 그는 "왜 나는 그 사람을 가만히 두지 못하는가?"라고 자신에게 물어볼 것이다. 그러나 내적 갈등이 지속되고 표출되는 한 이런 이성적 사고는 무기력해져 버리고 만다. 그는 보통 자기가 상대에게 가하는 압박을 '사랑' 또는 상대의 '발전'에 대한 관심이라고 합리화한다. 두말할 필요 없이 이것은 사랑이 아니다. 그러나 이것은 상대의 삶의 방식과 일관된 의미에서 발전에 대한 관심도 아니다. 실상 그는 상대에게 결코 실현될 수 없는 자신—가학증 환자—의 이상적 이미지를 실현시키도록 강요하는 것이다. 자기혐오에 대항하는 방패로써 발전시켜야 하는 독선은 그가 아주 편안하게 이런 행동을 할 수 있도록 허락한다.

내적 갈등을 이해하는 것은 가학증의 일반적 요인에 대한 보다 개선된 시각을 제공해 준다. 내적 갈등은 마치 가학증 환자의 모든 세포 사이를 마치 독처럼 흘러 다니는 복수심이다. 그는 자신에 대한 격렬한 혐오를 외부로 표출하기 때문에 적대적인 태도를 보이며, 적대적으로 행동해야만 한다. 그의 독선은 현재의 문제에서 자신이 차지하고 있는 만큼의 책임을 보지 못하도록 만들기 때문에 자신이 학대당하고 있으며, 자신이 피해자라고 느끼게 된다. 그는 모든 절망의 근원이 자기 자신 안에 존재하고 있다는 것을 알지 못하기 때문에 절망에 대한 책임을 타인에게 돌려야만 한다. 타인은 그의 인생을 망쳤고, 이것에 대해 보상을 해야만 하고, 그는 마땅히 당해야 한다. 그의 내부에 있는 동정과 자비심을 말살하는 것은 바로 타인에 대한 복수심이다. 나의 인생을 망친 사람을 왜 동정해야만 하는가? 게다가 그들은 나보다 훨씬 낫지 않은가? 어떤 경우에는 복수욕을 의식하게 되는 경우도 있다. 예를 들면, 그는 부모의 모습을 보고 자신의 복수욕을 깨닫게 될 수도 있다. 그러나 이것이 그가 자기 성격의 지배적인 부분을 차지하고 있다는 것을 알지 못한다.

지금까지 봐 왔듯이 가학적인 사람은 자신이 소외되었으며, 자신의 처지가 절망적이라고 느끼기 때문에 복수심에 눈이 멀어 타인에게 미친 듯이 분노를 분출한다. 그리고 우리는 가학적 인간이 타인을 비참하게 만듦으로써 자신의 비참함을 달래려 한다는 것을 알고 있다. 그러나 이것으로 전부를 설명할 수는 없다. 파괴적인 측면만 가지고는 여러 가학증적 경향에서 관찰되는 광적인 열정을 설명할 수 없으며, 보다 긍정적인 이득이 존재해야 한다. 이 이득은 가학증 환자에게 절대적으로 중요한 것이다. 이 말은 가학증이 절망감의 산물이라는 가정과 모순되는 것처럼 보인다. 절망적인 사람이 어떻게 그렇게 엄청난 에너지를 소모하면서까지 무엇인가를 희망하고, 그것을 추구할 수 있는가? 그러나 사실은 주관적인 관점에서 보면 그렇게 하는 데에 상당한 이득이 존재한다. 타인을 헐뜯을 때 그는 참을 수 없는 자기혐오감을 완화시킬 뿐만 아니라 동시에 우월감마저 느끼게 된다. 그리고 타인의 삶을 조종할 때 그는 타인에 대한 우월감이 고무되는 것을 느낄 뿐만 아니라 삶의 새로운 의미마저 발견하게 된다. 또한 그는 타인을 감정적으로 착취할 때 자신의 무력감을 완화시키는 대리만족적 정서를 스스로에게 제공하게 되며, 타인을 패배시킬 때에 자신의 절망적인 패배를 망각하게 해 주는 승리감을 쟁취하는 것이다. 보복적 승리에 대한 이러한 갈망은 아마도 그의 가장 강력한 동기력일 것이다.

그가 추구하는 모든 것은 스릴과 흥분에 대한 허기를 충족시켜 주는 역할도 한다. 건강하고, 내적 균형이 잘 잡힌 사람은 이러한 스릴을 필요로 하지 않으며, 성숙한 사람일수록 이런 스릴에는 관심을 두지 않는다. 그러나 가학적 인간의 정서생활은 공허하여 그의 내부에서는 분노와 승리감을 제외한 거의 모든 감정이 질식되고 만다. 그는 이렇게 죽어 있기 때문에 살아 있음을 느끼기 위해서 이런 날카로운 자극을 필요로 하는 것이다.

마지막으로, 그러나 적지 않게, 타인에 대한 가학적인 태도는 그에게 힘과 자부심의 느낌을 공급하고, 이것은 그의 무의식적인 전능감을 강화한다. 정신분석을 받는 동안 가학적 경향에 대한 환자의 태도는 상당한 변화를 겪는다. 처음 가학증적 경향을 깨닫게 되었을 때 환자는 자신을 자책하는 경우가 많다. 그러나 이것이 그가 완전히 변했음을 뜻하는 것은 아니다. 그저 말로만 현재의 변화를 지지할 뿐이다. 그는 간헐적으로 자기혐오감의 발작을 일으킬 수도 있다. 그러나 나중에 가서 가학적인 삶의 방식을 포기해야만 하는 순간에, 그는 갑자기 무엇인가 소중한 것을 잃는다는 느낌을 가질지도 모른다. 이때 그는 타인을 자기 뜻대로 행동하게 만드는 일의 희열을 처음으로 의식하게 될지도 모른다. 그리고 정신분석이 자신을 형편없이 나약한 존재로 바꾸어 놓을지도 모른다는 우려를 표현할지도 모른다. 또한 환자는 자신이 우려하는 바에 대해 나름대로의 결론을 내리는 일이 빈번해지고, 타인을 자신의 감정적 요구에 따르도록 만드는 힘을 잃는다면, 자신은 불쌍하고 무기력한 존재가 될 것이라고 생각한다. 시간이 지나면, 그는 타인을 학대함으로써 느끼던 힘과 자부심이 보잘것없는 대리물이라는 것을 깨닫게 될 것이다. 이것이 그에게 소중했던 것은 진정한 힘과 자부심을 성취할 수 없었기 때문일 따름이다.

가학증 환자가 쫓는 이득의 성격을 이해한다면, 절망적인 사람은 무엇인가를 광적이리만큼 열정적으로 찾고 있을지 모른다는 진술에는 모순이 없음을 알 수 있다. 그러나 환자가 얻으려 하는 것은, 더 큰 자유도, 더 큰 자아성취도 아니다. 그의 절망감을 구성하고 있던 모든 것은 변화되지 못한 채 남아 있으며, 그는 그것을 변화시킬 생각조차 하지 않는다. 그가 추구하는 것은 오직 대리물일 뿐이다.

감정적인 이득은 대리만족적인 삶을 삶으로써 얻을 수 있다. 가학적이 된다는 것은 타인을 통해 공격적이고, 대단히 파괴적으로 사는 것을 의미한다. 그러나 이것은 철저히 패배한 인간이 생존할 수 있는 유일한 방법이다. 그가 목표를 추구할 때의 무모함은 절망감에서 비롯된 것이다. 잃을 것이 아무것도 없기 때문에 그는 얻기만 할 수 있는 것이다. 이런 의미에서 가학증 환자는 긍정적인 목표를 가지고 있으며, 이 목표는 보상받고자 하는 노력으로 간주되어야 한다. 그가 그토록 열정적으로 목표를 추구하는 이유는 타인을 압도함으로써 자신의 패배감을 제거할 수 있기 때문이다.

***

그러나 이런 노력에서 나타나는 파괴적인 요소에는 환자 자신에게 좋지 못한 반작용이 있을 수 있다. 우리는 이미 자기혐오의 증가를 지적하였다. 또 하나의 심각한 반작용은 불안의 생성이다. 이것은 부분적으로 보복에 대한 공포다. 그는 자기가 타인에게 했던 것처럼 타인도 자신에게 똑같이 대할지도 모른다는, 또는 대하기를 원할지도 모른다는 공포를 느끼기도 한다. 의식 속에서 이것은 공포로 나타나지는 않는다. 오히려 타인도 할 수만 있다면—말하자면, 끊임없이 공격적인 태도를 취함으로써 타인을 제지하지 않는다면—자신에게 똑같이 부당한 대우를 할 것이라는 것을 쉽게 받아들이는 것처럼 보인다. 그는 공격받을지도 모르는 모든 가능성을 예측하고, 이것을 방지하는 데에 철저하기 때문에 실질적으로 아무도 거스를 수 없는 존재가 될 것이다. 아무도 자신을 거스를 수 없다는 무의식적 신념은 종종 중요한 역할을 하는 경우가 있다. 이것은 그에게 커다란 안정감을 준다. 그는 결코 다치지 않는다. 그는 결코 노출되지 않는다. 그는 결코 사고를 당하거나 병에 걸리지 않는다. 그는 결코 죽지도 않는다. 만일 그럼에도 불구하고 타인이나 환경에 의해 상처를 받게 된다면, 그의 거짓된 안전은 부서져 버리고, 그는 극심한 공포에 사로잡히게 될 것이다.

부분적으로 그의 불안은 자신 안에 있는 폭발적이고 파괴적인 요소에 대한 공포다. 그는 자신이 폭약을 온몸에 두르고 다니는 사람처럼 느낀다. 과도한 자기통제와 지속적인 경계 상태는 이 위험한 요소를 통제하기 위해 필수적이다. 이 위험한 요소는 환자가 알코올의 영향으로 느슨해지는 것을 너무 두려워하지만 않는다면, 술을 마실 때에 드러나곤 한다. 이때 그는 폭력적이고 파괴적이 될지도 모른다. 이 충동은 그를 대신해서 이것을 표출하게 하는 특별한 상황하에서 그의 인식 속으로 더욱 다가가게 될지도 모른다. 그래서 졸라(Zola)의 『인간야수(La B te Humaine)』에 등장하는 가학증 환자는 한 여성에게 마음이 끌리는 것을 느끼고는 공포에 질리는 모습을 보여 준다. 왜냐하면 그는 그 여성을 살해하고 싶은 충동을 동시에 느꼈기 때문이다. 사고나 잔혹한 행동을 목격하는 것 또한 그를 공포에 사로잡히게 할지도 모른다. 왜냐하면 이것은 그의 파괴충동을 일깨워 주기 때문이다.

자기혐오와 불안이라는 두 가지 요소는 주로 가학적 충동을 억압하는 것에서 기인한다. 이때 억압의 깊이와 정도는 다양하다.

파괴적 충동은 때때로 자각하지 못하고 있을 뿐이다. 많은 가학적 행동이 대체로 본인에 의해 자각되지 않은 채 이루어지고 있다는 것은 놀라울 정도다. 그는 단지 때때로 약한 사람에게 함부로 대하고 싶은 욕구나, 가학적 행동에 관한 글을 읽을 때의 흥분이나, 분명히 가학적인 것에 대한 환상을 의식할 따름이다. 그러나 이런 간헐적인 자각은 서로의 연관성에 대한 인식으로까지는 연결되지 못한다. 날마다의 생활에서 자신이 타인에게 행하는 것의 대부분은 무의식적이다. 자신과 타인에 대한 그의 무감각함은 문제를 흐리게 하는 한 가지 요인이다. 이 무감각함이 제거되기 전까지 그는 자기가 하는 행동을 감정적인 차원에서 경험할 수 없다. 게다가 가학적인 경향을 감추기 위해 동원된 정당화의 전략은 대단히 치밀하여 환자 자신뿐만이 아니라 환자의 가학증에 시달리고 있는 사람까지도 속이고 만다. 우리는 가학증이 중증신경증의 최종단계라는 것을 잊어서는 안 된다. 따라서 동원되는 정당화 전략은 가학적 경향의 근원이 되는 특정한 신경증 구조에 따라 결정된다. 예를 들면, 투덜대는 유형은 무의식적으로 사랑을 가장함으로써 상대를 노예화하려 할 것이다. 그가 무엇인가를 요구하는 것은, 그것이 그에게 필요하기 때문이며, 그는 무기력하거나, 불안하거나, 또는 병들어 있기 때문에 상대방이 그를 대신해서 모든 일을 해야만 한다. 그는 혼자 있을 수 없기 때문에 상대방이 항상 그의 곁에 있어야만 한다. 그의 불평은 타인이 자신을 얼마나 괴롭히는지를 무의식적으로 설명함으로써 간접적으로 표현될 것이다.

공격적 유형은 가학적인 경향을 대단히 직접적으로 표현한다.

그러나 이것이 그가 자신의 가학적 경향을 보다 많이 자각하고 있음을 의미하는 것은 아니다. 그는 불만, 경멸, 요구를 표현하는 데에 주저하지 않는다. 그러나 그는 자신이 전적으로 정당하다고 느낄 뿐만 아니라 스스로를 대단히 솔직한 사람이라고 생각한다. 그는 타인에게 무관심하다는 것과 자신이 그를 착취하고 있다는 사실마저도 드러내 놓고 표현할 것이다. 그리고 분명한 어투로 타인이 자신을 얼마나 학대하고 있는지를 이야기함으로써 그를 위협할 것이다. 감정에 접촉이 되지 않는 사람은 독특하게도 가학적인 경향을 표현하는 것이 눈에 잘 띄지 않는다. 그는 조용한 방식으로 타인을 좌절시킬 것이다. 이를테면, 언제든지 떠날 듯한 자세를 취해서 상대를 불안하게 하고, 상대방이 자신을 방해하고 있다는 인상을 전달하며, 상대방이 상대방 자신을 바보로 만들고 있다는 것에 은밀히 희열을 느낄 것이다.

* * *

그러나 가학적 충동은 훨씬 더 깊이 억압되어 전도된 가학증을 초래할 수 있다. 전도된 가학증을 앓고 있는 사람은 자신의 충동을 너무나 두려워한 나머지, 이 충동이 자기 자신 또는 타인에게 드러나는 것을 감추기 위해 뒷걸음질을 치고 만다. 그는 자기 주장, 공격 또는 적대심과 비슷한 것을 모두 피하려 할 것이다. 그 결과 항상 심각하게 주저하는 모습을 보일 것이다.

이 과정을 간단히 개관해 보자. 타인을 노예화하는 것에서 뒷걸음질 치는 것은 타인에게 어떤 지시도 내리지 못하도록 만든다. 책임 있는 위치나 지도자의 역할을 할 수 없는 것은 두말할 필요도 없다. 이로 인해 그는 타인에게 영향을 주거나 조언을 하는 데에 지나치게 주의를 하게 된다. 이것은 인간이면 당연히 느끼는 질투심마저도 억압하도록 만든다. 자세히 관찰해 보면, 일이 뜻대로 되지 않을 때 그가 두통 또는 복통을 호소하는 것을 알아차릴 수 있을 것이다.

타인을 착취하는 것에서 뒷걸음질 치는 것은 자기회피라는 문제를 무대 앞으로 끌고 나온다. 자기를 회피하는 모습은 감히 자기의 소망을 표현하지 못하는 것, 심지어는 감히 소망을 품지도 못하는 것, 그리고 감히 학대에 저항하지 못하는 것, 심지어는 감히 학대받았다고 느끼지도 못하는 것, 자기보다 타인의 기대와 요구를 더욱 정당하고 중요하게 여기는 것, 그리고 자신의 이익을 주장하기보다는 차라리 착취당하려고 하는 것 등에서 나타난다. 이런 사람은 조금도 나을 것이 없는 두 가지 중에서 하나를 선택해야 하는 혼란에 빠지고 만다. 그는 착취하고 싶어 하는 자신의 충동에 경악하면서, 동시에 자신의 소극성을 욕하고, 이것을 비겁하다고 생각한다. 그리고 자신이 착취당했을 때에는 풀릴 수 없는 딜레마에 빠져서, 의기소침해 하거나 신체기능장애와 같은 반응을 나타낸다.

마찬가지로 타인을 좌절시키는 대신에, 그는 타인을 실망시키지 않으면서, 사려 깊고, 관대해지려고 지나치게 노력할 것이다. 그는 타인의 감정을 상하게 하거나, 어떤 식으로든 그를 모욕하는 것을 피하기 위해 엄청난 노력을 할 것이다. 그는 직관적으로 '좋은' 말—감탄이나 찬사를 표현하는 말. 예를 들면, 듣는 이의 자신감을 상승시키는 말—을 찾아낼 것이다. 그는 자동적으로 자신에게 책임을 돌리는 경향이 있으며, 미안하다는 말을 많이 할 것이다. 만약 비평을 해야만 하는 경우가 있다면 그는 가능한 한 가장 온건한 형태의 말을 선택할 것이다. 설사 타인이 자신을 심하게 학대하더라도 그가 보여 주는 것은 그의 입장에 대한 '이해' 일 따름이다. 그러나 이와 동시에 그는 모욕에 대단히 민감하며, 이것을 대단히 고통스러워한다.

감정에 있어서의 가학적 경향은 심각하게 억압되었을 때, 자신이 누구에게도 매력적이지 못하다는 느낌을 불러일으킬 수 있다. 이렇게 해서 자신이 이성에게 매력적이지 못하다는 것을—실제로는 그렇지 않음에도 불구하고—믿고 있으면서, 자신은 부스러기에나 만족해야 한다고 생각하는 사람도 있을 수 있다. 이런 열등감에 관해 이야기하는 것은 어쨌든 그가 의식하고 있는 것과 그의 자기혐오감을 또 다른 말로 표현하는 것일 따름이다. 그러나 여기에서 주목해야 할 것은 자기가 매력적이지 않다는 생각이 정복과 거부라는 격정적 게임의 유혹에 대한 무의식적 반작용일 수도 있다는 것이다. 정신분석을 진행하는 동안 애정관계의 전체 그림을 환자가 무의식적으로 변조하여 왔다는 것이 점점 더 분명해진다. 그리고 심상치 않은 변화가 일어날 것이다. 이른바 '미운 오리새끼' 는 사람을 자기에게 끌어들이고 싶은 자신의 욕구와 자신의 매력을 깨닫기 시작한다. 그러나 그는 사람이 자기가 접근하는 것을 심각하게 받아들이면, 곧장 분노와 혐오감에 가득 차서 등을 돌려버린다.

이런 식으로 나타나는 성격은 허위적이며, 측량하기가 어렵다. 이 유형은 투덜대는 유형과 놀라울 정도로 유사하다. 사실 드러내 놓고 가학적인 사람은 보통 공격적인 유형에 속하는 반면, 전도된 가학증은 주로 불평하는 경향에 속한다. 아마도 그는 어린 시절에 심각한 충격을 받고, 수동적이 되어 버렸을지도 모른다. 그는 감정을 변조하고 있을 수도 있다. 그리고 자기를 억압하는 사람에게 저항하기보다는 그를 사랑하려고 노력해 왔을 것이다. 나이가 들어가면서—아마도 사춘기 경에—그는 이런 갈등은 더 이상 참을 수 없는 것이 되어 버렸고, 감정으로부터 초연해지는 것으로 피난처를 삼았을 것이다. 그러나 실패에 직면하였을 때, 그는 더 이상 이런 감정의 단절을 견딜 수 없게 된다. 이때 그는 표면적으로는 예전의 상태로 되돌아가 있다. 그러나 달라진 것이 있다. 애정에 대한 필요가 너무도 필사적이 되어 혼자 남지 않기 위해서라면 어떤 대가라도 기꺼이 치를 각오가 되어 있었던 것이다. 그러나 그가 애정을 획득할 가능성은 줄어들어 버리고 말았다. 왜냐하면 감정으로부터 초연해지려는 욕구가 여전히 존재하고 있었으며, 이 욕구는 누군가를 사랑하고 싶어 하는 욕구를 끊임없이 방해하고 있었기 때문이다. 이런 갈등 에너지가 소진되어 그는 절망적이고 가학적인 경향을 발전시켰다. 그러나 그는 계속 누군가를 필요로 하기 때문에 가학적인 경향을 억압해야 할 뿐만 아니라 이것을 감추기 위해 뒷걸음질 쳐야만 한다.

그렇기 때문에 그는 타인과 함께 있을 때 긴장하게 된다. 그는 이것을 의식하지 못할지도 모른다. 그는 예의를 지키며, 수줍어하는 경향이 있다. 그는 자신의 가학적 충동에 반대되는 역할을 끊임없이 연기해야만 한다. 그가 자신이 정말 사람을 좋아한다고 생각하는 것은 자연스러운 일이다. 그러나 정신분석을 통해 자기가 사람에게 별다른 느낌을 가지고 있지 않다는 것, 아니면 적어도 자신의 감정이 무엇인지 잘 모른다는 사실에 눈을 떴을 때, 이 사실은 그에게 충격으로 다가온다. 이때 그는 이런 결핍 상태를 변화시킬 수 없는 사실로 받아들이는 경향이 있다. 그러나 실상 그는 단지 긍정적 감정이라는 가식을 제거해 나가는 과정에 있을 뿐이다. 그리고 이 무의식 속에서는 자신의 가학적 충동에 직면하기보다는 아무것도 느끼지 않으려 하는 것이다. 이러한 충동을 인정하고 극복하기 시작할 때 타인에 대한 긍정적인 감정은 자라기 시작할 것이다.

그러나 이런 사람에게도, 숙련된 관찰자가 가학증의 존재를 알아차리게 만드는 요소가 존재한다. 우선, 그는 타인을 위협하고, 착취하고, 좌절시키는 은밀한 방법을 가지고 있다. 그는 보통 타인에 대한 경멸적 태도를 보여 주는데, 이것은 무의식적인 행동이기는 하지만 관찰할 수 있다. 그리고 그는 자신이 타인을 경멸하는 이유는 그의 도덕성이 낮기 때문이라고 생각한다. 이뿐만 아니라 가학증의 존재를 지적하는 수많은 부조화가 존재한다. 예를 들면, 어떤 사람은 때때로 자신에게 행해진 가학적인 행동을 한량없는 인내심으로 견디다가도 다른 때에는 사소한 지시, 착취, 모욕에도 지나친 민감성을 보인다. 결국, 그는 자학적이라는—말하자면, 피해받는다는 느낌에 탐닉하고 있다는—인상을 준다. 그러나 용어와 개념의 오해를 가져올 소지가 있으므로 방향을 돌려서 이것과 관련된 요소를 설명하는 것이 더 나을 것이다. 전도된 가학증 환자는 자기 주장을 하는 것을 대단히 주저하기 때문에 어느 경우에든 학대를 기꺼이 받아들일 것이다. 게다가 그 자신의 나약함에 화가 나 있기 때문에 드러내 놓고 가학적인 사람에게 종종 매력을 느낀다. 이때 그는 상대방에게서 동경과 혐오의 감정을 동시에 경험한다. 마찬가지로 드러내 놓고 가학적인 사람은 그로부터 기꺼이 희생자가 되려는 의지를 감지하고는 그에게 매력을 느낀다. 그러나 그는 이런 학대를 즐기는 것이 아니라 고통스러워한다. 이 경험이 그에게 주는 것이 있다면, 자신의 가학증에 직면할 필요 없이 타인을 통해 자신의 가학적인 충동을 실현시키는 것이다. 그는 자신이 결백하다고 느끼며 도덕적으로 분개할지도 모른다. 그러나 그는 내심으로 언젠가는 상대를 패배시키고, 승리를 쟁취할 꿈을 꾸고 있다.

프로이트는 내가 묘사한 것을 관찰하였다. 그러나 근거 없는 일반화를 통해 자신의 발견을 망쳐 놓고 말았다. 그는 새로운 발견을 자신의 철학의 틀 속에 끼워 맞추었다. 그리고 이 발견을 겉으로는 선량한 사람이라도 근본적으로는 파괴적이라는 주장의 증거로 여겼다. 그러나 가학증은 특별한 신경증의 특별한 결과물일 따름이다.

우리는, 가학증 환자는 변태성욕자라는 관점이나, 가학증 환자는 비열하고 사악하다는 용어를 사용하는 관점에서 벗어나서 지금까지 먼 길을 걸어왔다. 변태성욕은 비교적 드물게 나타난다. 이것이 존재할 때, 이것은 타인에 대한 일반적인 태도의 한 가지 표현에 불과하다. 인간의 파괴적 경향을 부인할 수는 없다. 그러나 파괴적 경향을 올바로 이해할 때, 우리는 명백히 비인간적인 행동 뒤에 서 있는 고통받는 인간을 발견할 수 있다. 우리는 치료기법에 의해 이런 인간에게 다가갈 가능성을 열어 놓았다. 우리는 그가 자신을 패배시킨 삶에 대한 보상을 찾으려 하는 절박한 상태의 인간임을 알고 있다.

245

신경증적 갈등의 해소 .... 결어

신경증적 갈등이 성격에 가하는 무한한 피해에 관해 더 많이 알게 될수록 그것을 해결해야 할 필요성은 더욱 절박해지는 듯 싶다. 그러나 주지하다시피 이것은 이성적인 판단으로도, 회피로도, 강인한 의지에 의해서도 해결될 수 없는 것이다. 그러면 어떻게 해야 하는가? 오직 한 가지 방법만이 있다. 갈등은 개인의 성격 속에서 갈등을 만들어 낸 조건을 변화시킴으로써만 해소될 수 있다.

이것은 급진적이고, 어려운 방법이다. 그리하여 우리 내부에 있는 무엇인가를 변화시키는 것이 어렵다는 점을 고려할 때, 지름길을 찾기 위해 철저히 수색을 펼치는 일은 지극히 합리적인 일이다. 아마도 이것은, 환자는 물론 타인도 "자신의 기본적 갈등을 깨닫는 것으로 충분한가?" 하는 질문을 그토록 자주 던지는 이유일 것이다.

이 질문에 대한 대답은 단연코 '아니요'다.

환자의 분열된 상태를 신속하게 진단하는 정신분석가가 환자에게 분열된 상태를 이해하도록 도움을 주어도 이 통찰에서 오는 즉각적인 이득은 없다. 하지만 통찰은 환자를 조금 안심시킬 수 있을 것이다. 통찰을 통해 환자는 미지의 안개 속에서 헤매는 것이 아니라 자신의 문제에 대한 실질적인 이유를 깨닫기 시작하기 때문이다. 그러나 그는 이 통찰을 자신의 삶에 적용시킬 수 없다. 자기의 다양한 부분이 어떻게 움직이고, 어떻게 서로에게 간섭하는지에 대한 인식은 그의 분열된 상태를 조금도 호전시키지 못하기 때문이다. 그는 이 사실을 마치 이상한 이야기를 듣는 것처럼 듣는다. 그럴듯하게 보이기는 하지만 자기에게 무슨 의미가 있는지를 이해하지 못하는 것이다. 무의식적으로 일어나는 온갖 의심 때문에 환자는 정신분석가의 진단이 옳지 않음을 이야기할 것이다. 그는 정신분석가가 문제의 심각성을 과장하고 있다고 무의식적으로 주장할 것이다. 그리고 외부 상황만 아니라면 자신에게는 아무 문제가 없을 것이라고, 사람 또는 성공이 그의 심적 고통을 제거해 줄 것이라고, 사람에게서 떨어져 있다면 갈등을 피할 수 있을 것이라고 말할 것이다. 그리고 동시에 두 가지 일을 할 수 없다는 것이 보통 사람에게는 맞는 말일지는 몰라도 무한한 의지와 지력을 갖춘 나는 동시에 두 가지 일을 어떻게든 해낼 수 있다고 이야기할 것이다. 그는 또다시 무의식적으로 정신분석가는 직업상 거짓으로 활기 있는 척하는 돈 벌레가 아니면 좋은 말만 하는 바보라고 여기며, 정신분석가에게 자신이 회복불능으로 망가져 버렸다는 것을 알아 달라고 요구할지도 모른다. 이것은 환자가 정신분석가의 제안에 대해 절망적으로 반응하고 있음을 의미한다.

환자가 품은 의혹이 의미하는 바는 다음의 두 가지 중 하나다.

첫째, 환자는 갈등 자체에 대한 이해보다는 해결방안을 원하고 있으며, 자기 나름대로의 해결책을 고수하고 있다.

둘째, 환자는 근본적으로 회복을 포기하고 있다. 그러므로 기본적 갈등을 다루기 전에 환자가 고수하고 있는 해결방안과 그 방안의 결과를 철저히 살펴보아야 할 것이다.

보다 쉬운 길을 찾으려는 탐색은 프로이트가 강조하던 유아 시절과 관련하여 또 하나의 의문을 출현시켰다. 갈등하는 욕구를 탐색하고, 그 욕구의 근원과 유년기의 사건을 살펴보는 것으로 충분한가? 이것에 대한 대답은 또다시 '아니요' 다. 이유는 앞에서 설명한 것과 거의 같다. 유년기를 아무리 자세하게 회상하더라도 환자는 자신에 대해 다소 너그러워지는 것 이상의 소득을 거두지는 못한다. 회상은 결코 환자의 갈등을 조금도 덜어 줄 수 없기 때문이다.

유년기 환경이 아동의 성격에 미친 영향에 대해 포괄적으로 이해하는 것이 직접적으로 치료적 가치를 지니는 것은 아니지만, 신경증적 갈등이 발전하는 조건을 탐색하는 데에는 도움을 준다.[1)] 결국, 최초의 갈등을 일으킨 것은 자기 자신과의 관계와 타인과의 관계에서다. 유년기에 신경증이 발달하는 모습에 관해서는 이 책

1) 주지하다시피 이것에 관한 지식은 커다란 예방적 가치도 가지고 있다. 환경 요소 중에서 아동의 발달에 이로운 요소와 해로운 요소를 알 수 있다면, 장차 신경증의 발달을 예방할 수 있는 길이 열리는 것이다.

의 앞 부분과 이전의 저작[2)]을 통해 이미 설명하였다. 간단히 말하자면, 아동은 내적 자유, 즉흥성, 안정감, 자신감—짧게 말하면, 심리적 존재의 중심—을 위협받는 상황에 있음을 발견할 것이다. 그는 자신이 고립되어 있으며 무력하다고 느낀다. 그러므로 타인과 가까워지려는 최초의 시도는 그의 참된 감정에 의해서가 아니라 전략적 필요에 의해 이루어진다. 그는 타인을 쉽게 좋아할 수도, 쉽게 싫어할 수도 없다. 쉽게 신뢰하지도, 쉽게 불신하지도 못하고, 쉽게 자기의 소망을 표현하거나 쉽게 타인의 소망에 반대를 표현하지도 못한다. 그러나 자기에게 오는 피해를 최소화하면서 사람에게 대처하는 방법을 자동적으로 고안해 낸다. 이런 방향으로 발달하는 성격의 기본적 특성은 자기 자신과 타인의 분리, 절망감, 심각한 불안, 대인관계에서 적대적 긴장으로 요약할 수 있다. 특히, 대인관계에서 적대적 긴장은 그 범주가 단순한 경계심에서 분명한 증오에까지 이른다.

이런 상태가 지속되는 한 신경증 환자는 갈등하는 욕구 없이는 살아갈 수 없다. 반대로 내적 갈등이 불거져 나오는 원인인 내적 필요는 신경증의 발달 과정에서 더욱 절박해진다. 그릇된 해결책은 자기 자신과의 관계와 타인과의 관계를 더욱 악화시킨다. 그러므로 참된 해결이 이루어질 가능성은 점점 더 줄어들고 만다.

치료의 목표는 신경증적 갈등이 발전하는 조건 자체를 변화시키는 것일 수밖에 없다. 신경증 환자에게는 도움이 필요하다. 즉, 자

2) 참고. Karen Horney, *New Ways in Psychoanalysis*, 앞의 책, Chapter 8. *Self-Analysis*, 앞의 책, Chapter 2.

기 자신을 되찾고, 자신의 참된 감정과 요구를 지각하며, 자신의 고유한 가치체계를 발전시키고, 감정과 신념을 바탕으로 타인과 관계를 맺을 수 있어야 한다. 이것을 마법으로 이룰 수 있다면 갈등은 건드릴 필요도 없이 사라져 버릴 것이다. 그러나 마법은 존재하지 않기 때문에 우리는 바람직한 변화를 일으키기 위해서 무슨 조치를 취해야 하는지 알아야만 한다.

모든 신경증은 증상이 어떻든 간에 성격장애다. 그러므로 신경증적 성격 구조 전체를 분석하는 것이 치료의 과정이 된다. 따라서 성격 구조와 성격 구조의 개인별 다양성을 분명히 파악해야만 보다 정확한 조치를 내릴 수 있다. 신경증을 기본적 갈등 주변에 세워진 방어적 구조물로 파악한다면, 분석 작업은 대략 두 부분으로 나눌 수 있다. 한 가지는 환자가 문제해결을 위해 시도하는 모든 것을 자세히 조사하는 것이다. 물론 이러한 시도가 환자의 전체 성격에 끼치는 영향도 함께 조사되어야 한다. 조사 대상에는 환자가 주로 보이는 태도, 환자의 이상화된 이미지, 환자의 감정 표출 등이 포함될 것이다. 이때 조사 대상과 내적 갈등 사이의 관련성은 고려에서 제외시켜야 한다. 갈등에 초점이 맞추어져야만 이런 요소을 이해할 수 있고, 조사를 진행할 수 있다는 생각은 바람직하지 않다. 왜냐하면 이 요소는 충돌하는 갈등을 조화시켜야 할 필요에 의해 출현하였지만, 나름대로의 무게와 힘 그리고 생명을 가지고 있기 때문이다.

분석 작업의 나머지 한 부분은 갈등 자체를 다루는 것이다. 이 작업을 하면서 환자에게 갈등의 대략적인 윤곽을 일깨워 줄 뿐만 아니라 갈등이 구체적으로 어떻게 작용하고 있는지를 이해하도록 도와주어야 할 것이다. 말하자면 갈등에서 기인한 양립할 수 없는 욕구와 태도가 서로 어떻게 간섭하는지를 구체적인 사례를 들어 설명해 주어야 할 것이다. 전도된 가학증 환자의 예를 들어 보자. 자신을 종속시키려는 욕구는 환자가 게임에 이기거나 어떤 경쟁적인 일에서 뛰어난 성과를 보이는 것을 방해할 것이다. 이와 동시에 타인을 이기고자 하는 욕구는 타인을 이기지 않고는 견딜 수 없도록 만들 것이다. 또 한 가지 예를 들면, 금욕적 경향은 인간의 연민, 애정 그리고 자유로운 삶에 대한 욕구를 방해할 것이다. 정신분석가는 이런 일이 어떻게 일어나는지를 환자가 이해할 수 있도록 도와주어야 한다. 우리는 환자가 두 가지 극단 사이를 오가고 있는 모습을 설명해 주어야 한다. 예를 들면, 환자는 자기 자신에 대해 때로는 지나치게 엄격하기도 하고, 때로는 지나치게 관대하기도 하다. 가학적 충동에 의해 자극된 욕구는 모든 것을 이해하고 용서하려는 욕구와 충돌한다. 그 결과 환자는 타인이 하는 모든 것을 비난해야 하는가와 용인해야 하는가 사이에서 갈등하기도 하고, 모든 권리를 자신이 차지하고 싶은 마음과 자신은 아무런 권리도 없다는 느낌 사이에서 갈등하기도 한다.

환자는 양립할 수 없는 자기중심성과 관대함, 정복과 애정 그리고 지배와 희생 등의 두 가지 요소를 융합하고 조화시키려고 한다. 그러나 이것은 불가능한 일이다. 정신분석가는 이렇게 불가능한 시도에 대한 해석을 내려 주어야 한다. 이 해석 작업에는 환자의 이상적 이미지와 환자의 감정 표출 등이 환자의 갈등을 숨기고, 위장하고, 갈등의 파괴적 힘을 완화하는 데에 어떻게 기여하는지에 관한 환자의 이해를 돕는 일이 포함된다. 요약하자면, 갈등이 환자의 성격에 미치는 일반적인 영향과 갈등과 환자의 증상과의 관련을 철저히 이해시키는 것이 필요하다.

대체로 환자는 정신분석 작업의 각 영역마다 서로 다른 양상의 저항을 보여 준다. 갈등 해소를 위한 환자의 노력이 분석되는 동안 환자는 자신의 태도와 경향에 고유한 주관적인 가치를 단호하게 방어하면서 갈등의 참된 성격에 대한 어떤 종류의 통찰에도 저항한다. 자신의 갈등에 대한 분석이 진행되는 동안 환자는 자신이 전혀 갈등하고 있지 않다는 것을 증명하려고 하는 데에 주로 관심을 가진다. 그러므로 특정한 욕구가 서로 양립할 수 없다는 사실을 애매하게 만들고, 문제를 축소해 버린다.

* * *

문제를 다루는 절차에 관한 프로이트의 충고는 가장 중요한 것이며, 앞으로도 항상 그럴 것이다. 의료 행위에 타당한 정신분석의 원칙에 관해 이야기하면서 프로이트는 환자의 문제에 접근할 때 중점적으로 고려해야 할 두 가지 사항을 강조하였다. 해석은 환자에게 유용한 것이어야 하며, 환자에게 해를 끼쳐서는 안 된다. 말하자면, 정신분석가가 유념해야 할 두 가지 질문은 다음과 같다.

- 지금 환자는 새로운 통찰을 견딜 수 있는가?
- 해석이 환자에게 의미 있는 것이며, 그가 건설적으로 사고하도록 만들고 있는가?

아직도 우리에게 부족한 것은 환자가 견딜 수 있는 통찰은 어떤 것인가와 무엇이 건설적 통찰을 고무하는가에 대한 구체적이고 정확한 준거다. 환자마다 구조적 차이는 해석을 제시할 적당한 시기에 관해 어떤 고정된 처방을 허락하지 않는다. 그러나 우리는 환자의 태도에 특별한 변화가 나타나기 전에는 실속도 없고, 커다란 위험 부담을 감수해야만 하는 문제가 존재한다는 원칙을 지침으로 삼을 수 있다. 이런 근거에서 우리는 언제나 적용할 수 있는 몇 가지 조치를 지적할 수 있다.

환자에게 단호하게 추구하는 환상이 있고, 그 환상이 환자에게는 구원을 의미하고 있는 상황에서 환자를 주요한 갈등에 직면하게 하는 것은 소용없는 일이다. 환자는 우선 자신이 추구하는 것이 아무런 소득도 가져오지 않을 것이며, 자신의 삶을 방해할 것이라는 것을 이해해야만 한다. 잘라 말하자면 갈등을 분석하기 전에 갈등 해소를 위한 환자의 노력을 분석해야만 한다. 이것은 갈등에 관한 언급을 완전히 삼가야 한다는 것을 의미하는 것은 아니다. 갈등에 관해 얼마나 조심스럽게 접근을 해야 하는가는 신경증 전체의 구조가 얼마나 부서지기 쉬운가에 의해 결정된다. 어떤 환자는 좀 이른 시기에 자신의 갈등을 지적받았을 경우 공포에 사로잡히기도 한다. 하지만 이것은 타인에게는 아무 의미가 없는 것이기 때문에 아무 인상도 남기지 않고 지나가 버릴 것이다. 그러나 환자가 특정한 해결책을 고수하고 있고, 무의식적으로 이 해결책에 의존해서 '그럭저럭 살아가고' 있다면 논리적으로 볼 때, 환자가 자신의 갈등에 열렬한 관심을 보이기를 기대하는 것은 무리다.

또 한 가지 조심스럽게 다루어져야 할 주제는 이상화된 이미지다. 비교적 초기단계에서 이상화된 이미지의 특정 국면을 다룰 수 있는 조건을 여기에서 논의하는 것은, 이것이 이 글의 범주에서 벗어나는 것이기 때문이다. 그러나 이상화된 이미지는 보통 환자가 의미 있게 받아들이는 유일한 부분이기 때문에 주의를 기울일 필요가 있다. 더욱이 이것은 환자에게 자아존중감을 제공해 주고, 환자가 자기혐오에 깊숙이 빠지지 않도록 막아 주는 유일한 요소일지도 모른다. 자신의 이미지 손상을 견디기 위해서 환자는 어느 정도 현실 감각을 획득해야만 한다.

정신분석의 초기에 가학적인 경향을 다루는 것은 분명히 무익한 일이다. 이것은 가학적 경향과 이상적 이미지가 극단적으로 대조된다는 것에서 그 이유의 일부를 발견할 수 있다. 정신분석의 후기단계에서조차 자기 자신의 가학적 경향에 대한 자각은 환자를 공포와 혐오로 가득 채우게 된다. 그러나 환자가 어느 정도 힘과 희망을 되찾을 때까지 이상적 이미지에 대한 분석을 미루는 데에는 보다 분명한 이유가 있다. 여전히 대리만족적인 삶이 자신에게 남겨진 유일한 삶이라는 것을 무의식 속에서 확신하고 있는 한 환자는 자신의 가학적 경향을 극복하는 데 관심을 가질 수 없기 때문이다.

해석의 시기를 잡는 것에 관해서도 똑같은 지침을 적용할 수 있다. 이 지침은 각 개인의 특별한 성격 구조에 따라 적용되어야 한다. 예를 들면, 공격적인 경향이 지배적인 환자는 감정을 나약한 것이라고 멸시하며, 강력한 것과 관련된 모든 것에 대해 환호를 보낸다. 이 환자의 경우에는 공격적인 태도와 이 태도의 의미를 우선적으로 다루어야 한다. 사람과 가까워지고 싶어 하는 환자의 욕구가 아무리 명백하여도, 이것을 우선하여 다루는 것은 실수다.

환자는 이런 종류의 움직임을 자기의 안전에 대한 위협으로 받아들여 분노를 표현할 것이다. 환자는 자신을 '선량한 사람'으로 만들고 싶어 하는 정신분석가의 소망에 대항하여 보호벽을 쌓아야 한다고 느낄 것이다. 훨씬 더 강해져야만 환자는 순종과 자기회피의 경향을 견딜 수 있을 것이다. 이런 환자에게는 얼마 동안 절망감이라는 문제도 피해야 할 것이다. 왜냐하면 이런 환자는 이런 종류의 감정을 인정하려 들지 않을 것이기 때문이다. 그에게 있어 절망감은 혐오스런 자기연민이며, 수치스러운 패배의 인정을 의미할 것이다. 반대로 순종적 경향이 지배적일 때 사람에게 '다가가는' 것과 관련된 모든 요소를 우선적으로 다루어야 한다. 지배적이거나 보복적인 경향은 그 이후에 다루어야 한다. 만약 환자가 자기 자신을 대단한 천재나 성인군자로 여긴다면 비난받거나 거절당하는 것에 대한 공포에 접근하는 것은 완전한 시간 낭비가 될 것이다. 더욱이 자기혐오를 다루는 것은 더욱 소용없는 일이 되고 말 것이다.

최초에 다룰 수 있는 문제의 범위는 대단히 제한되어 있다. 이것은 높은 정도의 감정 표출이 약간의 단점도 용납하지 않는 자기 이상화와 결합될 때에 더욱 그렇다. 만일 이런 조건을 나타내는 신호가 발견된다면 정신분석가는 문제가 환자 내부에 존재한다는 것을 조금이라도 내비치는 해석을 삼가함으로써 많은 시간을 절약할 수 있다. 그러나 자신에 대한 비정상적인 요구와 같이 이상화된 이미지의 특정한 부분을 이 시기에 다루는 것은 효과가 있을 것이다.

신경증적 성격 구조의 역동에 친숙해질수록 정신분석가는 보다 빠르고 보다 명료하게, 환자의 연상이 표현하는 바를 이해하고, 이 순간에 무엇을 다루어야 할지를 판단할 수 있다. 그렇게 되면 정신분석가는 의미 없어 보이는 것에서 환자의 전체 성격을 예측할 수 있고, 다루어야 할 요소에 주의를 집중할 수 있다. 내과의사는 환자가 기침하고, 밤에 땀을 흘리고, 늦은 오후에는 피로해한다는 이야기를 듣고 폐결핵의 가능성을 의심하며, 이에 따라 적절한 검사를 실시한다. 정신분석가의 위치는 이런 내과의사의 위치와 비슷하다고 할 수 있다.

예를 들면, 만약에 환자가 미안해하는 태도를 취하고, 정신분석가를 기꺼이 존경하려고 하며, 자기회피적 경향을 보인다면 정신분석가는 사람에게 '다가가는' 것과 관련된 모든 요인을 고려할 것이다. 그는 이것이 환자의 주된 태도일 가능성을 조사할 것이다. 그리고 더 확실한 증거를 발견한다면, 그는 가능한 모든 각도에서 이 문제를 다루려고 할 것이다. 마찬가지로 환자가 수치심을 느낀 경험을 반복적으로 이야기하면서 정신분석가를 바라보고 있는 측면을 은연중에 나타낸다면, 정신분석가는 수치심에 대한 공포를 다루어야 한다는 것을 알게 될 것이다. 그리고 정신분석가는 환자의 공포에 관해 현상황에서 가장 접근하기 쉬운 자료를 선택하여 해석을 내리려 할 것이다. 만약 이상화된 이미지의 부분이 이미 환자에게 자각되기 시작하였다면 정신분석가는 자신의 이상화된 이미지를 확인하고 싶어 하는 환자의 욕구와 이것을 연결할 수 있을 것이다. 만약 환자가 정신분석 상황에서 무력증(inertia)을 보이고, 절망감에 대해 이야기한다면 정신분석가는 가능한 한도 내에서 환자의 절망감을 다루어야 한다. 그러나 초기단계에서 이것이 나타난다면 정신분석가는 단지 이것의 의미를 지적해 줄 수 있을 뿐이다. 말하자면 환자가 자기 자신을 포기했다는 것을 지적해 주는 것과 같은 일이다. 이때 정신분석가는 환자의 절망감이 실제로 절망적인 상황에서 출현한 것이 아니라는 것을 설명하고, 절망감은 이해되어야 하며, 결과적으로는 해결되어야 한다는 것을 환자에게 전달하려 노력해야 할 것이다. 또한 절망감이 후기단계에 나타났다면 정신분석가는 갈등에서 탈출구를 발견하는 것에 대한 절망 또는 이상화된 이미지에 맞추어 사는 것에 대한 환자의 절망을 보다 세부적으로 다룰 수 있을 것이다.

이상에서 제안된 조치는 환자의 내부에서 무슨 일이 벌어지고 있는지에 관한 정신분석가의 직관과 민감성에 여전히 많은 여지를 남겨 두고 있다. 이것은 정신분석가가 최선을 다해 발전시켜야 하는 가치 있고 필수불가결한 도구다. 그러나 직관을 사용한다는 것은 정신분석의 절차가 전적으로 '예술'의 영역에 속하거나 상식만 가지고도 충분하다는 것을 뜻하는 것은 아니다. 신경증적 성격 구조에 관한 지식은 이 지식에 근거한 추론을 보다 과학적이게 하고, 정신분석이 정확하고 신뢰할 수 있는 방식으로 이루어질 수 있도록 한다.

그럼에도 불구하고 구조에 있어서의 무한한 개인차 때문에 때때로 정신분석가는 오직 시행과 착오에 의해서만 정신분석을 진행할 수 있는 경우가 있다. 여기서 이야기하는 '착오'는 환자의 동기를 전혀 엉뚱하게 이해하거나 환자의 신경증적 욕구의 핵심을 이해하지 못하는 것과 같이 심각한 실수를 의미하는 것은 아니다. 내가 이야기하는 착오는 환자가 아직 수용할 준비가 되어 있지 않음에도 불구하고 앞선 해석을 내리는 것이다. 이런 착오는 흔히 일어나곤 하지만 심각한 착오는 피할 수 있다. 그러나 시기상조의 해석을 내리는 착오는 지금도 피하기 어렵고, 앞으로도 피하기 어려울 것이다. 하지만 해석에 대한 환자의 반응에 최대한의 주의를 기울인다면 이런 착오를 보다 빨리 깨달을 수 있을 것이다. 내가 보기에 우리는 지금까지 환자의 '저항'—정신분석가의 해석에 대한 거부—을 지나치게 많이 강조해 왔으며, 정작 환자의 반응이 정확히 무엇을 의미하는지에 대해서는 대단히 소홀해 왔다. 이것은 불행한 일이다. 왜냐하면 환자가 정신분석가가 지적한 문제를 감당할 준비가 아직 되어 있지 않았을 때 무슨 문제를 다루어야 할 것인지의 지침이 되는 것은 환자의 반응에 대한 세밀한 관찰이기 때문이다.

다음 예는 이해에 도움이 될 것이다. 대인관계에서 자신이 상대방의 요구에 대해 심하게 화를 내고 있다는 것을 발견한 환자가 있었다. 그 환자는 가장 적절한 요구도 강요로 받아들였고, 가장 타당한 비판도 모욕으로 느꼈다. 이와 동시에 그는 마음껏 배타적인 헌신을 요구하였고, 대단히 솔직하게 자신의 비판적 소견을 표현하였다. 달리 말하면, 그는 상대방에게는 아무런 권한도 인정하지 않으면서 자신에게는 모든 특권을 부여하려 했다는 사실을 깨닫게 된 것이다. 이런 태도는 필연코, 우정은 물론 결혼마저도 금이 가게 하고, 파괴할 것이라는 것이 그에게 분명해졌다. 지금까지 그는 정신분석 작업에서 대단히 적극적이고 생산적이었다. 그러나 자신의 태도가 가져올 결과를 이해한 후의 회기에는 주로 침묵이 이어졌고, 다소의 의기소침함과 불안을 나타냈다. 또 환자의 얼마 되지 않는 연상은 후퇴하려는 경향을 강하게 보였다. 그는 지난 시간까지는 여성과 좋은 관계를 형성하려는 의욕을 보여 주었는데, 지금의 태도는 이것과 명백한 대조를 이루고 있다. 이 후퇴하려는 충동은 상호성을 인정한다는 것이 환자에게 얼마나 참기 어려운 것이었는가를 표현해 주었다. 그는 이론적으로는 권리의 평등이라는 아이디어를 받아들였지만, 실제로는 이것을 거부하였다. 의기소침이 해결될 수 없는 딜레마에 빠진 자신을 발견한 것을 의미하는 반응이었던 반면에, 후퇴하려는 경향은 그가 해결책을 찾아 헤매고 있었다는 것을 의미하는 반응이다. 후퇴하는 것이 아무런 소득도 없는 일이며, 유일한 탈출구는 자기의 태도를 바꾸는 것밖에 없다는 것을 깨달을 때, 환자는 "왜 상호성을 수용하기가 그토록 어려웠는가?"라는 질문에 관심을 갖기 시작한다. 그 이후에 곧바로 나타난 연상은 환자가 감정적으로는 자신이 모든 권한을 가지느냐, 아니면 아무것도 갖지 못하느냐의 두 가지 선택밖에 보지 못하고 있었음을 보여 주었다. 그는 만약 한 가지 권리라도 양보한다면, 자기가 원했던 것을 결코 할 수 없으며, 결국은 타인의 의사에 순응해야만 할 것이라는 근심을 표현하였다. 곧이어 이것은 환자의 순응적이고 자기회피적인 경향을 이해할 수 있는 문을 활짝 열어 놓았다. 환자의 이런 경향은 지금까지 다루어 오기는 하였지만 전 범위에 걸쳐서 심도 있게 파헤친 적이 없다. 지금까지 여러 가지 이유로 환자는 대단히 순응적이고 의존적인 태도를 취해 왔다. 그런 이유로 환자는 모든 권한을 자기가 배타적으로 차지함으로써 인공적인 방어벽을 세워야만 하였다. 순응이 여전히 환자의 절박한 내적 필요로 남아 있음에도 불구하고 방어를 일시에 해제하는 것은 개인으로서의 자신을 함몰시키는 것을 의미하기 때문이다. 환자가 자신의 임의적인 해결책을 변화시킬 것을 생각하기 이전에 순응적 경향은 철저히 다루어져만 한다.

한 가지 접근방법으로 문제를 완벽하게 다루는 것은 불가능하며, 다양한 각도에서 문제를 반복적으로 다루어야 한다. 왜냐하면 어떤 태도든지 다양한 원인에 기인하고 있으며, 신경증의 발달 과정에서 새로운 기능을 수행하기 때문이다. 예를 들면, 지나치게 달래고, 지나치게 참는 태도는 근본적으로 애정에 대한 신경증적 욕구의 일부분이며, 애정에 대한 욕구를 다룰 때에 다루어야 한다. 이것에 대한 세밀한 조사는 이상적 이미지가 문제가 될 때에 다시 이루어져야 한다. 이런 측면에서 달래는 태도는 자기가 성인이라고 생각하는 환자의 개념을 표현하고 있는 것으로 해석될 것이다. 이것은 갈등을 회피하려는 욕구와 연관될 것이며, 타인에 대한 공포와 가학적 충동을 회피하려는 욕구가 드러날 때, 이 태도의 충동적 성격은 더욱 분명해 질 것이다. 또 한 가지 예를 들면, 강압에 대한 민감성은 처음에는 감정초월에서 기인한 방어적 태도로, 나중에는 권력에 대한 갈망의 투사로, 최종적으로는 감정 표출이나 내적 강압 또는 다른 경향의 표현으로 보일 것이다.

＊＊＊

정신분석이 진행되는 동안 구체화되는 신경증적 태도나 갈등은 성격 전체와의 관련 속에서 이해해야 한다. 이것이 바로 치료과정이다. 이것은 다음 절차를 따른다.

- 특정한 경향이나 갈등이 노골적으로 혹은 은밀하게 현현한 것을 환자에게 이해시키기
- 환자에게 현현화의 충동적 성격을 이해시키기
- 환자에게 현현화의 주관적 가치와 악영향을 이해시키기

환자는 신경증적 특성을 발견하였을 때 "어떻게 이런 일이 일어났습니까?"라고 질문함으로써 이것에 대한 접근을 회피하는 경향이 있다. 자기가 이렇게 하고 있다는 사실을 알고 있든 모르고 있든, 환자는 과거를 회상함으로써 이 문제를 해결하려고 할 것이다. 이 경우 정신분석가는 환자가 과거로 도피하는 것을 제지하고, 우선 무엇이 연관되어 있는가를 고찰해 보도록 격려해야 한다. 즉, 환자가 신경증적 특성 자체를 이해하도록 격려해야 한다. 환자는 신경증적 특성이 현현하는 특수한 방식과 이것을 감추기 위해 사용하는 수단 그리고 이것에 대한 자신의 태도를 깨달아야만 한다. 만약 순응에 대한 공포가 분명해지면 환자는 자기회피에 대해 분개하고, 두려워하고, 반감을 느끼는 정도를 인식해야 하며, 순응이나 순응적 경향과 관련된 모든 것의 가능성을 제거하기 위해 무의식적으로 형성한 통제수단(checks)을 자각해야 한다. 이제 환자는 다양한 태도가 바로 이 한 가지 목적에 어떻게 기여하고 있는지를 이해할 것이다. 그리고 어떻게 타인의 감정과 욕구와 반응을 인식하지 못할 만큼 타인에 대한 민감성을 무디게 만들었는지, 이것이 어떻게 환자를 그토록 타인을 생각하지 못하도록 만들었는지, 어떻게 타인에 대한 호감과 타인의 호

감을 사고 싶은 욕구를 질식시켰는지, 어떻게 타인의 부드러운 마음과 선량함을 경멸했는지, 어떻게 타인의 부탁을 자동적으로 거절했는지, 어떻게 대인관계에서 자신은 기분대로 행동하고 비판적으로 이야기하고 타인에게 요구할 자격이 있다고 생각하면서 상대방에게는 이런 특권을 부정했는지도 알 수 있을 것이다. 만약 문제의 초점이 환자의 전능감이라면 환자 자신이 전능감을 느끼고 있다는 것을 깨닫는 것만으로는 불충분하다. 환자는 아침부터 밤까지 자신에게 불가능한 과업을 부여하고 있는 모습을 봐야만 한다. 예를 들면, 자신이 어떻게 복잡한 주제에 관한 훌륭한 보고서를 짧은 시간 안에 작성할 수 있어야 한다고 생각하는지를, 기진맥진했음에도 불구하고 어떻게 자신이 순발력 있고 재치있게 행동하기를 기대하는지를, 어떻게 정신분석을 받으면서 문제를 잠깐 살펴보기만 해도 문제해결하기를 기대하는지를 알아야만 한다.

다음으로 환자는 자신이 자신의 욕망이나 최대관심사와 관계없는—때로는 이것에 반대되는—특정한 경향에 따라 행동하고 있다는 것을 인식해야만 한다. 충동이 무차별적으로, 보통은 실제 상황에 관계없이 작용하고 있다는 것을 알아야만 한다. 예를 들면, 흠을 잡는 태도가 친구에게나 적에게 똑같이 취해지고 있다는 것을, 그리고 상대가 어떻게 행동을 하든 언제나 성난 목소리로 이야기하고 있다는 것을 알아야만 한다는 것이다. 즉, 환자는 상대가 상냥하게 행동하면 상대방에게 뭔가 찔리는 구석이 있을 것이라고 생각한다. 상대가 자기 주장을 하면 뻐기고 있다고, 상대가 굴복하면 나약하다고, 상대가 자기와 있고 싶어 하면 너무 헤픈 사람이라고, 상대가 무엇인가를 거절하면 인색하다고 생각한다. 만약 문제가 되고 있는 태도가 자신이 환영받고 있는가에 관한 불안이라면, 이런 태도는 환자의 불안에 반대되는 온갖 증거에도 불구하고 지속된다. 어떤 경향의 충동적 성격을 이해하는 일에는 좌절에 대한 반응을 인식하는 일이 포함되는데, 만약 출현한 경향이 사랑받고 싶어 하는 욕구에 관한 것이라면, 환자는 거절이나 소원해진 우정의 신호에 대해 경악하거나 버림받았다고 느낄 것이다. 그리고 그 신호가 아무리 미미하더라도, 그 사람의 의미가 자기에게 아무리 미미할지라도 환자는 마찬가지라고 느낄 것이다.

이 단계 중 제1단계는 환자에게 문제의 범위를 보여 줄 것이며, 제2단계는 문제의 심각성을 각인시켜 줄 것이다. 1단계와 2단계는 모두 심화된 고찰에 관한 환자의 관심을 고무시킨다. 특정한 경향의 주관적 가치를 고찰할 때, 환자는 종종 자발적으로 정보를 제공하려 할 것이다. 그는 권위와 억압에 대한 저항과 도전이 필요하며, 이것은 생사의 문제였고, 그렇게 하지 않았다면 위압적인 부모에 의해 자신이 함몰되고 말았을 것이라고 말할지도 모른다. 게다가 자신이 자아존중감의 부족에도 불구하고 지금까지 살아올 수 있었던 것은 우월감 덕택이라는 점과 감정적 초연함 또는 "신경 쓰지 않는다."라는 식의 태도가 상처받는 것으로부터 자신을 지켜 주고 있다는 점을 지적할지도 모른다. 이런 종류의 연상은 방어하려는 마음에서 나온 것은 사실이지만, 여러 가지 주목할 만한 사실도 전해 주고 있다. 이런 연상은 특정한 태도가 최초에 습득된 이유를 제시해 줌으로써 특정한 경향의 개인사적 가치(historical value)를 보여 주며, 환자의 발달을 더욱 잘 이해할 수 있게 해 준다. 이뿐만이 아니라, 이런 연상은 특정한 경향이 현재 수행하고 있는 기능까지도 이해할 수 있게 해 준다. 치료의 관점에서 보았을 때 이것은 최대의 관심사다. 어떤 신경증적 경향이나 갈등도 한 번 생기면 계속 유지되는 습관처럼 과거의 단순한 유물이 아니다. 이것은 현재 성격 구조의 절실한 필요에 의해 결정되었다고 확언할 수 있다. 신경증적 특성의 기원에 관한 지식은 부차적인 가치를 가진다. 왜냐하면 우리가 변화시켜야 할 것은 현재 작용하고 있는 영향력이기 때문이다.

대체로 신경증적 경향의 주관적 가치는 다른 신경증적 경향을 견제하여 서로의 균형을 유지하는 데에 존재한다. 그러므로 이러한 가치를 철저히 이해하는 것은 어떤 경우에 어떻게 접근을 해야 할지에 관한 지침을 제공해 준다. 한 가지 예를 들어 보자. 전능감은 환자에게 잠재성을 현실로 오해하고, 멋진 계획을 실제의 성취로 오해하도록 허락한다. 이것은 환자가 전능감을 떨쳐 버리지 못하도록 만든다. 만일 환자가 전능감을 떨쳐 버리지 못하고 있다는 사실을 우리가 파악하고 있다면 지금 해야 할 일은 환자가 어느 정도까지 환상 속에서 살고 있는가에 대한 고찰이라는 것을 알 수 있을 것이다. 그리고 환자가 실패로부터 자신을 지키기 위해 이런 식으로 살고 있다는 것을 보여 준다면, 환자는 실패를 예상하도록 만든 요인과 끊임없는 실패의 두려움 속에 살도록 만든 요인에 주목할 수 있을 것이다.

가장 중요한 치료단계는 환자에게 동전의 반대쪽 면을 보여 주는 것이다. 즉, 신경증적 욕구와 갈등이 환자를 무기력하게 만들고 있음을 보여 주는 것이다. 이러한 점은 작업의 이전 과정에서 부분적으로 다루어졌다. 그렇기 때문에 이제는 그림의 일부가 아니라 세밀하게 완성된 전체 그림을 환자에게 제공하여야만 한다. 그래야만 환자는 변화의 필요성을 절실하게 느낄 수 있다. 모든 신경증 환자는 현상태를 유지하려 한다는 점을 고려할 때, 부정적 영향력을 능가할 만큼 강력한 자극이 요구된다. 이러한 자극은 내적 자유와 행복 그리고 성장에 대한 환자의 욕구에서 그리고 모든 신경증적 장애는 욕구의 성취를 방해한다는 사실에 대한 자각으로만 도출될 수 있다. 만일 환자에게 자기비하의 경향이 있다면 환자는 이것이 자아존중감을 흐리게 하고, 환자를 절망 속에 빠뜨린다는 것을 알아야 한다. 그리고 이것이 버림받았다는 느낌을 주고, 학대를 참아 내도록 강요하며, 결국 자신을 복수심에 불타게 만든다는 것을 이해해야 한다. 뿐만 아니라, 이것이 일할 의욕과 능력을 마비시킨다는 것을 인식해야 한다. 그리고 자기혐오의 심연 속으로 가라앉아 버리지 않기 위해, 결국 자기과장, 자아로부터 멀어지기, 자신에 대한 비현실적 개념 등의 방어적인 태도를 취할 수밖에 없으며, 이것이 결국은 신경증을 영속시키고 있다는 것을 깨달아야만 한다.

마찬가지로 정신분석 도중에 특정한 갈등이 가시화된 경우, 환자는 갈등이 자신의 삶에 미치는 영향을 인식해야만 한다. 자기회피적 경향과 승리에 대한 욕구 사이의 갈등의 경우에는 전도된 가학증의 특징인 억압이 완전히 이해되어야 한다. 환자는 모든 자기회피적인 행동에 대해 자기혐오로 반응하고, 누군가의 앞에만 서면 자기가 굽실거리게 될 경우, 자신을 그렇게 만든 사람에게 분노한다. 반면에 타인을 이기려는 모든 노력에 대해서는 자신에 대한 공포와 보복에 대한 두려움으로 반응한다. 환자는 자신의 이런 모습을 자각해야만 한다.

신경증적 태도의 악영향에 대해 구석구석 잘알고 있으면서도 이것을 극복하는 데에 전혀 관심을 보이지 않은 환자가 종종 있다. 이런 경우, 거의 느끼고 알아채지 못하는 사이에 환자는 문제를 한쪽으로 밀어 놓고 관심의 초점에서 점점 멀어진다. 그러므로 아무것도 얻은 바가 없게 된다. 스스로 자신에게 짊지운 모든 해악을 알고 있다는 점을 고려할 때 환자의 무반응은 놀라울 정도다. 그러나 이런 종류의 반응을 감지하는 데에 세심한 주의를 기울이지 않으면 정신분석가는 환자의 무관심을 모른 채로 지나갈지도 모른다. 그 사이 환자는 다른 주제를 꺼내고, 정신분석가는 그것을 쫓아가며, 마침내는 환자와 정신분석가 모두 막다른 골목에 다다르고 만다. 그리고는 한참 후에야 정신분석가는 환자에게 일어난 변화와 지금까지 투입된 노력 사이의 균형이 맞지 않음을 깨닫게 될 것이다.

이런 종류의 반응이 때때로 일어날 수 있다는 것을 알고 있다면 정신분석가는 환자의 내부에서 작용하고 있는 것 가운데 도대체 어떤 요소가 환자로 하여금 끊임없이 악영향을 끼치고 있는 특정한 태도를 변화시켜야만 한다는 사실을 인정하지 못하도록 막고 있는가에 대해 고민할 것이다. 보통 이런 요소는 다양하게 존재하며 조금씩 점진적으로만 다룰 수 있다. 환자는 온통 절망감에 사로잡혀 있어 변화의 가능성을 생각하지 못하고 있는지도 모른다. 정신분석가를 이기고, 좌절시키고, 조롱하고 싶어 하는 환자의 욕구는 자신의 이기심보다도 강력할 수 있다. 환자는 감정을 표출하는 경향이 여전히 강해서, 결과를 알고 있음에도 불구하고 새로운 통찰을 실천에 옮길 수 없을 수도 있고, 전능감에 대한 욕구가 여전히 강해서 결과를 피해갈 수 없음을 알면서도 자신은 어떻게든 해낼 수 있다고 생각하기도 한다. 또 환자의 이상화된 이미지는 여전히 확고해서 자신에게 어떤 신경증적 태도나 갈등이 있다는 것도 인정하지 못할 것이다. 이때 환자는 그저 자기 자신에게 화를 낼 뿐이며, 문제를 자기가 알고 있기 때문에 해결할 줄도 알아야 한다고 생각한다. 이런 일의 가능성을 알고 있는 것은 중요하다. 왜냐하면 환자의 변화 욕구를 질식시키는 요인이 간과된다면 정신분석은 휴스턴 피터슨(Houston Peterson)이 말한 것처럼 '도착적 심리학(mania psychologyca)', 즉 심리학을 위한 심리학이 되어 버리고 말 것이기 때문이다. 이런 상황에서 환자가 자기 자신을 수용하도록 만드는 것은 분명한 소득이다. 그렇게 된다면 갈등 자체에는 아무런 변화가 없을지라도 환자는 넉넉한 안도감을 느낄 것이며, 자신이 갇혀 있는 그물을 끊어 버리고 싶다는 신호를 보내기 시작할 것이다. 그리고 일단 작업에 유리한 조건이 형성되면 변화는 곧 일어날 것이다.

이상의 설명은 두말할 필요도 없이 정신분석 기술에 관한 논문을 쓰기 위한 것이 아니다. 나는 정신분석 과정에서 작용하는 악화 요인과 치료적 요인을 전혀 다루려고 하지 않았다. 예를 들면, 나는 중요한 문제이기는 하지만 환자가 정신분석가에게 방어적이고 공격적인 자세를 보이는 것과 관련된 난관과 소득을 전혀 논의하지 않았다. 내가 설명한 단계는 새로운 경향이나 갈등이 출현할 때마다 반드시 거쳐야 할 필수적인 과정 중의 일부일 따름이다.

간혹 여기서 이야기한 순서대로 진행할 수 없는 경우도 있다. 왜냐하면 문제가 분명해졌음에도 불구하고 환자가 문제를 깨닫지 못하는 경우가 있기 때문이다. 권리를 차지하는 것에 관한 예에서 보았듯이 한 가지 문제는 분석되어야 할 또 다른 문제를 드러내는 것뿐일지도 모른다. 모든 절차를 다 밟기만 한다면 절차의 순서는 부차적인 것에 불과하다.

정신분석 작업으로 일어나는 증상 변화는 다루는 문제에 따라 다르다. 공포상태는 환자가 무의식 속에 존재하는 무기력한 분노와 이 분노의 배경을 이해할 때 진정될 수 있으며, 의기소침은 환자 자신이 빠져 있는 딜레마를 깨달을 때 해소될 수 있다. 그러나 잘 이루어진 분석은 타인에 대한 환자의 태도와 자신에 대한 태도에 일반적인 변화를 일으킨다. 일반적인 변화는 다루어진 문제의 종류에 관계없이 일어난다. 성에 관한 집착, 현실이 소망대로 움직일 것이라는 믿음, 강요에 대한 지나친 민감성 등 서로 다른 성격의 문제를 다루더라도, 이것에 대한 정신분석은 환자의 성격에 대단히 유사한 방식으로 영향을 끼친다는 것을 발견할 것이다. 이 문제 중 어느 것을 정신분석하더라도 적대심, 절망감, 공포, 자아의 소외 등은 감소된다. 한 가지 예로 자아로부터의 소외가 어떻게 감소되는지를 생각해 보자. 성에 집착하는 사람은 성적인 경험과 환상 속에서만 살아 있는 것처럼 느낀다. 그에게 있어 승리와 패배의 문제는 오직 성에 관한 영역에만 국한되어 있다. 그가 소중히 여기는 자산은 오직 성적 매력뿐이다. 환자가 자신의 이런 상태를 이해해야만 삶의 다른 측면에 관심을 가질 수 있고, 그럼으로써 정상적인 삶을 살아갈 수 있다. 현실이 상상 속의 계획에 의해 제한되는 사람은 자신을 기능하는 인간으로 바라보지 못한다. 그는 자신의 한계는 물론 자신의 실제 재능마저도 보지 못한다. 그는 분석 작업을 통해 잠재성을 성취로 착각하는 것을 그만둘 수 있다. 그는 자신을 있는 그대로 직면할 수 있을 뿐만 아니라 느낄 수도 있다. 강요에 과민반응을 보이는 사람은 자신의 욕구와 신념을 망각한 채 자신을 지배하는 것은 타인이라고 느낀다. 이런 상태가 분석되면 환자는 자신이 진정으로 무엇을 원하는지 깨닫기 시작하고, 자신의 목표를 향해 노력할 수 있게 된다.

정신분석을 할 때면 언제나 억압된 적대심은 그것의 종류와 원인에 관계없이 가장 정면으로 튀어나와 일시적으로 환자를 더욱 화가 나도록 만든다. 그러나 환자가 신경증적 태도를 한 가지씩 포기할 때마다 비합리적인 적대심은 감소되며, 감정을 표출해 버리는 것이 아니라 문제에 대해 자기가 얼마나 책임이 있는지를 인식할 때, 보다 강해질 때, 보다 용감해질 때, 보다 독립적이 될 때, 보다 너그럽게 될 때, 환자의 적대심은 줄어들 것이다.

적대심은 주로 절망감의 감소에 의해 완화된다. 사람은 더 강해질수록 타인에게서 위협을 덜 느낀다. 사람은 다양한 원인에 의해서 강해질 수 있다. 타인에게 가 있던 중심은 자기 자신에게 돌아와 자리를 잡는다. 그는 보다 활력 있게 자신의 가치체계를 성립해 나가기 시작한다. 그렇게 되면 점점 더 많은 에너지를 가지게 될 것이다. 자신을 억압하는 데에 소모되었던 에너지가 자유롭게 분출될 수 있기 때문에 그는 보다 활기 있게 되고, 공포, 자기혐오, 절망에서 보다 자유로워질 것이다. 그는 맹목적으로 순응하거나, 싸우거나, 가학적 충동을 분출하는 대신에 이성에 기초하여 패배를 인정할 수 있으며, 그럼으로써 더욱 강해질 것이다.

마지막으로, 기존의 방어체계가 약화됨에 따라 일시적으로 불안이 증가하기는 하지만 각각의 단계를 잘 거친다면 불안은 반드시 감소될 것이다. 이것은 타인과 자신에 대한 두려움이 감소하였기 때문이다.

이러한 변화의 일반적인 결과는 타인과의 관계와 자기 자신과의 관계가 개선되는 것이다. 그는 이전처럼 고립되어 있지 않다. 스스로 더욱 강해지고, 타인에 대한 적대심이 더욱 줄어들수록 타인은 더 이상 싸우거나 속이거나 피해야 할 위협의 대상으로 느껴지지 않는다. 그렇게 되면 그는 타인에게 친근한 감정을 느낄 수 있으며, 감정 폭발과 자기혐오가 사라짐에 따라 자기 자신과의 관계도 개선될 것이다.

정신분석 과정에서 일어나는 변화를 고찰해 보면, 이 변화를 근원적 갈등에도 적용할 수 있음을 알게 될 것이다. 신경증의 발달 과정에서는 스트레스가 더욱 심해지지만 치료는 이것과 반대되는 모습을 보여 준다. 절망, 공포, 적대심, 고립감 속에서 생존하기 위해 필요했던 태도는 점점 더 의미 없는 것이 되어 버리고, 이렇게 해서 점차 이런 태도에 의지하지 않고도 살아갈 수 있게 된다. 도대체 왜 자기가 싫어하는 사람을 위해 희생하고 싶어 하며, 동등하게 대하려고 하면 자신을 짓밟으려고 하는 사람을 위해 자신을 희생하고 싶어 하는가? 안정감을 느끼면서 타인과 함께 생활하고, 초조해하지 않으면서 경쟁할 수 있다면 무엇 때문에 힘과 인정을 끊임없이 갈망하는가? 타인을 사랑할 수도 있고, 그와 싸우기를 두려워하지도 않는다면 왜 타인과 관계를 맺는 것을 불안해하고 회피하는가?

***

이 작업을 하기 위해서는 시간이 걸린다. 문제가 더욱 복잡할수록, 환자가 더욱 많은 방어벽을 쌓고 있을수록 더욱 많은 시간이 필요하다. 단기 정신분석요법에도 관심을 가져야 한다는 것은 타당성이 있는 말이다. 우리는 더욱 많은 사람이 정신분석으로 도움을 받을 수 있기를 바란다. 주지하다시피 조금이라도 도움을 주는 것이 아무것도 하지 않는 것보다 낫다. 신경증은 그 심각성에 있어서 참으로 다양한 모습을 보여 준다. 경미한 신경증은 비교적 짧은 기간 안에 치료할 수 있다. 단기 심리요법에 대한 실험 중에서 긍정적인 결과를 보고하는 것이 있기는 하지만 불행하게도 많은 경우는 그저 좋은 결과에 대한 바람일 뿐이며, 신경증에 작용하는 강력한 힘에 대한 이해 없이 수행된 것이다. 중증 신경증의 경우 신경증적 성격 구조에 대한 이해를 증진함으로써만이 정신분석 절차를 단축할 수 있다고 생각한다. 이것은 환자의 증상을 해석하기 위해 낭비되는 시간을 절약할 수 있기 때문이다.

다행하게도 정신분석은 내적 갈등을 해소하기 위한 유일한 방법은 아니며, 삶 자체가 강력한 치료자라고 할 수 있다. 신경증을 겪어 보는 것만으로도 충분히 성격 변화의 필요성을 느낄 수 있는 경우도 있다. 이것은 참으로 위대한 사람의 고무적인 사례일 수도 있고, 신경증 환자를 사람 사이로 끌고 나옴으로써 자기중심적 고립 상태에서 끄집어내는 약간의 비극이 될 수도 있으며, 서로를 조종하거나 회피할 필요가 없는 대단히 비슷한 사람 사이의 만남

이 될 수도 있다. 어떤 경우에는 신경증적 행동의 결과가 아주 극적이거나 너무 흔하게 벌어지는 일이라 환자에게 익숙한 것이 되어 버려서 환자가 그다지 두려움을 느끼지는 않지만 환자를 강하게 만들지도 못하는 경우가 있다.

그러나 삶 자체에 의한 치료는 통제방법이 없으며 고난도 우정도, 종교적 경험도 환자의 필요에 맞도록 배치할 수 없다. 삶은 매정한 치료자다. 한 사람에게 도움이 되는 경험이 타인에게는 독이 될 수도 있다. 지금껏 봐 왔듯이 환자가 신경증적 행동의 결과를 인식하고 그것에서 교훈을 얻을 수 있는 데에는 한계가 있다. 환자가 자신의 경험에서 배울 수 있는 능력을 획득하기만 한다면, 말하자면 발생하는 문제에 대한 자신의 책임을 고려하고, 이해하고, 이것으로 얻은 통찰을 자신의 삶에 적용할 수만 있다면 정신분석을 마음 놓고 종료할 수 있다.

신경증에서 갈등이 수행하는 역할에 대한 지식과 이런 갈등을 해소할 수 있다는 인식은 정신분석 요법의 목표를 다시 정의할 것을 요구한다. 많은 신경증적 장애가 의학의 영역에 속하지만 목표를 의학적 관점에서 정의하는 것은 타당하지 않다. 심리적 문제가 신체화된 질병조차도 필연적으로 성격 내부 갈등의 최종적인 표현이기 때문에 정신분석 요법의 목표는 성격의 관점에서 정의되어야만 한다.

이렇게 보았을 때 정신분석 요법의 목표는 수많은 목표를 포괄하며, 환자는 자신에 대해 책임을 지는 능력을 획득해야 한다. 이런 의미에서 환자 자신이 스스로 결정을 내리고 책임을 질 수 있는 존재가 되어야 한다. 이것과 더불어 환자는 타인에 대한 책임을 인식하고, 자신이 믿는 가치에 대한 의무를 기꺼이 수용해야 한다.

내적 독립의 성취라는 목표도 빼 놓을 수 없다. 이것은 타인이 조금만 반대의사를 표현해도 물러서 버리거나 타인의 의견이라면 무조건 수용해 버리는 태도 때문에 성취할 수 없었던 것이다. 이것은 주로 환자 자신의 가치체계를 수립하고, 이것을 실제 생활에 적용함으로써 성취할 수 있다. 타인과 관계에서는 타인의 개성과 권리를 존중할 것이 요구되면 진정한 상호성의 기초를 마련할 수 있다. 이것은 민주주의의 이상과 일치할 것이다.

우리는 감정의 자연스러움, 감정에 대한 자각과 생기발랄함이라는 관점에서도 목표를 정의할 수 있다. 이것은 감정을 표현하는 능력과 자발적으로 통제하는 능력을 포함한다. 특히, 타인을 사랑하고, 친구를 사귈 수 있는 능력은 이 맥락에서 반드시 언급되어야 한다. 사랑은 기생적 의존도 아니며 가학적 지배도 아니다. 사랑에 대한 맥머레이(Macmurray)의 말을 인용해 보자.[3)]

> 관계를 맺는 것 이상의 의도가 없는 관계다. 서로의 경험을 공유하고, 서로를 이해하고, 함께 살고, 서로에게 자기 자신을 보여 주고, 표현하는 것은 인간으로서 자연스러운 일이기 때문에 우리는 사랑이라는 관계 속에서 서로를 만난다.

가장 포괄적인 목표는 전심전력을 향한 전진이다. 이것은 가식을 없애고, 진실하게 느끼게 하며, 자신의 모든 것을 자기의 감정과 일과 신념에 몰두시키기 위한 노력이다. 이 목표에는 갈등이 해소된 정도만큼만 다가갈 수 있다.

---

3) John Macmurray, 앞의 책.

이 목표는 임의적인 것이 아니며 단순히 현인이 따랐던 이상과 일치하기 때문에 목표로 설정된 것도 아니다. 그러나 현인이 따랐던 이상과의 일치는 우연한 것이 아니다. 왜냐하면 이것은 심리적 건강이 자랄 수 있는 바탕이기 때문이다. 우리는 당당하게 이 목표를 주장할 수 있다. 왜냐하면 이 목표는 신경증의 발병 요인에 관한 지식에서 논리적으로 도출된 것이기 때문이다.

우리가 감히 이렇게 높은 목표를 이야기하는 것은 인간의 성격이 변할 수 있다는 신념에 기초하고 있다. 어린아이만 유연하게 변화할 수 있는 것이 아니다. 우리 모두가 변화의 능력을 가지고 있다. 살아 있는 한, 심지어는 가장 근본적인 것까지도 변화시킬 수 있다. 이 신념은 경험에 의해 지지받는다. 정신분석은 급진적 변화를 가져오는 가장 강력한 수단 중 하나며, 신경증에 작용하고 있는 힘에 대한 이해를 증진시킬수록 의도된 변화를 일으킬 가능성은 더욱 커진다.

정신분석가도 환자도 이 목표를 완벽하게 달성할 수는 없다. 이것은 노력을 경주해야 할 이상이다. 이 목표의 실제적인 가치는 치료와 삶에 있어서 우리에게 방향을 제시해 주는 데에 있다. 만약 이상의 의미에 대해 분명히 알고 있지 못하다면 낡은 이상적 이미지를 새 이상적 이미지로 바꾸어 놓는 위험에 빠질지도 모른다. 우리는 환자를 결점 없는 인간으로 만드는 것이 정신분석가의 능력을 벗어나는 것임을 알아야 한다. 정신분석가는 환자가 이러한 이상을 향해 자유롭게 전진할 수 있도록 도와줄 뿐이다. 이것은 환자에게 성숙과 발전의 기회를 제공해 준다는 의미도 포함되어 있다.

찾아보기

저 자 소 개

카렌 호나이(Karen Horney, 1885~1952)

프로이트 이후 가장 독창적인 정신분석학자 중 한 사람인 카렌 호나이는 지금은 친숙한 개념이 된 소외, 자기실현, 이상화된 이미지 등에 대한 연구를 개척하였으며, 정신분석에 문화와 환경의 중요성을 접목시키는 데 기여한 것으로 평가받고 있다.

- 1885년 독일 함부르크에서 출생
- 1914년~1918년 독일 Berlin-Lankwitz에서 정신의학 연구
- 1918년~1932년 베를린 정신분석연구소에서 교육
- 1932년~1934년 미국 이주, 시카고 정신분석연구소의 부소장
- 1934년~1941년 뉴욕 정신분석연구소에서 강의
- 1941년 미국 정신분석학회 설립에 참여

〈저서〉

The Neurotic Personality of Our Time
New Ways in Psychoanalysis,
Neurosis and Human Growth, Self Analysis, Feminine Psychology 등

역자소개

이희경

한양대학교 교육학과 졸업
한양대학교 대학원 교육학과 졸업(상담심리전공, 석사, 박사)
한양대학교 BK21 Post Doc, 계약교수 역임
〈현재〉 가톨릭대학교 심리학과 교수
　　　　한국상담심리학회 자격관리위원회 부위원장
　　　　한국심리학회 상담심리사 1급

〈역서 및 논문〉
긍정심리평가 모델과 측정(공역)
긍정심리학 핸드북(역)
역할수용을 통한 역할과 개인의 분리와 공감
역할수용이 공감에 미치는 영향

윤인

연세대학교 교육학과 졸업
Saint Louis University, Saint Louis, MO, USA 석사
(고등교육행정, 학생인사관리전공)
Bradley Univeristy, Peoria, IL, USA(상담심리 석사과정 수료)
University of Missouri-Columbia, MO, USA
(교육 및 상담심리학전공, 박사)
중앙대학교 청소년학과 겸임교수 역임
〈현재〉 분당 YMCA 상담 실장
　　　　연세대학교 연합신학 대학원 부설 연세상담실 슈퍼바이저 상담원
　　　　기독상담 전문가(수련감독 상담사)
　　　　게슈탈트 심리치료 전문가

〈역서 및 논문〉
아이들에게 열린 창(공역)
The culture specificity of epistemological beliefs about learning
(학습에 관한 인식론적 신념의 문화 특수성)
An analysis of factors affecting the development of epistemological beliefs(학습신념에 미치는 변인분석)

이 해 리

전남대학교 심리학과 졸업
서울대학교 대학원 심리학과 졸업(임상심리전공, 석사)
연세대학교 연합신학대학원 졸업(목회상담전공, 석사)
한양대학교 대학원 교육학과 박사수료(상담전공)
육군사관학교 전임 카운슬러 역임
〈현재〉 나사렛대학교 인간재활학과 교수
임상심리 전문가
정신보건 임상심리사 1급

〈저 · 역서 및 논문〉
목회상담 실천입문(공저)
프로이트 이후: 현대정신분석학(공역)
심리치료에서의 종교와 하나님 표상: 대상관계이론을 중심으로 등

조 한 익

연세대학교 대학원 심리학과 졸업
미국 미시간 주립대학교 졸업(상담심리전공, 박사)
〈현재〉 한양대학교 사범대학 교육학과 교수, 학과장
한양대학교 교육대학원 상담심리 전공주임
상담심리 전문가

〈저서 및 논문〉
심리학의 이해(3판, 공저)
학교상담과 생활지도(공저)
청소년의 성과 연령에 따른 내외통제성과 또래동조성이 인터넷 중독에 미치는 영향

신경증적 갈등에 대한
카렌 호나이의 정신분석
Our Inner Conflicts

2006년 1월 10일 1판 1쇄 발행
2025년 8월 25일 1판 8쇄 발행

지은이 • Karen Horney
옮긴이 • 이희경 · 윤인 · 이해리 · 조한익
펴낸이 • 김 진 환
펴낸곳 • (주) 학지사
04031 서울특별시 마포구 양화로 15길 20 마인드월드빌딩 5층
대표전화 • 02) 330-5114 팩스 • 02) 324-2345
등록번호 • 제313-2006-000265호
홈페이지 • http://www.hakjisa.co.kr
인스타그램 • https://www.instagram.com/hakjisabook

ISBN 978-89-5891-140-1 03180

정가 18,000원

역자와의 협약으로 인지는 생략합니다.
파본은 구입처에서 교환하여 드립니다.